21 世纪高等教育精品教材

金融工程

JINRONG GONGCHENG

主　编◎邓　华

副主编◎陈国华　陈　芳　胡丽娟

湘潭大学出版社
XIANGTAN UNIVERSITY PRESS

前　　言

近年来,金融市场受到了全球化贸易以及电子化处理方式、数字化货币交易等广泛影响,交易产品和交易方式发生了巨大的变化。新兴金融衍生产品市场交易占全球市场的份额持续增加,金融创新活动中一些旨在规避各类价格风险、提高流动性的金融衍生产品应用特别引人注目。例如,20 世纪 70 年代 Hunt 兄弟公司利用白银期货操纵白银市场,20 世纪 90 年代德国金属公司的石油期货套期保值,2002 年美国电子资讯系统公司签订的远期股票合约,2007 年荷兰银行推出的"梵高理财"指数篮子挂钩产品,2008 年深圳南山热电股份有限公司与高盛旗下的杰润公司签订石油价格期权协议,等等。金融工程理论为风险及定价提供了一种基础、有效的方法及一系列基本的分析技术。

本书以远期、期货、互换、期权四个金融衍生产品为主线,采用理论与案例相结合的方式,介绍了金融工程的基本技术和方法,以期读者对金融衍生产品市场及应用有一个较系统、全方位的了解。

全书分为四部分。第一部分为基础篇,介绍了证券、股票、金融衍生产品等基本金融产品,利率等基本技术工具,相对定价法、无套利定价法等常用分析方法。第二部分为分析篇,介绍了远期、期货、互换、期权四个金融衍生产品的概念、市场、交易机制,以及应用无套利定价法、积木分析法和风险中性定价原理为四类衍生产品定价。介绍了无收益资产远期定价模型、支付已知现金收益资产远期定价模型、支付已知收益率资产远期定价模型等远期和期货定价模型。介绍了债券组合定价方法、远期组合定价方法等互换定价模型,以量化的方式来衡量金融衍生产品市场交易风险和回报。第三部分为应用篇，介绍了金融衍生产品的应用。如应用金融衍生产品进行投机、套利和套期保值。第四部分为高级篇，论述了 Black-Scholes 期权定价模型等解析定价方法，二叉树、蒙特卡罗模拟、有限差分方法等数值定价方法，以及期权价格的敏感性分析。

本书体系完整、内容翔实，将案例贯穿全书，使读者对金融市场参与者的行为以及数学模型的理解有更深的洞察。

本书结构合理、难度适宜，对较难的理论和公式推导，采用通俗易懂和图文并茂的方式阐述。即使没有受过专业数学、金融训练的读者也能从中接受较好的指导。

本书适合作为经济学、金融工程、金融数学、金融学、投资学等专业的本科和硕士研究生必修教材，MBA 学生的金融衍生产品和投资等课程教材，也适合作为金融机构专业人士和金融市场投资者的基础读本。

非常感谢为本书提供建议和素材的老师和同事。该书得到了湖南人文科技学院的帮助和资金支持。

编　者

2023 年 5 月

目　录

第一部分　基础篇

第二部分　分析篇

第三部分 应用篇

第四部分 高级篇

第一部分　基础篇

第 1 章　金融工程导论

在高度发达的经济体系中，金融工程已成为促进经济可持续发展、保证经济稳定运行的关键因素，其在理财、风险管理等方面发挥了重要作用，并已经渗透到经济和生活的大部分领域。金融工程是金融创新发展的产物，是金融学的新发展，也是金融理论研究的前沿问题。

1.1　金融工程的产生与发展

1. 金融工程理论的形成与发展

金融工程的思想起始于 12 世纪。20 世纪以前，金融工程没有系统的分析方法。1896 年美国欧文·费雪提出的净现值法和 1944 年冯·诺依曼等提出的效用理论，奠定了金融工程的基础。净现值法即当前资产的价值等于未来现金流的折现之和，这一思想对资产定价理论的发展起到了关键作用。效用理论描述了投资者的风险态度，提出了衡量收益与风险的方法。

现代期权定价模式的理论起始于 1900 年法国学者巴契里耶的论文，该论文引入飘移布朗运动塑造股票定价模型，试图得到股票期权定价理论，该模型的缺点在于价格可能是负值。1952 年，马柯维茨提出著名的投资组合管理理论，为衡量证券的收益和风险提供了基本思路。证券的价值和风险可用随机变量证券价格的数学期望和方差来度量。假定经济理性个人都是风险厌恶的，即收益一定时追求最小方差的投资组合模型。由于现实中绝大多数人是风险厌恶型，因而分析具有一般性。研究表明，证券市场上存在着有效投资组合，即收益固定时方差（风险）最小的证券组合，或方差（风险）固定时收益最大的证券组合。这一理论为金融实务操作提供了理论依据，其分析框架是构建现代金融工程理论的基础。1958 年，莫迪格利安尼和默顿·米勒提出 MM 理论，成为现代企业金融资本结构理论的基石，建立了有效金融市场理论。20 世纪 60 年代，马柯维茨的思想被广泛接受。马柯维茨的学生夏普提出了马柯维茨模型的简化方法，即单指数模型。同时，他还创造了资本资产定价模型（CAPM），这一理论与同时期的套利定价模型（APT）标志着现代金融理论走向成熟。CAPM 和 APT 模型给出了包括股票在内的基本金融产品理论定价公式,既有理论依据又便于计算,得到了广泛认同。根据这两个模型计算出来的理论价格也成了金融实务中的重要参考。夏普在马柯维茨对有价证券收益与风险的数学化处理的基础上,引入无风险证券,利用数学规划的方法,分析了无风险证券条件下理性投资者的决策问题,通过分析明确揭示了个别证券与整个证券市场的关系。对风险的分类是夏普的主要理论贡献,有价证券的风险被分为系统风险和非系统风险两个部分。α 和 β 两个著名风险分类系数已经成为华尔街投资者的常识。套利定价模型源于一个非常朴素的思想,即在完善的金融市场上,所有金融产品的价格应该使得在这个市场体系中不存在可以让投资者获得无风险利润的机会,否则追寻套利机会的行为将推动失衡的金融产品价格恢复到无套利机会的状态。根据这一思想,决定金融产品价格的方法就是无套利定价模型法。很长时间以来,巴契里耶的工作都被遗忘了,直到 20 世纪 60 年代,随着几何布朗运动的引入,萨缪尔森开始了对认股权证定价的研究。1973 年,布莱克、默顿和舒尔斯把认股权证定价理论发展成为期权定价理论,期权定价取得了决定性的突破成果,第一次成功地建立了期权一般定价公式(Black-Scholes 公式,也简写为 B-S 公式),推导出了基于无红利支付股票的任何衍生产品所必须满足的微分方程,并且给出了股票欧式看涨期权和看跌期权价值的解析表达式,有力地推动了金融衍生市场的深入发展。舒尔斯于 1997 年 10 月获得了诺贝尔经济学奖。之后,金融学者对 Black-Scholes 期权定价模型做了补充和修正。比如 1976 年,针对该模型考虑的是价格连续变化的情况,考克斯、罗斯和鲁宾斯坦提出用二项式方法来计算期权的价格,即“复制期权”的理论,从而将金融期权定价推广到企业的投资决策中。罗尔运用连续时间定价法给出了证券支付红利时的看涨期权定价公式。布雷纳研究了期权提前执行时的平价关系。默顿总结和发展的一系列理论为金融学工程化发展奠定了坚实的数学基础。

金融工程于 20 世纪 80 年代末才成为一门新兴的学科,首次将工程思维引入金融领域,主要论述金融衍生产品的开发、交易、组合、定价、规避风险等,旨在创造性地解决金融问题。1992 年马歇尔《金融工程》的出版是这一新兴学科确立的重要标志。20 世纪 90 年代以来,哈佛大学、斯坦福大学等相继开设了金融工程专业,华尔街和这些院校都有着课题和应用开发方面的合作。作为主修课程之一的金融工程成为西方商学院校的重要课程。在我国,1997 年北京大学成立金融数学与金融工程研究中心,2000 年“新世纪高等教育教学改革工程”提出人才培养模式的新要求,融合数学、经济学和金融学的金融工程本科教育应运而生。至 2002 年,我国 5 所高校相继设立金融工程本科专业,随后各大高校纷纷设立了该方向的硕士点、博士点。到 2012 年,全国各大综合性院校及财经类院校都开设了金融工程专业。至今,金融工程专业已处于较为成熟的阶段。

2. 金融工程的作用

金融工程的发展能丰富金融产品，完善金融市场。随着金融市场的不断发展，层出不穷的衍生产品不断出现，以金融衍生产品为核心的金融工程已改变了整个金融体系。同时，由于套利者的存在，金融工程将促使金融产品更合理地定价。

金融工程在风险管理中也有优势。我国金融衍生产品市场在产品类型、定价方式、风险管理能力上都与西方发达国家有一定差距。随着利率市场化、人民币国际化和各国对外汇管制的不断放松，经济社会的每一个成员都面临着剧烈的汇率、利率、证券等价格变动风险，对利率、汇率风险的有效管理尤其重要。以风险管理为核心的金融工程应运而生，它弥补了传统的保险服务和证券组合投资手段的不足，它将分散在社会经济各个角落里的市场风险、信用风险等汇集到衍生产品交易市场中集中匹配，然后分割、包装并重新分配，使套期保值者规避交易中的大部分风险，不承担或只承担极少一部分风险，如在期货市场上套期保值要承担基差风险、期权交易要承担期权费等。同时，由于金融衍生产品交易具有高杠杆效应，还可以使套期保值者以较小的代价、少量的资金实现风险管理。

金融工程的应用可增加市场的完全性，提高社会资本资源配置效率和市场效率。总之，金融工程不仅为金融业本身带来益处，而且为整个社会创造了效益。金融工程将在我国金融发展中起到举足轻重的作用，对我国资本市场体系有着指导作用。从良性发展角度看，21 世纪金融工程的发展将是我国金融业赶上西方发达国家的一次机遇。

1.2　金融工程概述

1. 什么是金融工程

1988 年，美国金融学家约翰·芬尼迪提出较被业界认可的定义。他认为，金融工程包括创新型金融工具与金融手段的设计、开发与实施，以及对金融问题给予创造性的解决。

关键词“创新”和“创造”值得注意。此定义涵盖三个内容：第一，创新型金融工具。如新型基金和保险产品、新的住宅抵押形式、新的股权工具和风险控制工具等根据企业或个人需求而设计出的金融产品。第二，创新型设计和开发。如运用新技术降低金融运作的成本、根据监管机制的变更改变运作方式、发掘和利用市场套利机会等。第三，创造性解决金融问题。如创造性地设计企业融资策略、现金管理策略、债务管理策略。

“创新”与“创造”可以分为三个层次。第一，思维上的飞跃，产生新的金融产品。第二，对已有观念的重新理解和应用。第三，对现有产品与手段的组合与应用，以适应某种特定情况。

2. 金融工程的特点

（1）金融工程是一门新兴的前沿学科。金融工程将工程思维引入金融领域，融现代金融理论、数据处理技术、信息技术、工程技术于一体，采用先进的数理分析和统计方法以及网络技术、优化技术、仿真技术等前沿技术，对金融问题给予创造性的解决。

（2）金融工程是一门综合性很强的学科。金融工程是一门新兴交叉学科，它融合了金融学、经济学、投资学的相关理论，同时又吸收了数学、运筹学等学科的精髓。它不仅要求掌握数理金融知识，而且要求具备一定的计算机技术应用能力。如运用数学建模、数值计算、网络图解、仿真模拟等技术设计、开发、实施新型金融产品，创造性地解决金融问题。

（3）金融工程是一门实践性很强的学科。金融工程是金融产品创新、投资与金融风险分析、管理工作的基础。既要掌握基本理论和方法，还要能够运用金融工程理论和产品进行投资策略分析、风险管理，以及创造性地解决各种金融问题。

3. 金融工程的目的与主要内容

金融工程的根本目的在于为各种金融问题提供创造性的解决方案，满足市场丰富多样的金融需求。对于投资者来说，金融工程可使其在风险一定的情况下获得更高的投资收益；对于公司财务来说，金融工程可以降低投标阶段的项目风险；对于融资者来说，金融工程可以降低融资成本。

金融工程的主要内容是产品设计、产品定价和风险管理。三者相辅相成、缺一不可。其中，产品设计是为解决金融问题而创造新的金融产品，对各种证券风险和收益进行重新匹配和组合，以达到预期目标。产品定价是运用各种模型为金融产品及其组合产品定价。风险管理是金融工程的核心内容，通过组合各种产品，提出规避风险的策略。风险管理已经成为现代金融的支柱。

4. 金融工程师

金融工程师这一职业始于20世纪80年代，当时银行聘请专家小组，利用最新的科技手段，建立并运用各种模型来度量客户的风险，为参与者规避风险、谋取利润、提供咨询服务，并重组各种金融工具以进行结构化管理，这类专家被称为金融工程师。1991年成立的国际金融工程师学会（IAFE），将这一新型专业人才推上了历史舞台，是目前华尔街紧俏职业之一。如美洲银行、大通曼哈顿银行，以及高盛、摩根斯坦利非银行机构等都拥有相当数量的、高水平的金融工程师。在国内，随着期货、期权的相继面世，金融产品日益增多，金融风险日趋复杂，金融工程师供不应求。

对于金融工程师而言，除了有敏锐的市场洞察力之外，还必须拥有专业化的科学素质。金融工程师需要的知识储备如下：

第一，拥有金融学与经济学理论知识。金融工程涉及的经济学和金融学理论范围十分广泛，如市场均衡理论、有效市场理论、估值理论、投资组合理论和资产定价理论等。在金融理论中，特别要掌握 MM 定理、马科维茨的均值-方差模型、夏普的资本资产定价模型和 Black-Scholes 期权定价模型。这几项重大的理论成果被誉为现代金融学的支柱，也是金融工程的理论指南。

第二，拥有数学和统计学知识。金融工程侧重量化分析，不论理论研究还是具体应用，都离不开严谨的数学推理和精确计算，用最简洁的数学形式来表达事物间的关系，因而要求金融工程师具有比较扎实的数学和统计学功底。如最简单的微积分、线性代数、概率统计，稍复杂的微分方程、线性和非线性规划、计量经济学，较难的随机过程、测度论、随机微分方程等。专业的数学知识一方面对模型建立大有帮助，另一方面能培养金融工程师的逻辑思维。

第三，拥有计算机技能。计算机和网络的广泛运用极大地提高了金融交易效率。各种分析和应用软件为金融工程师提供了创新金融产品和解决金融问题的强有力手段。金融工程师可以将复杂的数学运算关系编成程序，并通过计算机系统获取交易信息，进行程序化交易，用软件来处理、分析相关数据，从而使投资分析和交易过程简易化，既节省成本，又提高效率。

金融工程还涉及法律、税收和会计等方面的专业知识。总之，与金融工程相关的工作具有很强的系统性，通常不是依靠金融工程师个人，而是团队合作。例如，一个金融工程项目小组成员除金融工程师外，往往还包括会计师、税务专家和法律顾问，甚至程序设计员，这些人员是金融工程师获取专业知识和技术支持的资源。

■ 本章小结

1. 金融工程是一门严谨的科学，需综合应用数学建模、数值计算、网络图解、仿真模拟等工程技术。金融学、数学、计量学、编程是金融工程的主要知识基础。

2. 金融工程包括创新型金融工具与金融手段的设计、开发与实施，以及对金融问题给予创造性的解决。

3. 金融工程的根本目的是为各种金融问题提供创造性的解决方案。

4. 金融工程的主要内容是产品设计、产品定价和风险管理。三者相辅相成、缺一不可，其中风险管理是金融工程的核心内容。

■ 关键术语

金融工程，创新，创造，金融工程师，产品设计，产品定价，风险管理。

■ 本章习题

1. 如何才能学好金融工程这门课程？制作一个学习计划。
2. 金融工程的主要内容是什么？
3. 简述金融工程的目的。
4. 简述金融工程的主要内容。
5. 简述金融工程师需要的知识储备。

第 2 章　金融工程主要技术工具和产品

在处处存在风险和机遇的金融市场，若想尽可能地规避风险、获取更多的利润，就需要了解金融产品和基本技术工具。本章讨论金融市场中常用的债券和股票等基本金融产品，远期、期货、互换和期权等金融衍生产品，以及利率等基本技术工具。虽然金融市场在迅速演变，金融产品在不断衍化，对其特定的描述或者某些特定的细节可能会发生变化，基础的、与交易相关的经济功能却是不变的。

2.1 利　率

无论在实务投资操作还是在理论研究中，资产定价都是金融的核心问题。不论是对资产未来的支付（回报）做出预测，还是基于对资产未来支付的预测判断资产在当前时刻的价值，利率都是最主要的、不可缺少的变量之一。

利率是指借贷期满所形成的利息额与所贷出的本金额的比率。利率与信用风险有关，一般信用风险越大，资金借款人承诺的利率越高。

1. 计息习惯

利率是金融工程中为衍生产品定价的一个重要工具之一。按照利息是否计入本金而生息，计息可以分为单利和复利两种形式。复利根据计息次数不同划分为连续复利与普通复利。本节将重点介绍连续复利与普通复利的计算以及相互之间的转换。

(1) 单利

单利指利息不计入本金，利息不会产生利息。在单利下，如果把初始本金 A 存 n 年，且每年的利率都是 R，最后能得到的金额为

$$A(1+nR) \tag{2.1.1}$$

显然，单利对存钱的人是很不公平的，让其损失了利息的利息。随着市场化改革的推进，现在已经很少使用单利计息了。

(2) 复利

假设初始本金 A 以利率 r 投资了 n 年，若利息按每年计 1 次复利，每次产生的利息收

入计入本金(俗称“利滚利”),则投资的终值为 $A(1+r)^n$。如果每年计 m 次复利,则终值为

$$A\left(1+\frac{r}{m}\right)^{mn} \tag{2.1.2}$$

式中,利率 r 为每年 m 次计息的普通复利。当 m 趋于无穷大时,称为连续复利,此时终值为

$$\lim_{m\to\infty} A\left(1+\frac{r}{m}\right)^{mn} = Ae^{rn} \tag{2.1.3}$$

容易看出,复利的计息频率越高,最后得到的本息和越多。如表 2.1 所示,通过提高复利的计息频率,对初始本金 100 元,利率为每年 10%,在一年末的终值进行分析,观察提高复利频率所带来的效果。

表 2.1 复利频率与终值

复利频率	每年 ($m=1$)	每半年 ($m=2$)	每季度 ($m=4$)	每 月 ($m=12$)	每 周 ($m=52$)	每 天 ($m=365$)	连续复利
100 元在一年末的终值/元	110.00	110.25	110.38	110.47	110.51	110.52	110.52

从表 2.1 可以看出,连续复利与每天计复利(精确到小数点后两位)得到的效果一样。因此,通常可以认为连续复利与每天计复利等价。

假设 r_c 是连续复利的利率,r_m 是与之等价的每年计 m 次复利的利率,有 $e^{r_c n} = \left(1+\frac{r_m}{m}\right)^{mn}$。当 $n=1$ 时,有

$$r_c = m\ln\left(1+\frac{r_m}{m}\right),\ r_m = m(e^{\frac{r_c}{m}}-1) \tag{2.1.4}$$

式(2.1.4)可以实现每年计 m 次复利的利率与连续复利的利率之间的转换。

特别地,当 $m=1$ 时,

$$r_c = \ln(1+r_m),\ r_m = e^{r_c}-1 \tag{2.1.5}$$

当即期利率和远期利率所用利率均为连续复利时,即期利率和远期利率的关系可表示为

$$\hat{r} = \frac{r^*(T^*-t)-r(T-t)}{T^*-T} \tag{2.1.6}$$

这是因为 $e^{r(T-t)} \times e^{\hat{r}(T^*-T)} = e^{r^*(T^*-t)}$,所以 $r(T-t)+\hat{r}(T^*-T) = r^*(T^*-t)$。

例如,当一年期和两年期的连续复利年利率分别为 10% 和 10.5% 时,一年到两年的连续复利远期年利率就等于 11%,这是因为 $e^{0.10} \times e^{0.11} = e^{0.105\times 2}$。

【案例 2.1】 “九出十三归”的利率有多高?

“九出十三归”是古代一种高利贷计息方式,你知道这个高利贷的利率到底有多高吗?

所谓的“九出”，就是借银十两，收取一两借贷手续费，只给你九两。“十三归”，是以三个月为期，借银十两，到期需归还十三两。按照“九出十三归”的约定，张三借银十两，拿到手为九两，三个月后需还十三两。相当于三个月的单利利率为 $R = \frac{13}{9} - 1 = 44.44\%$。

若换算为复利，每年计4次复利的利率为 $r_m = 44.44\% \times 4 = 177.76\%$。

与之等价的连续复利年利率为 $r_c = \ln(1 + 177.76\%) = 102.16\%$。

【案例2.2】　拿破仑与玫瑰花悬案

1797年3月，新婚宴尔的拿破仑将军协同他漂亮动人的夫人约瑟芬应邀参观卢森堡大公国的第一国立小学。在那里，拿破仑夫妇受到全校师生的热烈欢迎和款待。在告别演说上，拿破仑慷慨而潇洒地向该校校长递上一束价值3金路易的玫瑰花，并说道：“为了答谢贵校对我，尤其是对我夫人约瑟芬的盛情款待，我不仅今天呈上一束玫瑰花，并且在未来的日子里，只要我们法兰西存在一天，每年的今天我将亲自派人送给贵校一束价值相等的玫瑰花，作为法兰西与卢森堡友谊的象征。”

卢森堡这个友邦小国非常崇拜拿破仑，史学家们把这段欧洲巨人与卢森堡和谐相处的一刻载入史册，使得其家喻户晓，传为美谈。然而，由于拿破仑疲于应付连绵不断的战争和此起彼伏的政治事件，最终把青年时代对卢森堡的许诺忘得一干二净。

1984年底，卢森堡政府要求法国政府实现拿破仑的诺言，就玫瑰花一事提出索赔，这就是著名的“玫瑰花悬案”。卢森堡政府提出：要么从1797年起，以3金路易作为一枚玫瑰花的本金，并以5厘复利计息（即利滚利）结算，全数还清这笔“玫瑰花悬案”之外债；要么法国各大报登报承认一代伟人拿破仑是个言而无信的小人。

起初法国政府准备不惜重金赎回拿破仑的声誉，但却被电脑算出的数字叫苦不迭。原来3金路易的许诺，本息竟高达1 375 596法郎。最后，法国人写了一封措辞委婉的道歉书：“今后，无论在精神上还是物质上，法国将始终不渝地对卢森堡大公国的中小学教育事业予以支持与赞助，来兑现拿破仑将军那一诺千金的玫瑰花信誉。”这样才取得卢森堡人的谅解。

2. 常见利率种类

利率有很多种，本书中主要涉及的利率有国债收益率、无风险利率、LIBOR、Shibor、再回购利率等。

国债收益率是指投资者投资国库券或国债时所获得的收益率。国库券或国债是政府借入以自身货币作为计量单位的资金而发行的金融产品。一般认为政府不会违约，因此国债收益率是无风险利率。

LIBOR（London Inter Bank Offered Rate）指的是伦敦银行间同业拆借利率，是大型国

际银行愿意向其他大型国际银行提供资金时所收取的利率。也就是说，银行同意用此利率将资金存入其他银行。主要有 1 个月、3 个月、6 个月、9 个月、1 年期的 LIBOR，一个银行必须达到 AA 信用级别才能接受以 LIBOR 计息的存款。衍生产品交易员（特别是场外市场的交易员）常常把 LIBOR 作为无风险利率。

国内有上海银行间同业拆放利率（Shanghai Interbank Offered Rate，简称 Shibor），是由信用等级较高的 18 家商业银行组成报价团自主报出的人民币同业拆出利率计算确定的算术平均利率。目前，对社会公布的 Shibor 品种包括隔夜、1 周、2 周、1 个月、3 个月、6 个月、9 个月及 1 年。全国银行间同业拆借中心受权 Shibor 报价计算和信息发布。每个交易日，根据各报价行的报价，剔除最高、最低各 4 家报价，对其余报价进行算术平均计算后，得出每一期限品种的 Shibor，并于 11:00 对外发布。图 2.1 为 Shibor 报价图。

2023-02-23 11:00

期限	Shibor/%	涨跌/BP
O/N	1.4750	▼ 29.00
1W	2.1630	▲ 0.50
2W	2.4950	▼ 2.00
1M	2.2780	▲ 1.10
3M	2.4060	▲ 0.30
6M	2.5180	▲ 0.70
9M	2.6020	▲ 0.30
1Y	2.6680	▲ 0.80

图 2.1 Shibor 报价图

数据来源：上海银行间同业拆放利率官网。

再回购利率指持有证券的某投资商同意将证券出售给合约的另一方，并在将来以稍高的价格买回证券。合约中的另一方给该投资商提供了资金贷款，证券卖出与买回的差价即为贷款利息，相应的利率被称为再回购利率。

【案例 2.3】 理财小公式“72 法则”

“72 法则”：在每年复利 1 次的情况下，如果想知道多少年可以把本金翻番，只需要用 72 除以年利率，得到的商即是所求。例如，中国银行年利率 2.25%，小王存入 50 万元本金，由于 72/2.25 = 32，预计需要 32 年能把本金翻番，这是一个近似经验法则，在大多数情况下适用。

72 这个神奇的数字是怎么来的呢？当每年复利 1 次的时候，要求本金翻番，也就是要求 $(1+r)^t = 2$，等式两边取对数，再利用近似关系 $\ln(1+r) = r$，可得 $t \approx \ln 2/r$，而 $\ln 2 \approx 0.693$。所以，更精确的近似法则是用 69.3 来除以年利率，以得到更准确的翻番年数估计，即所谓的“69.3 法则”。

相应的还有“69 法则”“70 法则”的说法，大家更多采用“72 法则”，是因为 72 这个被除数更容易被很多整数除尽，用起来更方便。如果是连续复利，那么用“69 法则”得到的本金翻番时间更准确。

2.2　基础金融产品

公司经常会由于投资等原因进行融资。一般来说，它们以借款（从银行贷款或者发行债券）或者卖出公司所有权的索偿权（一般是股票）的方式进行融资。

1. 债券

债券指投资者向政府、金融机构或企业提供资金的一种债权合同，合同中载明债券发行人在指定日期向投资者支付利息，并于到期日偿还本金。债券属于固定收益证券，因为它向所有者支付固定金额的资金。固定收益证券还包括银行定期存款、协议存款、国债、金融债、企业债、可转换债券、债券型基金、货币市场基金等，最常见的货币市场基金就是余额宝。本书研究的模型中，将债券作为无风险证券。尽管称债券为无风险证券，但债券实际上可能涉及信用风险或违约风险、通货膨胀风险、流动性风险和市场因素风险。

我国从 1981 年恢复国债发行，债券市场在曲折中前行，走过了不同寻常的发展历程。1996 年末，中央托管机构建立，债券市场由此进入快速发展期，市场规模迅速壮大，市场活跃度稳步提升，对外开放稳步推进，制度框架逐步完善。中国债券市场已成为全球第二大债券市场。截至 2018 年底，债券市场共发行各类债券 22.60 万亿元，全国债券市场托管存量达到 76.45 万亿元（数据来源于中国债券信息网《2018 年债券市场统计分析报告》）。

根据债券到期期限长短，债券可分为期限不超过一年的短期债券，以及期限超过一年的长期债券。有些债券只涉及初始付款（初始价格）和最终付款（名义价值），被称为纯贴现债券，因为初始价格等于贴现的名义价值。通常情况下（特别是长期债券），债务人会在债券有效期内向债权人定期付款，这些付款通常是债券票面价值的预定百分比，称为息票。到期时，债务人将支付最后一张息票和票面价值。在这种情况下，名义价值部分称为本金，相应的债券称为息票债券。实际上，息票债券相当于一组或一篮子票面价值等于息票的纯贴现债券。

（1）贴现债券

贴现债券指未来只有一个现金流的债券，以低于面值的贴现方式发行，到期按面值兑付。根据期限的长短可分为贴现债券和零息债券。

零息债券指低于面值折价发行，到期按面值一次性偿还，期限在 1 年以上的债券。

贴现债券指低于面值折价发行,到期按面值一次性偿还,期限在 1 年以内的债券。

在国外,通常短期国库券都是贴现债券。美国最常见的贴现债券是美国国库券。事实上,零息债券即为一种长期贴现债券。

设贴现债券当前时刻 t 时的价格为 B,未来现金流是 F(F 也被称为债券的面值),该债券的年回报率是 r,到期日为 T 时,则债券的定价函数 $B(r)$ 为:

$$B(r) = Fe^{-r(T-t)} \tag{2.2.1}$$

式中,$e^{-r(T-t)}$ 称为贴现因子,表示在 T 时刻收到面值 1 元债券当前的价格。

值得注意的是,零息债券的价格及收益取决于市场利率水平和期限,一般期限越长,收益率越高。贴现因子是到期收益率的函数,贴现因子与到期收益率关系图形如反比例函数在第一象限的形状,一般收益与贴现因子反向变动,收益越高,贴现因子越小。因此,该函数是凸的,即随着收益的增加,债券价格减少的速度是递减的。

若给定贴现债券当前的价格、面值和到期日,可以算出该债券的隐含年收益率

$$r = \frac{\ln(F/B)}{T-t} \tag{2.2.2}$$

【例题 2.1】 计算贴现债券的隐含年收益率

某保险公司为其客户提供的子女大学教育保单可以看成长期存款。保险公司宣传:今天投资 4 分钱,25 年后能获得 1 元。请问该项投资隐含年收益率是多少?

解:该保单可看成贴现债券,$F=1$ 元,$B=0.04$ 元,$T-t=25$ 年,由式(2.2.2)得隐含年收益率 $r=12.876\%$。

(2) 息票债券

息票债券也称为附息债券,是在债券存续期内按照约定的利率支付利息,并在到期日时偿还债券的面值。按照利率确定方式不同,又分为固定利率附息债券和浮动利率附息债券两种。

固定利率附息债券在发行时标明票面利率、付息频率、付息日期等要素,按照约定利率定期支付利息,到期日偿还最后一次利息和本金。

浮动利率附息债券以某一短期货币市场参考指标为债券基准利率并加上利差(发行主体可通过招标确定)作为票面利率,基准利率在待偿期内可能变化,但基本利差不变。特别地,若发行时标明票面利率,到期兑付日前不支付利息,全部利息累计至到期兑付日,和本金一同偿付的债券称为利随本清债券。

息票债券可看成一系列贴现债券的组合。息票债券与贴现债券的关系如图 2.2 所示。

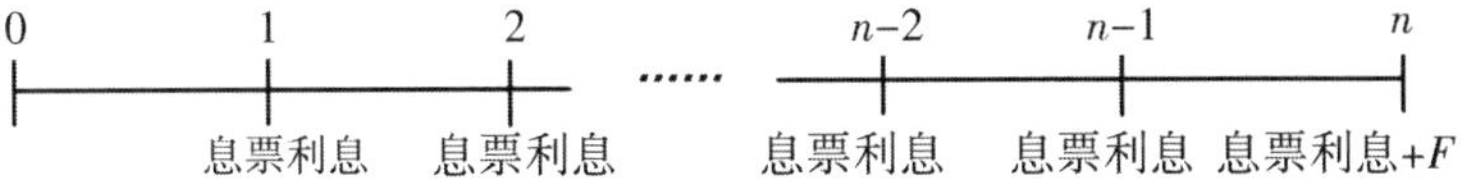

图 2.2　息票债券与贴现债券的关系图

若用 B_c 表示息票债券的价格，则 $B_c = \sum_{i=1}^{n} B_{di} = \sum_{i=1}^{n} CF_i e^{-r_i(T_i-t)}$。其中，$B_{di}$ 表示第 i 个贴现债券的价格，CF_i 表示第 i 个债券到期日的现金流，即为所有贴现债券的价格之和。

【例题 2.2】　计算息票债券的价格

假设当前零息票债券收益曲线函数是 $r_i = 0.04 + 0.01\ln(1 + T_i)$，对于息票利率是 7%，半年支付 1 次利息，期限为 5 年的息票债券，债券面值为 100 元，求此息票债券的价格。

解： 由零息票债券收益曲线函数，可得每次零息票债券的回报率 $r_1 = 0.04 + 0.01\ln(1 + 0.5) = 4.405\%$，$r_2 = 0.04 + 0.01\ln(1 + 1) = 4.693\%$，同理可得 $r_3 = 4.916\%$，$r_4 = 5.099\%$，$r_5 = 5.253\%$，$r_6 = 5.386\%$，$r_7 = 5.504\%$，$r_8 = 5.609\%$，$r_9 = 5.705\%$，$r_{10} = 5.792\%$。

每次收到的利息是 7/2 元，即 3.5 元，则此息票债券的价格是每次现金流的贴现加总，即 $B_c = \left(\sum_{i=1}^{9} 3.5e^{-r_i(T_i-t)} + (3.5 + 100)e^{-r_{10}(T_{10}-t)}\right)$ 元 $= 107.710\ 2$ 元。

2. 股票

股票市场的规模与债券市场相当。债券一般是通过交易商交易，而股票是在交易所内交易。大多数债券的交易频率低于股票的交易频率。

股票是投资者向企业提供股本的权益合同，是企业所有权凭证。股票发行分公募和私募两种。公募指的是在市场上向非特定投资者公开发行股票以筹措资金，通常在证券交易所内交易，一般采用公开竞价方式，买卖双方按价格优先和时间优先原则进行交易。私募是面向少数特定的投资者（主要是机构投资者）发行股票。

股票的定价和息票债券类似，也是未来现金流的贴现加总。股票的股息一般是随机的，取决于公司的利益以及公司的政策。股票与债券的区别体现在两个方面：首先，债券是有期限的，而股票原则上不会到期。由于股票的特殊性，只要公司不破产，股票的有效期就是无限的；但公司可能破产，在这种情况下，公司将被清算。其次，债券的票面价值是预先确定的，是无风险债券，而股息是随机的，即每期的红利并未在合同中约定好，因此股票是有风险证券。

下面介绍影响股票价格的因素以及股票定价。用 I_i 表示第 i 个现金红利，则股票价格 $S = \sum_{i=1}^{\infty} I_i e^{-qt_i}$，但是红利 I_i 很难估计，实践中更多的是估计下一期的红利 I_1，然后假设之后

的股息以固定比率 g 增长，则 $S = \sum_{i=1}^{\infty} I_i e^{-(q-g)i}$。

利用无穷等比级数的求和公式，得到固定股息增长率的每股股票的价值为

$$S = \frac{I_0}{e^{(q-g)} - 1} \tag{2.2.3}$$

【例题 2.3】 股票定价

设有一只股票的价格为 15 元，该股票刚支付了 2 元的股息，股息每年支付 1 次。根据对历史股息支付情况的分析，预期每年的股息增长率保持在 1% 的水平。根据对风险的分析，你认为股票的收益率应为 12%。请问这只股票可以投资吗？

解：$D_0 = 2$ 元，$q = 0.12$，$g = 0.01$。根据固定股息增长率的每股股票的定价公式 $S = 17.2$ 元 >15 元。因此，该只股票定价偏低，可以投资。

3. 股票指数

股票指数是运用统计学中的指数方法编制而成的反映股市中总体股价或某类股票价格变动和走势情况的一种相对指标。几乎每一家指数机构都有数百、数千、数万，甚至数十万条指数产品。

国外常见股票指数包括：道琼斯股票指数，它在 1898 年 5 月 26 日公布，最初反映美国市场最重要的 12 种工业股票的平均数，1928 年至今为 30 只股票；S&P500 指数，由美国标准普尔公司于 1923 年开始编制，1957 年扩展到 500 只股票，是目前全球应用最广泛、跟踪资产最多、交易最活跃的指数。

沪深 300 指数和上证综合指数是我国证券市场的主要指数。

沪深 300 指数由上证所与深交所共同研究开发，在 2005 年 4 月 8 日联合发布第一支跨市场指数，同年转由中证指数有限公司管理维护。沪深 300 指数是从上海和深圳证券市场中选取 300 只 A 股作为样本编制而成的成份股指数。沪深 300 指数具有良好的市场代表性，是沪深证券交易所第一次联合发布的反映 A 股市场整体走势的指数。它的推出丰富了市场现有的指数体系，有利于投资者全面把握市场运行状况，进一步为指数投资产品的创新和发展提供了基础条件。

上证指数包括上证 180 指数和上证 380 指数。上证 180 指数，自 2002 年 7 月 1 日起正式发布，选择上海股票市场上最具市场代表性的 180 只大型蓝筹股票作为样本股。上证 180 指数是能够反映上海证券市场的概貌和运行状况，并能够作为投资评价尺度和金融衍生产品标的的基础指数。上证 380 指数于 2010 年 11 月正式发布，选择上海股票市场上成长性好、盈利能力强的 380 只股票构成指数样本，代表了国民经济发展战略方向和经济结构调整方向。

除债券和股票以外，还有外汇资产。外汇是以外币表示的，可用于清算国际间债权

债务的支付工具。人们持有外汇资产，除了可以满足对外支付之外，还可用于保值或利用外汇价格的波动投机获利。汇率是不同货币之间相互兑换的比率，它反映了外汇市场的供求状况。外汇面临着汇率风险，为了规避汇率风险，金融市场上衍生出许多以外汇为标的物的产品，如外汇远期、货币互换等。债券、股票、外汇是衍生产品市场中的常用基本金融产品。

2.3　金融衍生产品

1. 金融衍生产品的定义

"衍生"一词源于该种资产的价值是由某些基础资产，如股票、债券、货币及商品等派生出的。例如，股票指数期货的价值由股票指数派生，外币期权的价值由基础汇率产生。衍生产品的一个很重要的特征是在未来某一时点而不是现在进行交易。例如：玉米不是一种衍生产品，而是一种价值由玉米市场决定的商品。假设 A 和 B 两人签订一份这样的协议：如果在 1 年内，1 千克玉米的价格高于 5 元，那么 A 就给 B 支付 1 元；如果价格低于 5 元，B 就给 A 支付 1 元。那么，该协议就成了一个衍生产品，因为协议的价值是由其他资产（玉米）所决定的。这份合约中双方进行了套期保值，降低了风险。那些不以种植或加工玉米为生的投资者也可以利用这样的合约对玉米价格进行简单的投机。

金融衍生产品指价值依赖于其标的资产的金融产品，本质是一种在未来某一时间执行某种交易的合约。

基于股票指数、债券价格、利率、商品、货币及其他种类的衍生产品（如气候期货、房地产期货）可以在衍生产品交易所进行交易。

金融产品按价值依赖的形式可分为基础产品和金融衍生产品。基础产品主要包括股票和固定债券，而固定债券又包括国债、定期存款、债券型基金等。金融衍生产品主要包括远期、期货、互换和期权四类。值得注意的是，基础产品和衍生产品是可相互转化的。如债券、股票通常看成是基础产品，但也可看成是衍生产品。因为债券也可以看成是利率的衍生产品，股票也可以看成是公司资产价值的衍生产品。

2. 金融衍生产品的出现

衍生产品为什么会出现呢？以下是一些动机：

(1) 风险管理。衍生产品是公司和其他使用者用于降低风险的工具。例如，玉米的卖方农民可以通过签订一份当玉米价格较低时会得到一笔资金的合约来降低其遭遇损失的风险，农民签订该合约的举动称为套期保值操作。每种保险合约都是一种衍生产品。汽车保险考虑的是汽车发生事故的概率。如果汽车出了事故，那么保险就有价值；如果汽车安然无恙，那么保险就没有价值了。

（2）投机。衍生产品可以作为投资工具，为高杠杆化交易提供了机会。例如，如果你预测 1 年后 S&P500 指数为 1 300 ~ 1 400 点，那么就可以创建相应的衍生产品。当愿望得以实现时，你将获得高额利润；如果未来走势与你的预期不符，你将面临巨额的亏损。

（3）减少交易成本。衍生产品有时是减少某些特定金融交易成本的途径。例如，投资基金的经理如果想出售股票或购买债券，除了要向股票经纪人支付佣金以外，还必须支付诸如买卖价差等其他的交易成本。衍生产品交易也能达到同样的经济效果，并且衍生产品交易的成本可能会低于实际出售股票或购买债券的成本。

（4）监管套利。有时通过衍生产品交易可以规避监管约束、税收和会计规则等。例如，衍生产品经常用于实现股票的经济出售（以获得现金并消除持有股票的风险），同时保持股票的所有权。该交易允许股东推迟出售股份或继续持有股份表决权所需的税款，而不承担持有股份的风险。

衍生产品提供了另一种简单买入或卖出的选择，拓宽了投资者或经理实现某些目的的可能性范围。不同类型的公司会使用不同的衍生产品。受到高度管制并且有资本充足率要求的金融机构（如银行）可能拥有不同货币类型、不同期限以及不同信用风险的资产与负债，因此，它们会利用利率衍生产品、货币衍生产品和信用衍生产品进行风险管理。购买原材料进行加工处理，然后在全球市场上出售产品的制造商可以使用商品及货币衍生产品。然而，风险管理对制造商的激励作用可能不如金融机构那么强烈，因为制造厂不像金融机构那样受到高度监管。

3. 四种基本金融衍生产品

（1）远期

远期指双方约定在未来的某一确定时间，按确定的价格买卖一定数量的某种标的资产的合约。合同中交易的标的物是多种多样的，如木材、小麦、大豆、石油等大宗原物料商品，外汇、股票指数等各种金融产品、货币资产甚至是衍生产品。

即期交易是指在今天（或即刻）发生的资产交换，买方支付约定的价格，而卖方提供相应的资产。远期交易则是指在未来发生的交易，今天不会发生资金的转移，买卖双方只是对交易的条款达成共识并签订一份合同（远期合同）。条款包括：买方愿意支付给标的资产卖方的价格；购货的数量；买卖的日期。在交割日，买卖双方必须履行各自的合约义务完成交易。

（2）期货

期货与远期类似，指利用今天的市场信息来锁定某一特定的协议标的物的未来价格。两者的区别在于：期货的交易状况是每日公布的，是标准化的场内交易衍生产品。期货可以克服远期交易的缺陷。

假设一个到期日为2天、价值为5千克玉米的期货合约，价格是3元/千克，如果A买入该期货合约，就意味着A将在2日后以3元/千克的价格买进5千克玉米，但是付款是分几步完成的。假定过了一天以后（还有一天到期），该期货的价格涨到了3.5元/千克，因为手上有期货合约，A将会立刻获得0.5元/千克的利润，而且其在交易所的账户会获得2 500元的收入。这一过程称为“逐日结算”，也称“盯市”，即在每个交易日结束时对账户进行结算。假设在第二天末，玉米的价格是4.5元/千克，“盯市”制度会使A再获得5 000元的收益。因为此时期货合约已经到期，A必须以市场价格4.5元/千克购买5千克玉米而支付22 500元。但是A已经获得了7 500元的利润，因此净支出仅有15 000元。在第二天末，A的状态与购买一个2天期、3元/千克的远期合同一样。大多数情况下，远期和期货是可以相互替代的。

（3）互换

互换指当事人按照商定条件，在约定的时间内交换一系列现金流的合约。常见的有利率互换和货币互换。利率互换是指双方同意在未来的一定期限内根据同种货币的同样的名义本金交换现金流，其中一方的现金流根据浮动利率计算，而另一方的现金流根据固定利率计算。利率互换是双方定期支付给对方以交换货币计算的利息金额。双方可以按固定利率或可变利率收取利息。货币互换是将一种货币的本金和固定利息与另一货币的等价本金和固定利息进行交换。货币互换的流程是：① 货币互换协议生效之日起，双方应按照商定的汇率将本金兑换为两种不同货币。② 在协议生效和到期日之间，两种货币的本金不需兑换，而只需交换相应的利息金额。③ 在协议到期日，两种货币本金应以相应的汇率进行反向兑换。

（4）期权

期权指赋予期权所有人一项在未来某一时间段内以约定价格出售或者买入某项资产的权力。与远期相同的是：期权是一种在未来某一时刻以约定价格（行权价格）买卖特定资产的合同。与远期合约不同的是：期权提供了购买或出售标的资产的权利，而非义务。在到期日当天或之前以约定价格购买标的资产的权利称为看涨期权，载有这样权利的合约称为看涨期权合约。出售权称为看跌期权，载有出售权的合约称为看跌期权合约。没有特别说明时，看涨/看跌期权指的是看涨/看跌期权合约。期权合同的买方支付给卖方的金额为期权费。

■ 本章小结

1. 利率的概念是金融工程的基础并贯穿全书。连续复利与普通复利的区别是计息频率不同，需要掌握它们的算法及相互之间的转换。

2. 基础产品与衍生产品是金融工程的主要工具。

3. 贴现债券是到期日债券面值的贴现。息票债券是贴现债券的组合，等于每次现金流的贴现加总。

4. 股票价格是无数个预期现金红利的贴现加总。

5. 衍生产品是价值由其他事物的价格决定的一种产品。它可以用于风险管理、投机、减少交易成本和监管套利等。

6. 远期、期货、互换与期权都是基本的金融衍生产品，它们可以直接使用，也可以作为构建其他新型产品的基础。

■ 关键术语

连续复利，LIBOR，Shior，贴现债券，息票债券，远期，期货，互换，期权。

■ 本章习题

1. 试述远期与即期交易的区别？

2. 如果连续复利年利率为5%，10 000 元现值在4.82 年后的终值是多少？

3. 每季度计一次复利的年利率为14%，请计算与之等价的每年计一次复利的年利率和连续复利年利率？

4. 每月计一次复利的年利率为15%，请计算与之等价的连续复利年利率？

5. 某笔存款的连续复利年利率为12%，但实际上利息是每季度支付一次。请问1 万元存款每季度能得到多少利息？

6. 如果本金150 000 元，年利率5%，时间15 年，请用三种不同的计息方式计算利息分别是多少，并作图加以比较。

7. "使用连续利率来计算利息是高利贷，比普通利率有更多的利息。"这句话对吗？为什么？

8. 请用MATLAB 软件编程计算例题2.1 的贴现债券的隐含年收益率和例题2.2 的息票债券价格。

9. 任选中国金融期货交易所、上海期货交易所和广州期货交易所中一家衍生产品交易所，进入该交易所的网站，尝试了解中国金融衍生产品市场的以下信息：该交易所有哪些可供交易的衍生产品？从中任选一种衍生产品，它的合约细则是什么？各种衍生产品的成交量如何？交易的名义价值是什么？

10. 任选芝加哥期货交易所、欧洲期权与期货交易所、芝加哥期权交易所中一家衍生产品交易所，进入该交易所的网站，尝试了解国外金融衍生产品市场的以下信息：该交易所有哪些可供交易的衍生产品？从中任选一种衍生产品，它的合约细则是什么？各种衍生产品的成交量如何？交易的名义价值是什么？

第3章　金融工程的定价分析

本章介绍相对定价法、绝对定价法、无套利定价法等常用的定价方法。本章内容是衍生产品定价的理论基础。

3.1　金融衍生产品市场价格风险

1. 金融衍生产品市场的参与者

金融市场由一群经济参与者构成。一般来讲，参与者可以是个人、家庭，也可以是企业和政府机构。为简单起见，把这些参与者描述成为自己的切身利益而行动的个体，而不考虑参与者作为别人利益的代理者时的行为。根据参与目的不同，衍生产品市场上的参与者可以分为套期保值者、套利者和投机者。在一个完善的市场中，这三类投资者缺一不可。

套期保值者是指在现货市场已有头寸，希望用衍生产品如期货、远期、期权相反头寸来减少自身面临的、由于市场变化而产生的风险，进行风险管理，避免将来资产不利价格波动的风险暴露的机构或个人。

套利者是指参与者认为资产现货价格与其衍生价格存在不合理，以获取无风险或低风险的套利利益为目的的机构或个人。当一个资产期货价格偏离其现货市场价格时，产生了套利机会，套利者往往采用两个或更多相互抵消的交易来锁定盈利，如期现套利（股指期货市场和股票现货市场）、跨市套利（不同的股指期货市场）、跨商品套利（不同股指期货合约）或者跨期套利（同种商品不同交割月份）等。

投机者是指单纯根据自身的预测进行操作，通过承担风险获取预期风险利益的机构或个人。即看涨时买进、看跌时卖出以获利的交易者。

对金融产品进行分析时，需要抓住时间和风险两个关键因素。一般来说，不同时间点上的资源和供给是不同的，也是不可逆转的。比如，金融未来的价值不能用作今天的消费。为了描述时间这个关键因素，通常假设有两个时期或时间点——现在和未来，而一旦考虑未来，则立即面临风险。

在利用衍生产品进行套期保值时,价格风险是判断持有衍生产品头寸方向的一种有效方法。

2. 价格风险

风险是遭受损失的可能性,是指经济结果的任何变化,其本质在于经济结果的不确定性。自然灾害、政策变化等都有可能导致企业损失,理应成为风险管理的内容。金融工程把风险管理的重点放在各类价格风险上。

价格风险是指由于基础资产价格变动导致衍生产品价格变动或价值变动而引起的风险。

价格风险之所以受到人们重视,是因为在当今经济日益全球化和金融化的条件下,公司的财务业绩必然受到一种或数种金融价格变动的影响。例如:出口商非常关心外汇汇率的变化,因为在利润率比较低的情况下,外汇的贬值可能将经营成果化为乌有;制造业公司的财务状况同上游产品的进价和自身产品的销售价格密切相关;刚刚发完固定利率贷款的银行不希望将来市场利率上升,因为这将降低该贷款的价值;基金管理公司的经营更是受到股票市场价格波动的影响。金融工程为上述价格风险的分散和转移提供了创造性的解决方案。

价格变动对企业会产生直接和间接的影响。如:采用浮动利率融资方式或拥有浮动利率资产的企业会受到利率波动的直接影响;设某家畜生产者用玉米喂养家畜,大豆价格上升则对其产生间接影响。

(1) 价格风险的分类

根据投资者对持有资产或负债的价格喜好,可以分为多头价格风险及空头价格风险。

多头价格风险,指喜欢价格上升。价格上升时对企业有利,价格下降时对企业不利。空头价格风险,指喜欢价格下跌。价格下跌时对企业有利,价格上升时对企业不利。

(2) 卖空

人们对某项资产未来价格的不同预期判断会影响购买决策:乐观的投资者可能购买该项资产;悲观的投资者认为该项资产的价值未来有可能缩水,因而卖出该项资产。如果投资人看好某项资产而买入该资产,称为资产的多头;多头的反向操作是空头。

假设悲观的投资者观察一只股票的价格,认为它被高估了,但他并不拥有该股票,这位投资者仍然可以通过卖空股票来进行套利。卖空股票是指从拥有股票的人手中借入股票并出售。卖空者希望股票价格下跌,当这种情况发生时,投资者将以较低的价格购买股票,并将其返还给原所有者。投资者欠下股票,被称为持有空头头寸,回购股票并将其返还给原所有者的行为称为补仓。因此,卖空是暂时没有某种资产,但依然卖出。

卖空指因对某种资产价格看跌,从经纪人手中借入该资产抛出,在发生实际交割前,将借入资产补进,交割时只结清差价的投机行为。

【例题3.1】　成功卖空

假设某投机者认为D公司的股票估值过高。该股票每股售价45元,该投机者下订单卖空1 000股D公司的股票。这样,他收到了45 000元,还欠了1 000股。在耐心等待了4个月后,他发现股价已跌至每股22元。他以22 000元的价格购买了1 000股股票以弥补空头头寸。因此,他获得了23 000元的利润。这里忽略了交易费用、所需保证金以及汇率/利率问题。

【例题3.2】　卖空操作的现金流分析

假设你想卖空1股IBM股票90天,今天股票价格为S_0,在卖空时期支付股利I,90天后股票价格变为S_T,请分析你的资金账户余额情况。

分析:资金帐户余额情况如图3.1所示。

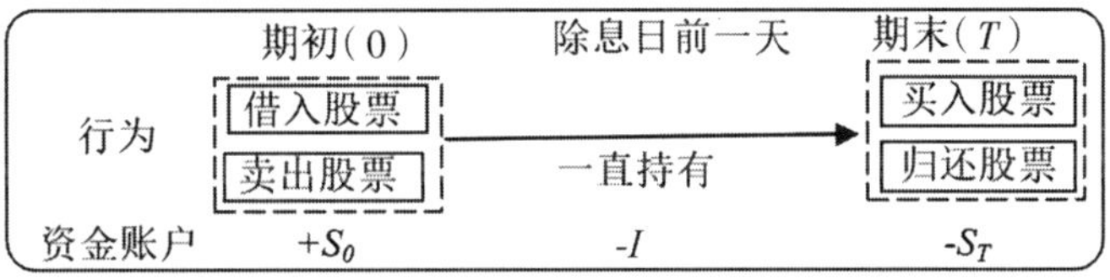

图3.1　卖空1股IBM股票90天的现金流

注意:卖空者必须向出借方支付所借股利。

实际上,卖空并不限于股票。例如,投资者也可以卖空债券,卖空债券相当于发行债券——持有债券空头头寸的人是债务人,债券的价值就是债券的价格。与卖空相反,当投资者购买证券时称其在证券中做多。

卖空是非常重要的交易方式,它允许出售借入的证券或资产,为借出者支付股息,然后购买证券或资产进行偿还。从概念上讲,卖空与买入相反。卖空适用于投机、融资或套期保值等。① 投机。单纯依靠对某种资产未来价格看跌,高卖低买获取价差。② 融资。卖空也是融资的方式之一。③ 套期保值。做市商或交易机构常利用卖空来对冲所持股票或衍生产品的风险。

3. 金融风险

金融风险是指金融变量变化导致的资产组合未来收益的不确定性。不确定性是金融活动中存在的客观事实,反映了未来特定事件的多种可能性结果。不确定性是金融风险的根源,不确定性越大,风险越大。不确定性可分为外部不确定性和内部不确定性。外部不确定性源自经济体系之外的风险因子,外部不确定性产生的风险通常是系统性风险。内部不确定性主要源自经济系统内部因素(如主观决策、信息获取不充分等),它可以通过制定合理的规则或分散投资等方式来降低，是非系统性风险。根据金融风险是否可以分散，可分为系统性风险和非系统性风险；根据风险的驱动因素，可分为信用风险、市场风险、操作风险、流动性风险。系统性风险包括宏观经济风险、购买力风险、利率风险、汇率风险和市场风险。

（1）信用风险。信用风险是指债务人或交易对手未能履行合约所规定的义务或信用质量发生变化，给债权人或金融产品持有者所带来的风险。如当公司价值为正时，对方不执行合同的风险就是信用风险，因此信用风险又称违约风险，它取决于对方违约或信用状况发生变化的可能性大小以及对方违约造成损失的多寡。特别地，如果互换的价值对公司为负，而合约另一方即将破产，理论上该公司将获得一笔意外的收益，因为对方的违约将导致此债务消失。然而，在实践中，破产方更有可能转让或重新安排互换，以使互换价值不损失。

（2）市场风险。市场风险是由于利率、汇率等市场变量发生变动引起价值变动的风险。市场风险又称为价格风险。

（3）操作风险。操作风险是因为欺诈、未授权活动、错误、遗漏、效率低、系统失灵或是由外部事件引致损失的风险。

（4）流动性风险。流动性风险包括市场流动性风险和资金流动性风险。市场流动性风险是由于市场交易量不足，无法按照当前的市场价格进行交易所带来的风险；资金流动性风险是指现金流不能满足支付义务，迫使机构提前清算，其中可能是数量上的不匹配和（或）时间上的不匹配。

（5）利率风险。利率风险是指金融机构因利率变化而遭受损失的可能性。利率是资金的价格，是调节货币市场资金供求的杠杆。由于受到中央银行管理行为、货币政策、投资者预期和其他因素的影响，利率经常处于变化状态，这使得收益面临很大不确定性。

（6）汇率风险。汇率风险是指由于汇率变化而导致的以外币计价的收付款项、资产负债等的损失或收益不确定。汇率风险具有或然性、不确定性和相对性。汇率风险的或然性是指汇率风险可能发生，也可能不会发生，不具有必然性。汇率风险的不确定性是指汇率风险会给持有外币或对外币有需求的经济实体带来损失，也可能带来利润，这取决于汇率变化时经济实体是处于债权地位还是债务地位。汇率风险的相对性指汇率风险给一方带来损失的同时，给另一方带来收益。

金融工程有较为完整的市场风险度量体系，包括敏感性分析、在险值（VaR）分析、情景分析与压力测试、信用风险度量等。其中，敏感性分析在第 12 章详细讨论。VaR 是指在一定概率水平（置信水平）下，某一金融资产或证券组合价值在未来特定时期内的最大可能损失。VaR 为金融市场风险管理中的主流方法和主要指标，是市场风险管理中最重要的方法之一。情景分析是假设多种风险因子同时发生特定变化的不同情景，计算这些特定情景下的可能结果，分析正常情况下金融机构所承受的市场风险。压力测试是一些风险因子发生极端不利变化情况下的极端情景分析。在这些极端情景下计算金融产品的损失，是对金融机构极端风险承受力的一种估计。情景分析与压力测试是 VaR 的重要补充，能够帮助金融机构更全面地了解市场风险状况。对于信用风险的度量包括违约概率（PD）和违约损失率的估计。违约概率是信用状况发生变化的概率。对于市场流动性风险的度量，根据金融资产实现流动性的价格（交易成本）、数量、时间等性质，可以把市场流动性测度方法分为价格度量法（买卖价差）、交易量度量法（换手率）、价量结合度量法（Amihud 指标）、时间度量法。时间度量法指计算执行时间、交易频率、两次相邻交易的价差。

4. 金融衍生产品的功能

（1）价格发现功能。事实上，市场都有价格发现功能，金融市场也不例外。金融衍生产品市场汇集了来自各个领域的参与者，也蕴含了大量关于衍生产品标的物的供求信息，交易所内通过公开竞价的方式达成买卖价格，协议价格能反映交易者对市场价格的预期，一定程度上还能体现未来的价格走势。金融衍生产品的定价有助于提高信息透明度，同时，金融衍生产品市场和现货市场之间的高度相关性和联系有助于提高整个市场的效率。

（2）资源配置功能。资源配置功能的实现是基于价格发现功能的。衍生产品市场类似于完全竞争的市场，公开竞价达成的价格接近市场供求均衡时的价格。生产者和投资者可以根据价格来调整和制定经营和投资计划，促进资源的合理分配。

（3）市场风险的规避和管理功能。风险是普遍存在的，风险管理在金融工程中居于核心地位。风险管理包括风险分散（非系统性风险）、风险对冲（系统性风险与非系统性风险）、风险转移（通过购买保险、担保和信用证等工具转移风险）、风险规避（风险头寸限额管理）以及风险补偿与准备。其中，规避风险是金融工程师开发品种繁多的金融产品（主要是金融衍生产品）的主要功能。

（4）转移风险功能。由于不同的参与者对风险的偏好不同，风险偏好者愿意通过承担一定的风险获取较高的收益，风险厌恶者不愿意承担过多风险。金融衍生产品可以将风险集中、对冲或重新分配，从而能更好地满足不同参与者的需求。如运用远期利率协议、利率期货、利率互换等产品可以控制利率风险，同时满足流动性和盈利性的要求。

（5）盈利功能。衍生产品为风险厌恶者规避了风险，同时也为投机者提供了条件，投机者可以利用衍生产品的杠杆效应，用小额资金博取大量利润。当然，衍生产品是一把双刃剑，投资者也可能面临较大的亏损。一些专业机构凭借专业化的人才、先进的设备、最优的金融手段为投资者提供咨询和经纪服务，从中收取部分手续费或佣金。

(6) 套利功能。金融衍生产品能够帮助参与者寻求市场漏洞或者对手的漏洞,即发现不合理定价进行套利,套利使得市场更加完善。

(7) 融资功能。利用金融衍生产品不仅可以更快捷地筹措资金,还能够降低融资成本。企业间可以利用利率互换、货币互换发挥比较优势,以达到双方降低融资成本的目的。如英国北海石油公司需要筹备资金开发新油田,正是利用利率互换降低了融资成本,锁定了利率,才得以顺利筹资。

(8) 促进金融市场的发展。衍生产品的交易增强了基础产品的流动性,促进了基础金融产品的发展。

3.2 绝对定价法与相对定价法

1. 金融衍生产品定价的基本假设

金融衍生产品定价主要建立在以下基本假设基础之上:

假设一:市场无摩擦。即金融市场没有交易成本(包括付给经纪商的佣金、报价/询价的差价、支付给做市商的市场冲击成本等)、没有税收、没有保证金要求,按无风险利率借贷没有限制,也没有卖空限制。市场无摩擦假设不是必需的,只是为了方便和简化金融衍生产品定价的分析过程,剔除市场特质的影响。首先,对于大规模金融机构来说,这一假设有一定的合理性。因为这些金融机构的交易成本低,在保证金和卖空方面所受到的限制也比较少,所以上述假设比较接近现实。其次,规模小的市场参与者只有了解了无摩擦状态下的市场定价机制,才能对复杂场合下的市场规律进行进一步的研究分析。

假设二:市场参与者不承担对手风险。即市场参与者所涉及的任何一个金融衍生产品合同,合同交易对手不存在违约的可能。

假设三:完全竞争市场。金融市场上任何一位参与者都是价格的被动接受者而非制定者,但可以根据需求自愿买卖任何数量的金融产品,而不会影响该金融产品的价格。现实中规模较大、交易品种比较成熟的市场一般能满足这个假设。

假设四:市场参与者是风险厌恶型。即市场参与者希望财富越多越好,风险越少越好。例如:若两个投资策略的风险相同,则投资者偏好回报率高的投资策略;若回报率相同,则投资者偏好风险水平低的投资策略。

假设五:市场无套利机会。即使市场上暂时存在套利机会,随着套利活动的出现,这种机会将会消失。从严格意义上来说,套利是指在某项资产的交易过程中,投资者在不需要初期投资支出的情况下,获取无风险报酬。这一假设是金融衍生产品定价理论最重要的假设。

2. 绝对定价法

绝对定价法是根据金融产品未来现金流的特征,运用恰当的贴现率将现金流贴现成现值,该现值就是绝对定价法要求的价格。

若用 PV 表示现值,用 FV 表示未来值(又叫终值),则相同数额的资金在不同的时间,其价值是不一样的。

在1年计 m 次息下有:

$$FV = PV\left(1 + \frac{r_m}{m}\right)^{mn}, \quad PV = FV\left(1 + \frac{r_m}{m}\right)^{-mn} \tag{3.2.1}$$

在连续复利情况下有:

$$FV = PV \cdot e^{rn}, \quad PV = FV \cdot e^{-rn} \tag{3.2.2}$$

(3.2.1)式和(3.2.2)式即为常用的已知初值求终值公式和已知终值求现值公式。

股票和债券定价大多使用绝对定价法。这种方法的优点是比较直观,便于理解。但它有两个缺点:一是金融产品(特别是股票)未来的现金流难以确定;二是恰当的贴现率难以确定,它既取决于金融产品风险的大小,也取决于人们的风险偏好,要准确估计贴现率是非常困难的。实际上,夏普的CAPM、罗斯的APT等重要的资产定价理论都是为了确定恰当的贴现率。虽然在此领域的理论研究成果很多,但至今还未形成定论,理论与实际还相距甚远。

3. 相对定价法

相对定价法利用基础产品价格与衍生产品价格之间的内在关系,直接根据基础产品价格求出衍生产品价格。

一般而言,衍生产品定价主要运用相对定价法。该方法并不关心基础产品价格的确定,它仅仅把基础产品的价格假定为外生给定的,然后运用风险中性定价法或无套利定价法为衍生产品定价。相对定价法的优点主要有两个:一是在定价公式中没有风险偏好等主观变量,比较容易测度;二是它非常贴近市场。在用绝对定价法为基础产品定价时,投资者即使发现市场价格与理论价格不符,也无能为力。而在用相对定价法为衍生产品定价时,投资者一旦发现市场价格与理论价格不符,往往意味着无风险套利机会就在眼前。

3.3　无套利定价法

无套利定价理论给金融行业的发展带来了强大推动力;反过来,金融行业的欣欣向荣也为无套利定价理论提供了广阔的应用空间。无套利定价理论是金融衍生产品定价理论的基础。

3.3.1 市场的有效性和完全性

市场的有效性和完全性是无套利定价理论的两个基本假设条件。

假设一:市场是有效的。

市场有效性是金融界争议最大的话题之一,其最先由法玛(Fama)提出,他认为市场价格总能够完全反映市场信息。如一个特定的信息投放于股票市场之后,股票市场的竞争会驱使股票价格充分且及时地反映该信息,不存在利用价格差获取套利的机会,而只能赚取风险报酬,这样的市场被称为有效市场。麦吉尔在《漫步华尔街》中指出:"一个市场是有效的,如果它能够正确地、完全地反映与价格有关的所有信息。更正式地讲,如果证券价格不会因为信息的披露而受到影响,则市场是有效的。进一步讲,如果市场是有效的,则人们不可能通过信息分析和发掘获得额外的经济利益。"他还比喻"一只蒙着眼睛的大猩猩向华尔街日报的证券版面掷镖而选中的股票可以和专家推荐的股票具有同样好的收益"。

针对不同的数据集合(信息 I_t),存在弱式市场、半强式市场和强式市场三种形式的效率市场。弱式市场信息包含于半强式市场,而半强式市场信息包含于强式市场。

弱式有效市场:信息 I_t 包含所有债券价格的历史信息。如市场交易数据的历史信息,包括过去的股票价格、交易量等。

半强式有效市场:市场价格不仅包含过去价格的信息,而且包含所有已公开的信息。如与公司生产有关的基本数据、管理的质量、资产负债表、专利情况、收益、财务等信息。

强式有效市场:市场价格包含了所有可能获得的信息,包括内幕信息。即包含全部企业内部信息及对全部信息的最佳分析。强式有效市场是乌托邦,是一种理想状态。若市场是强式有效市场,则暗箱操作是无效的。

关于三种形式的效率市场有以下三种命题:

命题1 若金融价格遵循随机行走,那么,这蕴涵着市场有效。但是,逆命题不一定成立。

普遍被接受的观点是,当新信息产生时,信息传播非常快,并毫无延迟地反映在价格中。因此,无论是通过市场数据预测股票价格的技术分析,还是分析公司盈利状况和资产价值的基本面分析,都不能给投资者带来超额收益。其中,基本面分析考虑其内在价值,分析影响价值的各种因素,如未来的红利率、无风险利率等。

命题2 无论是基本面分析还是技术分析,在弱式有效市场都是无效的。

股票价格的历史数据不含有对预测未来价格有用的任何信息,因为人人都可以获得同样的信息,因此利用历史资料分析市场未来的价格趋势是徒劳的。

命题3 在半强式有效市场做技术分析是无效的,寻求内幕消息通常是违法的。

【案例 3.1】　危险的内幕交易——家政女皇的陨落

玛莎·斯图尔特出生在美国新泽西州一个贫寒的波兰后裔家庭，玛莎拥有优雅的气质和良好的外貌，大学时曾荣获"美国十佳穿着得体的女大学生"的桂冠。玛莎注定是个不平凡的女性，即使是做家务也能做出名堂。她开了一家经营家庭用品的公司——玛莎·斯图尔特家庭用品公司，生意非常火爆。到了 1990 年，她的名字已经变成一个品牌。1999 年，玛莎公司第一天上市，股价就从 18 美元跃至 35.56 美元，玛莎转眼间以十几亿美元的身价坐上"美国第二大女富豪"的宝座。2001 年 12 月 7 日，准备去墨西哥度假的玛莎乘坐着私人飞机在得克萨斯州停下来加油，她听到了来自美林证券经纪人彼得·巴坎诺维奇的电话留言："英克隆的股票要下跌。"随即，她卖掉了英克隆公司的所有股票，共计 3 900 多股，价值约 23 万美元。第二天，英克隆公司宣布美国药监会（FDA）否决了他们正大力推广的一种抗癌新药，英克隆公司股价由 58 美元跌到了 43.39 美元，玛莎的抛售避免了 5 万美元的损失。2002 年 1 月 7 日，证券经纪人彼得·巴坎诺维奇接到了美国证监会的电话质询，要求对玛莎卖出英克隆股票的行为作出解释，随即玛莎也陆续接受了 SEC、FBI 和美国检察官办公室的调查。2004 年 3 月，玛莎被控妨碍司法、合谋犯罪和作伪证，被判 5 个月监禁和 5 个月的家庭禁锢。

针对有效市场假说的实证研究表明，发达国家的金融市场大体上符合弱式有效市场的特征，即市场并不始终处于有效状态，市场的暂时失效对金融工程的发展具有特殊意义。人们可以利用金融工程技术去发掘市场失效机会进行套利，金融工程技术的运用又可消除市场的无效率，因此，金融工程的发展是提高市场效率的重要力量。

假设二：市场是完全的。

所谓的市场的完全性，其条件是资产价格的状态数目等于市场基本证券的数目，如当市场具有 n 个价格状态且存在 n 种线性无关的证券时，市场是完全的。在完全市场中，每一种资产都是可以被复制的，每种资产都可以用复制技术来保值。

市场有效性和完全性是无套利均衡分析的起点。

3.3.2　无套利定价法

在金融资产（特别是以期权为代表的衍生产品）的定价分析过程中，无套利定价法既是一种定价的方法，也是定价理论中最基本的原则之一。

套利是指能带来利润的零风险和零净投资的战略。即交易者可以在没有期初投资的情况下，获得无风险报酬。若存在套利机会，则商品价格会相应调整，直至不存在套利机会为止，所以用无套利定价法时，应使市场不存在套利机会。套利，直观的理解就是"免费的午餐"。举个简单的例子，某人从 A 银行以 5% 的年利率借入 1 万元，同时以 6% 的年利率存入 B 银行，这就构成了套利。

表 3.1 套利行为分析表

套利行为	期初现金流/万元	利率	到期/万元
从 A 银行借入 1 万元	1	5%	$-1\times(1+0.05)=-1.05$
存入 B 银行	-1	6%	$1\times(1+0.06)=1.06$
现金流	0	—	$1.06-1.05=0.01$

根据不同情况，可以得到三类套利：

第一类套利，投资者在 t 期构造组合的成本为负，在 T 期获得零的收益。也就是说，投资者在当前获得确定性的收益，而在未来却不承担任何责任。

第二类套利，消费者在 t 期构造组合不需要任何成本，但在未来某些状态下却能获得严格为正的收益。尽管这种收益是不确定的，但这种不确定性只是针对获利的多少，而不会有任何损失的可能。

第三类套利，是第一类套利和第二类套利的组合，意味着当前能获得确定性的收益，在未来某些状态下还能获得正的收益。

从上面的定义可以看出，套利只依赖于资产的支付和价格，而与各个状态发生的概率无关。

任何套利机会都可以化成三种套利中的一种。在现实中，有些套利可能当前价格和未来支付都是正的，但只要把它的价格和支付都减去一定的量，就一定能把这种套利化成前面定义中的形式。所以，以后讲到套利，都严格地指前面定义的这三类套利。

如果消费者的偏好都是无餍足的（偏好更多胜于更少），那么资产市场中只要存在套利机会，消费者一定没有做到最优化。换言之，无餍足偏好的消费者一定会把资产市场中所有的套利机会都利用起来，最终使得市场中没有任何套利机会。因此，无套利是均衡的一个必要条件。在均衡时，一定没有套利机会。但是，无套利并非均衡的充分条件，即使资产市场中没有套利机会，也未必达到了均衡。另外还需注意，这里并不需要假设消费者是风险厌恶的。风险中性的投资者也是无餍足的，也会尽力发掘市场中的套利机会。

【例题 3.3】 套利机会发现

设 6 个月的即期年利率为 10%（连续复利），1 年期的即期利率为 12%，若某投资者把今后 6 个月到 1 年期的远期利率定为 11%。问：能否产生套利活动？为避免套利，定为多少合适？

很容易看出存在套利。套利者可以通过 10% 的利率借入一笔 6 个月的资金（假设 1 000万元），同时签订一份价格为 11% 的远期利率协议，该协议规定交易者可以协议价格 6 个月后从市场借入资金 1 051 万元，再贷出一笔 1 年期的 1 000 万元资金。1 年后收回 1 年期贷款，得本息 1 127 万元，并用 1 110 万元履行远期利率协议，进而偿还借款。整个过程中，套利者在无需投入任何资金的前提下，无风险地获得净利润 17 万元。简言之，套利者可以“借长贷短”实施套利。

因此，本例中远期 6 个月利率 11% 的定价是不合理的。合理的远期利率应该使得在期初价值相等时，期末价值也相等。不妨设合理远期利率为 r^*，则 $1\ 051e^{r^*\times 0.5}=1\ 127$，解出 $r^*=14\%$。显然，合理的利率应该大于 11%。

无套利定价机制满足以下主要特征：

(1) 无套利定价原则要求无风险套利。当然，在实际的交易活动中，纯粹零风险的套利活动比较罕见。因此，实际的交易者在套利时往往不要求零风险，所以实际的套利活动有相当大一部分是风险套利。

(2) 无套利定价原则关键技术是“复制”技术。即用一组证券来复制另外一组证券。复制技术的要点是使复制组合的现金流特征与被复制组合的现金流特征完全一致。套利活动推动市场走向均衡，并使两者的收益率相等。

(3) 无风险套利活动应是“自融资”组合。即开始时套利者不需要任何资金的投入，在投资期间也没有任何的维持成本。在没有卖空限制的情况下，不管未来发生什么情况，套利者的零投资组合的净现金流都大于零，这样的组合称为“无风险套利组合”。

当投资策略期初现金流为零时，期末现金流只要不为零就存在套利机会。当期末现金流为负时，可以逆向操作，获取期末正收益。如当实际远期利率低于理论远期利率时，套利者可以“借长贷短”实施套利，进而获取无风险利润；反之，套利者可以反向操作，通过“借短贷长”实施套利。从理论上说，当金融市场出现无风险套利机会时，交易者都可以构筑无穷大的无风险套利组合来赚取无穷大的利润。这种巨大的套利头寸成为推动市场价格变化的力量，会迅速消除套利机会。总之，套利不影响期初、期末现金流量状况。

■ 本章小结

1. 卖空是借入资产再卖出，向出借方支付股利(或现金收益)，并最终归还出借者，卖空可用于投机、融资和套期保值。

2. 金融衍生产品的定价建立在市场无摩擦、无违约风险、市场是完全竞争的、交易者厌恶风险和市场无套利机会的基础上。

3. 金融产品的定价有绝对定价法和相对定价法两种。绝对定价法根据金融产品未来现金流的特征，运用恰当的贴现率将这些现金流贴现成现值，该现值就是绝对定价法要求的价格。相对定价法则利用基础产品价格与衍生产品价格之间的内在关系，直接根据基础产品价格求出衍生产品价格。

4. 市场有效性和完全性是无套利均衡分析的起点。

5. 效率市场假说可以分为三类:弱式、半强式和强式。

6. 套利是指利用一个或多个市场上存在的价格差,在不冒任何风险(或风险极小)的情况下,通过贱买贵卖赚取利差的行为。套利是市场无效率的产物。在有效的金融市场上,金融资产不合理定价引发的套利行为,最终会使市场重新回到不存在套利机会的均衡状态,这时确定的价格就是无套利均衡价格。

■ 关键术语

市场有效性,市场完全性,套期保值者,套利者,投机者,市场无摩擦,价格风险,卖空,无套利定价法。

■ 本章习题

1. 简述你对衍生产品市场上三类参与者的理解。

2. 如果直接用绝对定价法为衍生产品定价,可能会出现什么问题?

3. 试述无套利定价原理的基本思想。

4. 如何理解金融衍生产品定价的基本假设?

5. 魏晋时期“竹林七贤”中最年轻的王戎,幼时就以聪慧出名,某日与玩伴同游,见路边一颗李树结满熟透的果实,众人一拥而上,唯独王戎袖手不前。同伴招呼他,王戎回答,此树长于路边,来往行人众多,若尚遗有果实累累,其味必酸。众人一尝,果如其言。请问这则故事可反映什么原理?

6. 请简述卖空的特点。

7. 请分析市场是否应该放开卖空机制。

第二部分　分析篇

第 4 章　远　期

远期合约可以锁定标的资产未来的购买价格或销售价格，是一种基本的金融风险管理工具。本章介绍远期和远期市场、远期的定价，以及外汇远期、利率远期、远期股票三类常见的远期合约，它们是更复杂的金融衍生产品合约的基石。本章介绍的基础性术语、概念以及定价技术会贯穿于本书始末，并为后续的套期保值等应用做铺垫。

4.1　远期与金融远期市场

1. 远期的发展

远期交易在买卖成交时并不发生现金流动，双方只是将交易的各项条件（如交易标的物的质量、交易的数量、交易的价格及交割结算日等）用合约的形式确定下来，而实际交割则在将来某一个特定日期进行。远期交易是人们最经常使用的一种套期保值工具。远期交易一旦成交，以后便不可撤销，但可以用交易数量与交割日期都与原来交易相同的合约来加以抵消。

远期合约是适应规避现货交易风险的需要而产生的。现货交易的最大缺点在于无法规避价格风险。农场主的收益完全取决于农作物收割时现货市场的价格。如果在播种时就能确定收割时的价格，农场主就可以安心致力于农作物的生产了。远期合约正是适应这种需要而产生的。农民和粮食经销商产品相同，头寸相反，可以达成协议，即双方现在约定未来商品的价格的协议（远期合约）。

12 世纪，欧洲的法兰德斯商人开始使用远期合同。1600 年，郁金香根茎远期合约在荷兰盛行。1637 年冬天，郁金香根茎价格崩溃，引起大量合约的违约。18 世纪，由于缺少对交易的严格规范及法律约束，一些不规则操作、违约事件时有发生。1848 年，芝加哥期货交易所（CBOT）成立，为谷物的现金和远期交易提供了集中化的市场。我国的衍生产品思想实际上在古代就已经出现，但真正的金融衍生产品市场化交易起步较晚。1997 年 4 月，中国银行开展人民币远期结售汇试点工作。2005 年 6 月，工商银行与兴业银行完成首笔银行间市场债券远期交易。同年 8 月，银行间人民币远期市场建立，推出了远期外汇交易品种。2007 年 9 月,汇丰、中信银行和摩根大通之间达成了首批三笔远期利率协议交易。

一般远期合约具有以下作用:明确卖方需交割的资产或物品(标的物)的具体类型及数量;明确交割的相关条款,比如日期及地点;明确标的买方在交割日需支付的价格;明确买卖双方必须根据上述规定购买或出售资产或商品。

将远期合约与即期交易进行比较,对更好地理解远期合约很有帮助。以直接购买股票为例,直接购买股票至少需要确定付款价格、现金流由买方转移到卖方、将股份从卖方转移到买方这三个步骤,且这三个步骤同时进行。从远期的角度来看,可以在当前时刻确定支付价格,并在未来的某个时间转移资金和股票。远期具有锁定未来价格的功能。

2. 金融远期

金融远期合约指双方约定在未来的某一确定时间,按确定的价格买卖一定数量的某种金融资产的合约。其中,合约中规定将来买入标的资产的一方称为多方,将来卖出标的资产的一方称为空方。合约约定将来买卖标的资产的价格称为交割价格。

远期合约的盈亏指到期日的头寸价值。一份远期合约多头头寸盈亏为:

远期多头的盈亏 = 到期日标的物的即期价格 - 远期合约的价格

远期合约空头头寸盈亏为:

远期空头的盈亏 = 远期合约的价格 - 到期日标的物的即期价格

远期合约并不能保证其投资者未来一定盈利,但确定了未来买卖价格,从而消除了价格风险。图 4.1 表示远期多头头寸与空头头寸的盈亏,其中横轴表示远期合约到期日的标的资产价格,纵轴表示盈亏。如果到期标的资产的市场价格高于交割价格 K,远期多头就会盈利而空头则会亏损;反之,远期多头就会亏损而空头则会盈利。远期空头的图形正好是远期多头的图形的镜像(关于横轴对称),因此远期合约的多头和空头的盈亏是零和的,即对于给定的标的资产价格,空头的盈亏正好与多头的盈亏相反。

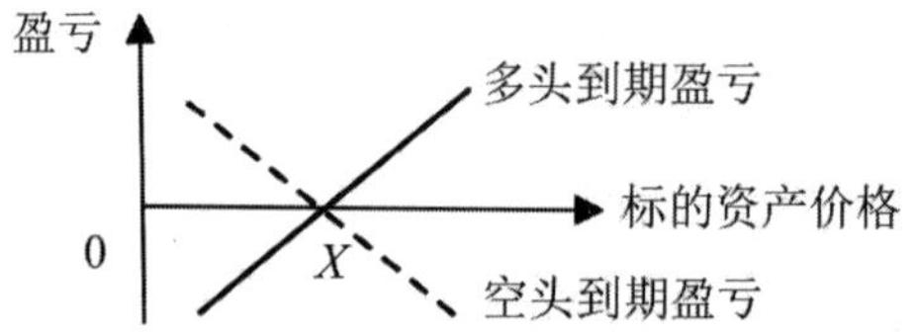

图 4.1 远期合约的盈亏图

3. 远期市场的交易机制

远期合约是非标准化合约,因此它不在交易所交易,而是在金融机构之间或金融机构与客户之间通过谈判后签署远期合约。已有的远期合约也可以在场外市场交易。

远期合约的优点在于灵活性强和个性化交易。远期合约双方可以就交割地点、交割时间、交割价格、合约规模、标的物的品质等细节进行商议,以便尽量满足双方的需要。

远期合约也有明显的缺点:首先,交易效率较低。远期合约是场外交易,不利于信息传递和交流。其次,流动性较差。远期合约条款都是个性化设计,不利于合约的转让和再次流通。最后,违约风险高。远期合约没有保证金要求,交易方有可能违约。

4.2 远期价格

1. 交割价格、远期价值与远期价格的定义

交割价格指远期合约中规定的未来交易价格,用符号K(或X)表示。

远期价值指远期合约本身的价值,用符号f表示。

远期价值分远期合约签订时和签订后两种情形。如果信息是对称的,且合约双方对未来的预期相同,那么合约双方所选择的交割价格应使合约价值在签署合约时等于零。这也意味着无需成本就可处于远期合约的多头或空头状态。然而,远期签订后,由于交割价格不变,而标的资产价格在变化,所以远期价值也是变化的。

远期价格是使得远期合约价值为零的交割价格,用符号F表示。即t时刻的远期合约中标的资产的远期理论价格。

远期价格是理论价格,不一定与远期合同实际交易中的价格相等。合约实际远期价格是双方在签订合同时确定的交割价格,代表了当前双方所协商同意的在未来进行交易的价格。一旦理论价格与实际价格不符,就有可能出现套利机会。如果交割价格高于远期价格,套利者可以通过购买现货标的、卖出远期并等待交割来获得无风险利润,从而促使现货价格上升并降低交割价格,直到套利机会消失;如果交割价格低于远期价格,套利者可以通过卖出标的资产现货并买入远期来获得无风险利润,从而促使现货价格降低和交割价格上升,直到套利机会消失。此时,理论远期价格与实际价格相等。本书中提到的金融产品定价实际上是指其理论价格的确定。

2. 交割价格、远期价值与远期价格的关系

应注意远期价格和远期价值之间的差异。一般来说,价格总是随价值而波动,而远期价格与远期价值却相差千里。远期价值指的是远期合约本身的价值,它与标的资产的现货价格密切相关,由远期实际价格与远期理论价格之间的差额决定。如果签订的交割价格等于远期理论价格,则合约价值为零。然而,随着时间的推移,理论上的远期价格可能会改变,而合约的交割价格是不变的,因此远期合约的价值就可能不再为零了。远期价值应该等于远期价格和交割价格的差额再贴现,即交割价格、远期价值与远期价格三者之间满足如下公式:

$$f=(F-K)\cdot \mathrm{e}^{-rt}$$

当标的资产价格 S 大于交割价格现值时,多头的远期价值为正,空头的远期价值为负;当标的资产价格 S 小于交割价格现值时,多头的远期价值为负,空头的远期价值为正。

4.2.1 无收益资产远期合约定价

无收益资产远期合约指标的资产从当前时刻 t 到到期时刻 T 之间不产生现金流收入的远期合约。如不支付红利股票、贴现债券等。

1. 无套利定价法

本章所用的定价方法为无套利定价法。模型将基于如下符号:变量 T 和 t 分别为远期合约的到期时间和现在时间,单位都为年。S 是标的资产在时间 t 时的价格。S_T 是标的资产在时间 T 时的价格(在 t 时刻这个值是个未知变量)。r 是 T 时刻到期的以连续复利计算的无风险利率(年利率)。在本书中,如无特别说明,利率均为连续复利。

为了给无收益资产的远期定价,可以构建如下两种组合:组合 A,1 份远期合约多头加上一笔数额为 $Ke^{-r(T-t)}$ 的现金;组合 B,1 单位标的资产。则组合 A、B 的期初、期末价值分析图如图 4.2 所示。

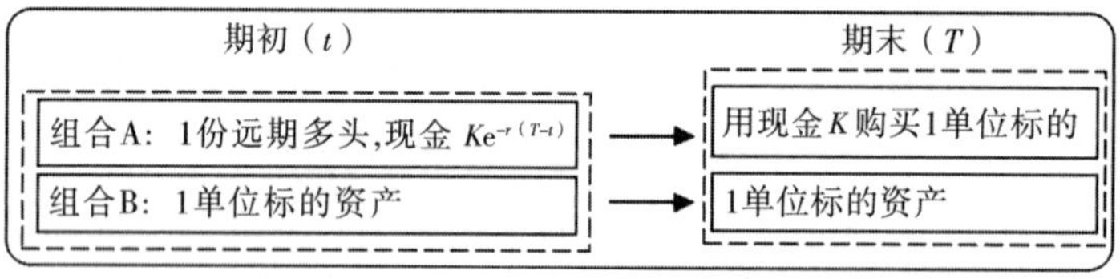

图 4.2　无收益资产远期定价分析图

根据无套利原则,若组合期末终值相等,则期初现值也一定要相等,否则存在套利。即 $f+Ke^{-r(T-t)}=S$,则

$$f=S-Ke^{-r(T-t)} \tag{4.2.1}$$

从金融产品的组合角度来看,由式(4.2.1)可知,1 单位无收益资产远期合约多头可由 1 单位标的资产多头和 $Ke^{-r(T-t)}$ 单位无风险负债组成。

2. 无收益资产的现货-远期平价

由远期价格的定义,远期价格是使合约价值为零的交割价格,令式(4.2.1)中 $f=0$,则得到

$$F=K=Se^{r(T-t)} \tag{4.2.2}$$

这是无收益资产的现货-远期平价定理,或称现货-期货平价定理。对于无收益资产,远期价格等于其标的资产现货价格的终值。换言之,远期(期货)的交割价格一定比现货价格高。下面用反证法证明等式不成立时存在套利机会。

当 $F > Se^{r(T-t)}$ 时，套利者可以按无风险利率 r 借入期限为 $T-t$ 现金 S，然后用 S 购买1单位标的资产，同时卖出一份该资产为标的物的远期合约，交割价格为 F。在到期的 T 时刻，该套利者可将1单位标的资产用于交割，获得现金 F，并归还借款本息和 $Se^{r(T-t)}$。此番操作可实现 $F - Se^{r(T-t)}$ 的无风险利润。

当 $F < Se^{r(T-t)}$ 时，套利者可进行上述反向操作，即卖空标的资产，将获得的收入 S 以无风险利率进行期限为 $T-t$ 的投资，同时买进一份交割价格为 F 的该标的物远期合约。在到期 T 时刻，收到投资本息之和 $Se^{r(T-t)}$，并以现金 F 买1单位标的资产，用于归还卖空时借入的标的资产，最终实现 $Se^{r(T-t)} - F$ 的无风险利润。

【例题4.1】 无收益资产远期合约的价值

假设目前6个月期无风险年利率为2.17%。市场上正交易一份标的证券，为1年期贴现债券。剩余期限为6个月的远期合约多头，其交割价格为670元，该债券的现价为660元。则：(1) 该远期的多头和空头远期价值分别为多少？(2) 该合约交割价格是否合理？如果不合理，远期价格为多少？(3) 如果不合理，投资者可以如何套利？

解：(1) 根据题意，有 $S=660$ 元，$K=670$ 元，$r=2.17\%$，$T-t=0.5$ 年，该远期合约多头的远期价值为 $f = S - Ke^{-r(T-t)} = (660 - 670 \times e^{-2.17\% \times 0.5})$ 元 $= -2.77$ 元。该远期合约空头的远期价值为 $-f = 2.77$ 元。

(2) 该远期合约多头的远期价格为 $F = Se^{r(T-t)} = (660 \times e^{2.17\% \times 0.5})$ 元 $=667.20$ 元。

(3) 因为670元 >667.20元，则存在套利机会。套利者可以按无风险利率2.17%借入期限为6个月的现金660元。然后用660元购买1单位1年期贴现债券，同时卖出一份资产为标的物的交割价格为670元的远期合约，进而能实现(670 − 667.2)元 =2.8元的无风险利润。

练一练 设一份标的证券为一年期贴现债券、剩余期限为6个月的远期合约多头，其交割价格为920元，6个月期的无风险年利率（连续复利）为3%，该债券的现价为930元。问：这份远期合约多头和空头的价值为多少？该合约的理论远期价格为多少？如果存在套利机会，投资者可以如何套利？

3. 远期价格的期限结构

远期价格的期限结构描述的是不同期限远期价格之间的关系。假设无收益资产远期的期初时刻相同，都为 t，F 为到期时刻 T 的远期价格，F^* 为到期时刻 T^* 的远期价格，r 为到期时刻 T 的无风险利率，r^* 为到期时刻 T^* 的无风险利率，$\hat{r}$ 为 T 到 T^* 时刻的无风险远期利率，则 $F = Se^{r(T-t)}$ 且 $F^* = Se^{r^*(T^*-t)}$，两式相除，消掉 S 得

$$F^* = Fe^{r^*(T^*-t)-r(T-t)} \tag{4.2.3}$$

进一步地，根据式(4.2.3)，可以得到不同期限远期价格之间的关系：

$$F^* = Fe^{\hat{r}(T^*-T)} \tag{4.2.4}$$

远期价格的期限结构图如图 4.3 所示。

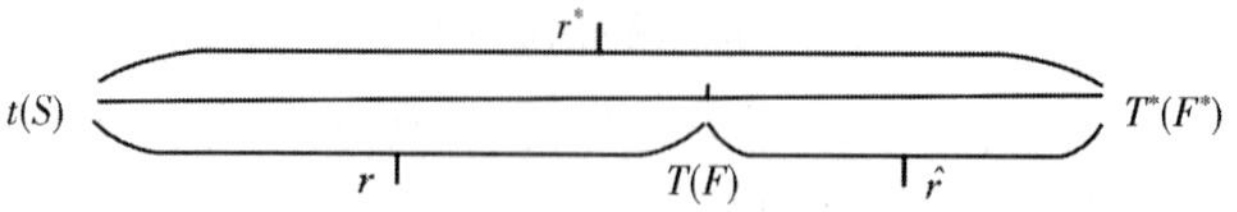

图 4.3　远期价格的期限结构图

易知,任意两点间的远期价格关系取决于相应期限的利率与时间,价差取决于相应期限的利息。

【例题 4.2】　不同期限结构的远期价格计算

假设 3 个月期与 6 个月期的无风险年利率为 2.89% 与 3.17%。某只不支付红利的股票 3 个月远期合约的远期价格为 30 元,该股票 6 个月期的远期价格应为多少?

解:根据题意,有 $F=30$ 元,$r=2.89\%$,$r^*=3.17\%$,$T-t=3/12$ 年 $=0.25$ 年,$T^*-t=6/12$ 年 $=0.5$ 年,则该 1 年期远期合约价格 $F^*=F\cdot e^{r^*(T^*-t)-r(T-t)}=30\cdot e^{3.17\%\times0.5-2.89\%\times0.25}$元$=30.36$ 元。

练一练　假设某只不付红利的股票 6 个月远期的价格为 20 元,目前市场上 6 个月至 1 年的远期利率为 5%,求该股票 1 年期的远期价格。

可以运用相同的方法,推导出支付已知现金收益资产和支付已知红利率资产的不同期限远期价格之间的关系。

4.2.2　支付已知现金收益资产的远期合约定价

支付已知现金收益的资产是指在到期前会产生完全可预测的现金流的资产。如支付已知现金红利的股票和附息债券。虽然黄金和白银等贵金属本身未产生收益,但需要一定的不可忽略的保存成本,因此可将保存成本看成负收益。假设已知现金收益的现值用 I 表示,则对黄金和白银来说,其已知现金收益的现值为 $-I$。

1. 支付已知现金收益资产远期合约定价的一般方法

为了给支付已知现金收益资产的远期定价,可以构建如下两个组合。组合 A:1 份远期合约多头加上一笔数额为 $Ke^{-r(T-t)}$ 的现金;组合 B:1 单位标的证券加上利率为无风险利率、期限为从现在到现金收益派发日、本金为 I 的负债。

类似无收益资产远期,支付已知现金收益资产远期定价分析图如图 4.4 所示。

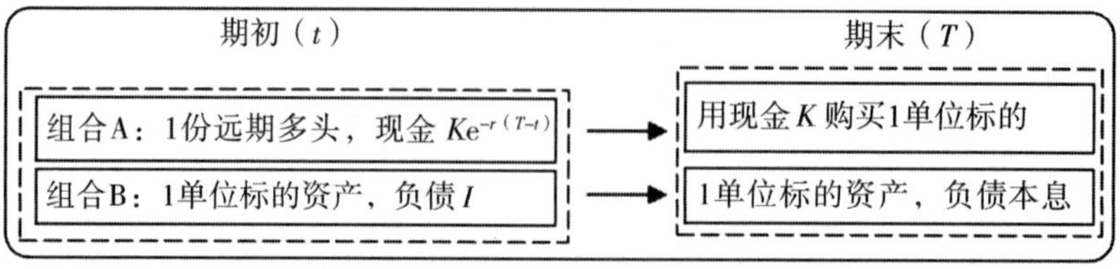

图 4.4　支付已知现金收益资产远期定价分析图

由图4.4可知，期末时刻两个组合价值相等，都是1单位标的资产。根据无套利定价法，在期初 t 时刻两个组合价值也应相等，即 $f+Ke^{-r(T-t)}=S-I$，则

$$f=S-I-Ke^{-r(T-t)} \tag{4.2.5}$$

从金融产品组合的角度来看，式(4.2.5)表明1单位支付已知现金收益资产的远期合约多头可由1单位标的资产和 $I+Ke^{-r(T-t)}$ 单位无风险负债组合而成。

2. 支付已知现金收益资产的现货-远期平价公式

根据远期价格的定义，令远期价值为零，可得：

$$F=(S-I)e^{r(T-t)} \tag{4.2.6}$$

这就是支付已知现金收益资产的现货-远期平价公式。支付已知收益资产远期价格比无收益资产远期价格略低。

类似地，用反证法可证明公式的合理性，否则市场就会存在套利机会。

如果 $F>(S-I)e^{r(T-t)}$，套利者可以借现金 S 买入标的资产现货，并卖出一份交割价为 F 的远期合约。在到期 T 时刻，偿还本息之和 $Se^{r(T-t)}$。在 $T-t$ 期间，标的资产产生现金收益 $Ie^{r(T-t)}$。再交割标的资产，获得现金收入 F。因此，套利者在 T 时刻可实现 $F-(S-I)e^{r(T-t)}$ 无风险利润。

如果 $F<(S-I)e^{r(T-t)}$，套利者在期初卖空标的资产，获得现金收入 S 并以无风险利率贷出，买入一份交割价格为 F 的远期合约。在到期时，套利者可得到现金收入本息和 $Se^{r(T-t)}$。交割远期，即用现金 F 购买1单位标的，并将其和现金收益的终值 $Ie^{r(T-t)}$ 一并归还于卖空时标的资产的原所有者。因此，该套利者获得 $(S-I)e^{r(T-t)}-F$ 无风险套利利润。

【例题4.3】 支付已知现金收益资产远期合约的价值

假设6个月期和12个月期的无风险年利率分别为3%和4%，而一种10年期债券现货价格为690元，该证券1年期远期合约的交割价格为720元，该债券在6个月和12个月后都将收到20元的利息，且第二次付息日在远期合约交割日之前，试求该合约的价值。

解：根据已知条件，先算出该债券已知现金收益的现值

$$I=(20e^{-0.03\times0.5}+20e^{-0.04\times1})\text{元}=29.26\text{元}$$

该远期合约多头的价值为：

$$f=(690-29.26-720e^{-0.04\times1})\text{元}=-31.03\text{元}$$

则这份合约多头的价值为−31.03元。相应地，该合约空头的价值为31.03元。

【例题4.4】 支付已知现金收益资产远期合约的价格

假设黄金的现价为每克450元，其存储成本为每年每克2元，在年底支付，无风险年利率为2.5%。试求一年期黄金期货的理论价格。

解：现金收益 $I=-2e^{-0.025\times1}$ 元/克 $=-1.95$ 元/克。

一年期黄金期货的理论价格为 $F=(S-I)e^{r(T-t)}=(450+1.95)\times e^{0.025\times1}$ 元/克 $=463.39$ 元/克。

练一练 （1）假设6个月期和1年期的无风险年利率分别为2.17%和2.11%，市场上一种10年期国债现货价格为860元，该证券1年期远期合约的交割价格为920元，该债券在6个月和12个月后都将收到50元的利息，且第二次付息日在远期合约交割日之前。求该合约的价值是多少？

（2）设黄金现价为每克460元，其存储成本为每年每克4元，1年后支付，1年期无风险年利率为3%。求1年期黄金期货的理论价格是多少？

4.2.3 支付已知收益率资产远期合约定价

支付已知收益率资产是指在到期前将产生与该资产现货价格成一定比率的收益的资产。

外汇是支付已知收益率资产，其收益率就是该外汇发行国的无风险利率。当股票的红利率可变时，股价指数也可近似地看作是该类资产。因此，利率远期协议和外汇远期协议也可看作是支付已知收益率资产的远期合约。

1. 支付已知收益率资产远期合约定价的一般方法

类似地，构建两个组合。组合 A：1份远期合约多头加上一笔数额为 $Ke^{-r(T-t)}$ 的现金。组合 B：$e^{-q(T-t)}$ 单位证券并且所有收入都再投资于该证券，其中 q 为该资产按连续复利计算的已知收益率。支付已知收益率资产远期定价分析图如图4.5所示。

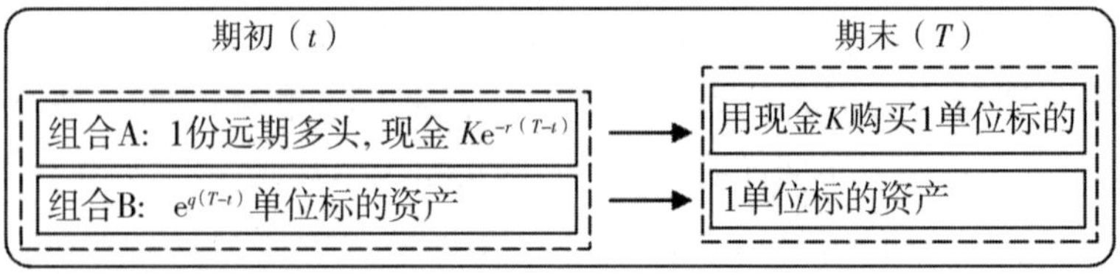

图4.5 支付已知收益率资产远期定价分析图

从图4.5可知，组合A和组合B在到期时刻 T 价值相等，都是1单位标的资产。因此，在期初组合的价值也应相等，即 $f+Ke^{-r(T-t)}=Se^{-q(T-t)}$，移项得

$$f=Se^{-q(T-t)}-Ke^{-r(T-t)} \tag{4.2.7}$$

从金融产品的组合构造来看，式(4.2.7)表明，1单位支付已知收益率资产的远期合约多头可由 $e^{-q(T-t)}$ 单位标的资产和 $Ke^{-r(T-t)}$ 单位无风险负债组合而成。

2. 支付已知收益率资产的现货-远期平价公式

根据远期价格的定义，令远期价值为零，得到支付已知收益率资产的远期价格：

$$F = Se^{(r-q)(T-t)} \tag{4.2.8}$$

式(4.2.8)称为支付已知收益率资产的现货-远期平价公式。支付已知收益率资产远期价格比无收益资产远期价格略低。特别地,当 $r = q$ 时,$F = S = K$;当 $r > q$ 时,$F > S$;当 $r < q$ 时,则 $F < S$。即收益率越大,远期价格越小。

【例题4.5】 支付已知收益率资产远期合约的价格

2022年9月2日,6个月期无风险年利率为2.5%,上证50股指预期红利率为1.2%。上证IH2303指数收盘价为2 792.80点时,2023年3月到期的上证50指数期货IH2303相应的理论价格 F 应为多少?

解:由于上证50指数期货到期日在2023年3月,故剩余期限为6个月,上证50指数期货IH2303的理论价格应为

$$F = Se^{(r-q)(T-t)} = 2\ 792.80e^{(2.5\%-1.2\%)\frac{6}{12}}\text{点} = 2\ 811.01\text{ 点}$$

【例题4.6】 支付已知收益率资产远期合约价值

假设某只股票现在的市场价格是9.8元,年平均红利率为7.83%,无风险利率为1.7%。若该股票6个月远期合约的交割价格为10元,求该远期合约的价值及远期价格。

解:远期合约价值为

$$f = Se^{-q(T-t)} - Ke^{-r(T-t)} = (9.8e^{-7.83\% \times 6/12} - 10e^{-1.7\% \times 6/12})\text{元} = -0.49\text{ 元}$$

其远期价格为:

$$F = Se^{(r-q)(T-t)} = 9.80e^{(1.7\%-7.83\%) \times 6/12}\text{元} = 9.50\text{ 元}$$

练一练 2020年9月2日,6个月期无风险年利率为2.15%,中证500指数预期红利率为1.5%。中证IC2103指数收盘价为4 122.55点时,则2021年3月到期的中证500指数期货IC2103相应的理论价格应为多少?

4.3 三类常见的金融远期

金融远期合约主要有远期利率协议、远期外汇合约和远期股票合约等。

4.3.1 远期外汇合约

1.远期外汇合约

第一个远期外汇市场于19世纪70年代在维也纳诞生,而远期外汇市场真正兴起是在布雷顿森林体系结束后,各国的汇率风险增加,远期外汇合约于1973年应运而生。

远期外汇合约是指双方约定在将来某一时间按约定的远期汇率买卖一定金额的某种外汇的合约。

交易双方在签订合同时,就确定好将来进行交割的远期汇率,到时不论汇率如何变

化，都应按此汇率交割。在交割时，名义本金并未交割，而只交割合同中规定的远期汇率与当时的即期汇率之间的差额。如 1×4 远期外汇协议是指从起算日之后的一个月（结算日）开始计算的为期 3 个月的远期外汇协议。

表 4.1 为 2023 年 2 月 26 日 15:00 中国外汇交易中心人民币对主要外币的即期和远期报价。

表 4.1 人民币即期与远期报价

货币对	即期	1 周	6 月	1 年
USD/CNY	6.957 5/6.963 0	−33.00/−32.70	−930.00/−926.00	−1 800.00/−1 790.00
HKD/CNY	0.885 45/0.887 56	−0.86/−0.82	−69.50/−69.45	−165.45/−165.38
EUR/CNY	7.334 6/7.344 8	−3.89/−3.41	−236.77/−236.18	−496.43/−495.06
GBP/CNY	8.306 9/8.318 3	−29.31/−29.21	−789.69/−788.12	−1 547.10/−1 538.73
AUD/CNY	4.677 4/4.683 7	−13.02/−7.84	−331.04/−329.79	−713.14/−686.74

表 4.1 中即期报价的单位是每单位外币兑人民币，远期报价是在即期报价的基础上加的点数。在外汇市场上，1 元 = 10 000 点。以 1 年期美元远期为例，银行买入报价为(6.957 5 − 0.18)人民币/美元 = 6.777 5 人民币/美元，卖出报价为(6.963 0 − 0.179)人民币/美元 = 6.784 人民币/美元。

据统计，我国 2022 年外汇远期的成交总金额为 70 535 亿元，其中银行对客户市场为 61 815 亿元，银行间外汇市场为 8 720 亿元（资料来自中国外汇交易中心统计的 2022 年中国外汇远期交易概况），成交金额是非常大的。

2. 远期外汇合约的定价

S 为以本币表示的 1 单位外汇的即期价格，K 为远期合约中约定的以本币表示的 1 单位外汇的交割价格，即 S、K 均为用直接标价法表示的外汇汇率。外汇属于支付已知收益率的资产，其收益率是该外汇发行国连续复利的无风险利率，用 r_f 表示。外汇远期合约的价值为：

$$f = Se^{-r_f(T-t)} - Ke^{-r(T-t)} \tag{4.3.1}$$

外汇远期和期货价格为：

$$F = Se^{(r-r_f)(T-t)} \tag{4.3.2}$$

这是国际金融领域著名的利率平价关系。若外汇发行国的利率大于本国利率（$r_f > r$），则该外汇的远期/期货汇率小于现货汇率；若外汇发行国的利率小于本国的利率（$r_f < r$），则该外汇的远期/期货汇率大于现货汇率。

远期贴水是指远期价格对即期价格的比率，即 F/S。更进一步地，可以把远期贴水年化，得到年化远期贴水为 $\ln(F/S)/(T-t)$。在连续的情况下，远期贴水就是无风险利率和外汇发行国利率(或股息收益率)之间的差异。则当 $r_f > r$ 时远期贴水,反之,远期升水。

【例题 4.7】 外汇远期的价格计算

假设以人民币为计价单位的利率是 2%,以美元为计价单位的利率是 6% 。即期汇率是 1 美元 =6.907 4 人民币。那么,1 年的远期汇率是

$$F = Se^{(r-r_f)(T-t)} = 6.907\,4e^{(2\% - 6\%)}\text{人民币/美元} = 6.636\,6\text{ 人民币/美元}$$

注意到,只要将外国的利率视为收益率,公式(4.3.2)与支付已知收益率资产远期价格公式相同。利率差($r - r_f$)是外币的持有成本,即以国内利率 r 借款,并将借款资金投资于外币市场工具,以赚取国外利率 r_f 来抵消成本。如果想借外币,那么 r_f 就是租金费率。

4.3.2 远期利率协议

签订远期利率协议的主要目的是规避利率下降的风险。通过使用远期利率,借款者可以消除未来借款利率的不确定性。

1. 远期利率协议的定义

远期利率协议(FRA)是买卖双方同意从未来某一商定的时期开始,在某一特定时期内按协议利率(也称为远期利率)借贷一笔数额确定、以具体货币表示的名义本金的协议。

远期利率协议的买方是名义借款人(利息支付者),其签订协议的目的是规避利率上升的风险。远期利率协议的卖方是名义贷款人(利息获得者),其签订协议的目的是规避利率下降的风险。远期利率协议是现金结算,称为"名义本金",这是因为借贷双方可以不交换本金,而只是在结算日根据协议利率和参考利率之间的差额以及名义本金额,进行差额结算。远期利率协议时间流程图如图 4.6 所示。

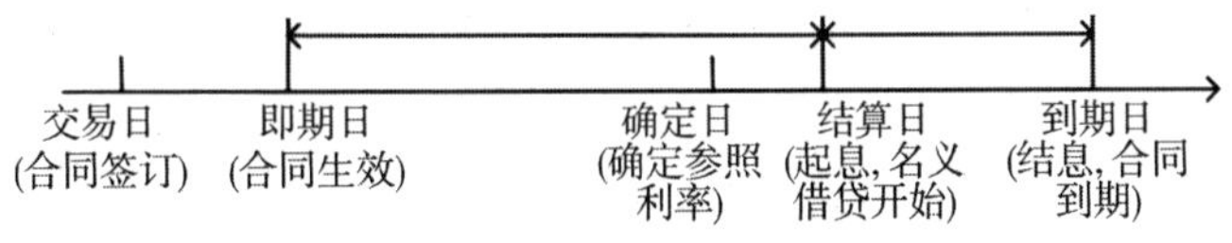

图 4.6 远期利率协议的时间流程图

2. 远期利率

远期利率是指现在时刻的将来一定期限的利率。即期利率是指当前时刻起一定期限的利率。例如:1×2 远期利率表示 1 个月之后开始的期限 1 个月的远期利率,1×4 远期利率表示 1 个月之后开始的期限 3 个月的远期利率。

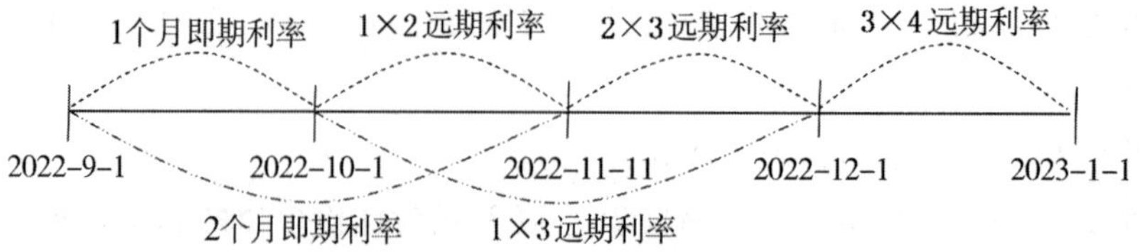

图 4.7 利率结构图

远期利率是由一系列即期利率决定的。

对于每年计 1 次复利的情形，如果现在时刻为 t，T 时刻到期的即期利率为 r，T^* 时刻（$T^* > T$）到期的即期利率为 r^*，则 $T^* - T$ 期间的远期利率 $\hat{r}$ 可以通过式(4.3.3)求得：

$$(1+r)^{T-t}(1+\hat{r})^{T^*-T}=(1+r^*)^{T^*-t} \tag{4.3.3}$$

即期利率和远期利率均为连续复利时，远期利率为

$$e^{r(T-t)}\times e^{\hat{r}(T^*-T)}=e^{r^*(T^*-t)} \Rightarrow r(T-t)+\hat{r}(T^*-T)=r^*(T^*-t)$$

$$\Rightarrow \hat{r}=\frac{r^*(T^*-t)-r(T-t)}{T^*-T} \tag{4.3.4}$$

进一步，可得 $\hat{r}=\dfrac{r^*(T^*-T)+r^*(T-t)-r(T-t)}{T^*-T}=r^*+(r^*-r)\dfrac{T-t}{T^*-T}$。可知，如果 $r^*>r$，则 $\hat{r}>r^*$，称在 T^*-T 期间即期利率期限结构是向上倾斜的；反之，$\hat{r}<r^*$ 时称即期利率期限结构是向下倾斜的。

3. 远期利率协议的价值

由于远期利率协议是合约空方在将来的某个固定时刻（T 时刻）将一定数额的名义本金 A 按约定的合同利率 r_K 在一定期限（T^*-T）贷给多方的远期协议，本金 A 在借贷期间会产生固定的收益率 r，因此其属于支付已知收益率资产的远期合约。远期利率协议的定价可以直接用支付已知收益率资产的远期公式计算。

远期利率协议多方（名义借款人）的现金流在 T 时刻为 A，在 T^* 时刻为 $-Ae^{r_K(T^*-T)}$。这些现金流的现值即为远期利率协议多头的价值。先将 T^* 时刻的现金流用 T^*-T 期限的远期利率($\hat{r}$)贴现到 T 时刻，再贴现到现在时刻 t，即

$$f=Ae^{-r(T-t)}-Ae^{r_K(T^*-T)}e^{-\hat{r}(T^*-T)}e^{-r(T-t)}=Ae^{-r(T-t)}[1-e^{(r_K-\hat{r})(T^*-T)}] \tag{4.3.5}$$

远期价格就是合同利率。根据远期价格的定义，令式(4.3.5)远期价值为零，得到理论上的远期利率 $r_F=\hat{r}$。

【例题 4.8】 远期利率协议价值的计算

假设 2 年期即期年利率（连续复利，下同）为 2%，3 年期即期年利率为 3%，本金为 100 元的 2×3 年远期利率协议的合同利率为 3.5%。请问该远期利率协议的价值和理论上的合同利率等于多少？

解：该合约理论上的合同利率为 $r_F=\hat{r}=\frac{0.03\times3-0.02\times2}{3-2}=5\%$。

该合约对多头价值为 $f=100\times e^{-2\%\times2}\times[1-e^{(3.5\%-5\%)(3-2)}]$ 元 $=1.43$ 元。

练一练　假设 2 年期即期年利率(连续复利,下同)为 3%,3 年期即期年利率为 4%,本金为 100 元的 2×3 年远期利率协议的合同利率为 3.5%。请问该远期利率协议的价值和理论上的合同利率等于多少?

4.3.3　远期股票合约

远期股票合约是指在将来某一特定日期按特定价格交付一定数量单个股票或一篮子股票的协议。

【案例 4.1】　远期股票合约

2002 年 9 月 27 日《华尔街日报》报道,美国电子资讯系统公司由于被迫回购其 544 万股股票,在短短几个月内损失约 1 亿美元。这包括以每股 60 美元的平均价格回购的大量股票,而该公司当时的股票交易价格仅 17 美元左右。另一家制药公司礼来公司也面临着在此类合同上损失 1.5 亿美元的风险,因为该公司目前股价已跌到 55 美元左右,而在 2000 年 3 月时,该股股价处于 70 ~ 79 美元的区间,其尚未到期的那些金额最大的回购协议就是在那个时候达成的。按合约规定,礼来公司有义务在 2003 年底前以 86 ~ 100 美元的价格回购 450 万股股票。

在美国,一些公司对其未来的股价表现盲目乐观,因此他们在制定股份回购协议时使用了远期股票合约,承诺在某一日期以一定的合同价格(高于交易时的股价)回购其股份,给市场注入信心。一些公司过于自信,没有采取任何其他措施来保护股价下跌可能带来的后果。当期货合约到期时,公司股价下跌,他们不得不执行回购合约,这给公司带来了巨大损失。

由于远期股票合约仅在小范围内有交易记录,本书不作详述。

■ 本章小结

1. 金融远期合约是指双方约定在未来的确定时间,按确定的价格买卖一定数量的某种金融资产的合约。

2. 远期价格是指使得远期合约价值为零的交割价格。远期价值指的是远期合约本身的价值,它取决于远期价格与交割价格的差距。

3. 远期合约主要有远期利率协议、远期外汇合约和远期股票合约三种。

4. 远期利率是指将来时刻的一定期限的利率,它可通过一系列即期利率求出。

5. 远期汇率是指两种货币在未来某一日期交割的买卖价格。

6. 远期合约的价值和价格:

	价值	价格
无收益资产远期合约	$f=S-Ke^{-r(T-t)}$	$F=Se^{r(T-t)}$
支付已知现金收益资产的远期合约	$f=S-I-Ke^{-r(T-t)}$	$F=(S-I)e^{r(T-t)}$
支付已知收益率资产的远期合约	$f=Se^{-q(T-t)}-Ke^{-r(T-t)}$	$F=Se^{(r-q)(T-t)}$

7. 国际金融领域著名的利率平价关系 $F=Se^{(r-r_f)(T-t)}$。

8. 远期利率协议多头价值为 $f=Ae^{-r(T-t)}[1-e^{(r_k-\hat{r})(T^*-T)}]$，为使远期利率协议价值为零，合同利率 $r_F=\hat{r}=\dfrac{r^*(T^*-t)-r(T-t)}{T^*-T}$。

■ 关键术语

远期交易，金融远期合约，交割价格，远期价值，远期价格，无收益资产远期，支付已知收益资产远期，支付已知收益率资产远期，远期外汇合约，远期利率协议，远期利率，远期股票合约。

■ 本章习题

1. 请对此说法加以评论：跨国公司没有必要使用外汇远期，因为预期未来汇率上升和下降的机会几乎是均等的，使用外汇远期并不能带来任何收益。

2. 假设一只无红利支付的股票目前的市价为 30 元，无风险连续复利年利率为 9%，求该股票 3 个月期远期价格。如果三个月后该股票的市价为 25 元，求交易数量为 100 单位的远期合约多头方的价值。

3. 假设一种无红利支付的股票目前的市价为 30 元，无风险连续复利年利率为 10%，市场上该股票的 3 个月远期价格为 33 元，请问应如何进行套利？若该股票 1 个月后和 2 个月后每股将分别派发红利 2 元和 1.8 元，是否存在套利空间？若存在套利，应如何进行套利？

4. 假设沪深 300 指数目前为 3 600 点，6 个月期的无风险连续复利年利率为 2.7%，指数股息收益率约为每年 1%，求该指数 6 个月期的远期（期货）价格。

5. 假设恒生指数为 20 567.54 点，6 个月期香港无风险连续复利年利率为 5%，恒生指数股息收益率为每年 3%，求该指数 6 个月期的远期（期货）价格。

6. 2022 年 10 月 2 日，6.5 个月期无风险年利率为 2.3%，中证 500 指数预期红利率为 1.5%。中证 IC2304 指数收盘价为 2 822.55 点时，2023 年 4 月到期的中证 500 指数远期（期货）IC2304 相应的理论价格应为多少？

7. 某股票预计在 2 个月和 5 个月后每股分别派发 2 元股息，该股票目前市价为 28 元，所有期限的无风险连续复利年利率均为 6%。某投资者刚取得该股票 6 个月期的远

期合约空头,交易单位为100。请计算:

(1)该远期价格等于多少?若交割价格等于远期价格,则远期合约的初始价值等于多少?

(2)3个月后,该股票价格涨到32元,无风险利率仍为6%,此时远期价格和该合约空头价值分别等于多少?

8.解释为什么外汇的利率可以看成普通股的红利率。

9.假设英国和美国两个月连续复利年利率分别为2.2%、3.6%,现货汇率为1.22英镑/美元,2个月期的英镑远期(期货)价格为1.3美元。请问:有无套利机会?如何套利?

10.假设连续复利的零息票利率分别为1年期12%,2年期13%,3年期13.7%,4年期14.2%,5年期14.5%。计算第2、3、4、5年的连续复利远期利率。

11.生活中有许多类似远期的例子,试发现或者设计类似远期的产品。

第 5 章　期　货

20 世纪 70 年代初，西方国家出现了严重的通货膨胀，固定汇率制也被浮动汇率制所取代，国内外经济环境和体制制度的转变使经济活动的风险增大。这种情况反映到金融市场上就是利率、汇率和证券价格的急剧波动，原有的远期交易由于其流动性差、信息不对称、违约风险高等缺陷而无法满足人们的需要，金融期货交易应运而生。期货与远期类似，是标准化的远期。

5.1　期货的发展和期货的定义

1. 期货的发展

从 19 世纪初到 20 世纪 80 年代初，大多数衍生产品交易都在交易所内进行，其中大部分是以农副产品为标的资产的期货合约。在期货的发展史上，由农产品期货向非农产品期货的转变过程是非常缓慢的。

公元 1600 年左右，日本当时富裕的地主们为了控制由于天气变化而导致大米价格涨跌的风险，设计了一种“大米库存票据”合约，其本质是期货合约。1865 年，芝加哥期货交易所（CBOT）完善了远期市场，推出了农产品期货合约。新合约在交易质量、数量、时间和地点上都是标准化的，还采用了清算所和差价制度，衍生产品从场外的无规则、无保障交易逐步过渡到标准化的场内交易。1870 年，纽约棉花交易所（NYCE）成立，交易棉花期货。1919 年，芝加哥黄油和鸡蛋交易所（CBEB）改为芝加哥商品交易所（CME）。1933 年，纽约商品交易所（COMEX）成立，推出首个非农产品的期货合约。1952 年 10 月，伦敦金属交易所（LME）在英国推出首个金属（铅）期货合约。1972 年 2 月，CME 推出首个金融产品，外汇的期货合约，开始以 7 种货币进行期货交易。1975 年，CBOT 推出首个利率期货合约，美国政府国民抵押贷款协会（GNMA）抵押凭证期货合约。1976 年 1 月，CME 开始交易国库券期货合约。1976 年 8 月，CBOT 开始交易国库券期货合约。1981 年 12 月，CME 推出首个以现金结算的期货合约，欧洲美元期货。4 月 CME 开始交易 S&P 500 指数期货。1984 年，新加坡国际货币交易所

(SIMEX)成为亚洲首家金融期货交易所。2004 年 3 月,芝加哥期权交易所(CBOE)推出 CBOE 市场波动率指数(VIX) 的期货合约,它是由股指期权衍生的指数期货。

1986 年 5 月,中国香港期货交易所开始交易恒生指数期货。1990 年 10 月,郑州粮食批发市场成立,首次引入期货交易机制。1992 年 6 月 1 日,上海外汇调剂中心推出的外汇期货是我国最早的金融期货。1992 年 12 月,上海证券交易所最先开放了国债期货交易,共推出 12 个品种的国债期货合约。20 世纪 90 年代初,我国首家期货市场试点单位郑州商品交易所成立。1993 年,郑州商品交易所推出标准化期货合约,同年 3 月海南证券交易中心推出了深圳股票期货。我国金融衍生产品主要分布在深圳交易所市场和银行间市场。1998 年,我国大豆、小麦、绿豆、铝、铜及天然橡胶等 6 个期货合约交易得到批准。2004 年 5 月,我国棉花、燃油和玉米期货交易上市。2006 年 9 月,中国金融期货交易所在上海挂牌成立。2008 年,我国黄金期货上市。2010 年 4 月,沪深 300 股指期货上市,我国的股指期货正式在中金所挂牌交易,从此我国证券交易市场进入跨越式发展阶段。2012 年正式开始了国债期货的仿真交易。2013 年 9 月 6 日,我国国债期货上市交易。2015 年 4 月,中证 500 和上证 50 股指期货上市。2018 年 3 月,原油期货在上海期货交易所上海国际能源交易中心正式挂牌上市交易。

期货按照标的物不同可分为金融期货和商品期货。商品期货合约是指以农产品、工业品、能源和其他商品及其相关指数产品为标的物的期货合约。金融期货合约是指以有价证券、利率、汇率等金融产品及其相关指数产品为标的物的期货合约。常见的金融期货为利率期货、外汇期货和股价指数期货。本书主要研究金融期货。

2. 金融期货合约的定义与特征

金融期货合约是指协议双方同意在约定的将来某个日期按约定的价格(期货价格)、交割地点、交割方式买入或卖出一定标准数量的某种金融产品的标准化协议。

金融期货交易具有如下显著的特征:

(1) 期货合约所有买者和卖者均在交易所集中交易,交易双方互不相知,而是各自跟交易所的结算部或专设的结算公司结算。结算公司既是所有期货买者的卖者也是所有卖者的买者,双方均需交保证金,克服了远期交易存在的信息不对称和违约风险高的缺陷。

(2) 期货合约的买者或卖者可在交割日之前采取对冲方式结束其期货头寸(平仓),而无须进行实物交割,克服了远期交易流动性差的问题。由于通过平仓结束期货头寸比实物交割既省事又灵活,因此目前大多数期货交易都是通过平仓来结清头寸,最终进行实物交割的期货合约少之又少。

(3) 期货是标准化合约。合约规模、交割日期、交割地点等条款都是标准化的,双方不能商定。交割价格是期货合约的唯一变量。但这并不是说所有期货合约的交割月份、交割地点等都是一样的，同种金融产品的期货合约可以有不同的交割月份，但它依然是由交易所事先确定的。有时，交易所赋予期货合约的空方可选择交割的标的物（主要适用于利率期货和商品期货）和交割地点（主要适用于商品期货）的权利。交易所必须指定在交割月份中可以进行交割的确切时间。交割日期可以是整个交割月，可以是交割月的具体某一天，由空方决定。

（4）具有零和性。随着期货交割月份的逼近，期货价格收敛于标的资产的现货价格。到期日时，期货价格应与实际价格相等，否则会存在套利。实物交割的重要性不容忽视。因为具有最后交割的可能性，期货价格和标的物的现货价格之间才具有零和性。

3. 金融期货合约的种类

按标的物不同，金融期货可分为利率期货、股价指数期货和外汇期货等。

利率期货是指标的资产价格依赖于利率水平的期货合约。如长期国债期货和短期国债期货。

股价指数期货指以特定股票指数为标的资产的期货合约。由于股价指数是一种没有具体实物形式的特殊商品，因此交易时应把股价指数换算成货币单位进行结算，进行现金交割。这是股价指数期货与其他标的物期货的最大区别。例如，沪深 300 指数期货的单位价格（每份合约的价格）是指数点乘以 300 元。

外汇期货的标的物是外汇，如美元、英镑、日元、澳元、加元等。

表 5.1 为来源于 EPS 数据平台的 2010—2019 年中国金融期货交易统计数据。

表 5.1　2010—2019 年中国金融期货数据统计表

年份	成交金额/亿元	成交量/万手	持仓金额/亿元	持仓量/万手	交割金额/亿元	交割量/万手
2010	410 698.8	4 587.33	283.86	2.98	69.6	0.8
2011	437 658.6	5 041.19	342.83	4.84	142.35	1.65
2012	758 406.8	10 506.18	842.68	11.04	167.44	2.34
2013	1 410 066	19 354.93	877.07	12.32	284.65	3.89
2014	1 640 170	21 758.11	2 543.44	23.7	260.7	3.69
2015	4 177 605	34 086.93	1 372.07	12.96	784.89	6.78
2016	182 191.1	1 833.59	1 760.2	17.94	694.78	7.04
2017	245 922	2 459.59	2 017.79	19.51	646.53	6.18
2018	261 223	2 721.01	2 279.08	25.87	748.95	7.7
2019	696 197.1	6 628.34	5 280.52	48.04	1585.86	15.39

除上述期货之外,根据标的物的不同,还有很多其他的期货。

【案例5.1】 日暖度期货

天气衍生产品的收益基于天气。天气合约的一个例子是在芝加哥商品交易所交易的日度指数期货合约。如果某些城市的天气异常炎热或寒冷,这些合同的持有者将从中获得利润。为了了解天气衍生产品合约的潜在吸引力,需要了解温度影响能源产品的价格和能源消耗数量。如果某个冬天比一般冬天更冷,家庭和企业将消耗额外的电力和天然气,这些产品的价格将上涨。相反,如果某个冬天比一般冬天温暖,那么能源的价格和消耗就会降低。尽管可以利用期货对这些产品的价格进行套期保值,但也存在消费者在不同温度下消耗不同数量能源的问题。利用天气衍生产品可以直接对已知数量的能源的价格进行套期保值。

天气合约基于固定适中温度的偏差。如果高于这个适中温度,人们可以使用空调;如果低于这个适中温度,人们可以使用取暖器。日暖度等于 max(适中温度 - 日平均温度,0)。类似地,日冷度等于 max(日平均温度 - 适中温度,0)。月日暖度指数是通过将一个月内的每日日暖度相加来确定的(月日冷度指数类似计算)。期货合约是根据整个月的累计日暖度或日冷度(这两个指数有两个独立的期货)而协定的。合约规模为 100 美元乘以日度指数。

5.2 期货市场的交易机制

期货交易,是指由期货经纪人或交易商在期货交易所内,帮助投资人或者买卖双方就某种标准化的期货合约通过竞价方式达成的交易。一般来说,在期货合同成交后直至交易所当期最后交易日的每一个营业日结束时,交易所结算机构通过买卖双方的保证金账户实行"逐日盯市"制度,及时清算买卖双方的保证金账户因期货价格变动所产生盈亏的现金流动。

期货市场交易的基本特征是标准化的期货合约条款和严格的结算制度。

5.2.1 标准化的期货合约条款

期货合约的合约规模、交割日期和交割地点等都是标准化的,在合约上均有明确规定,价格是期货合约的唯一变量。常见的标准期货合约条款包括:

1. 交易单位

每个期货产品交易所都规定了统一的数量和数量单位,统称"交易单位"或"合约规模"。不同交易所、不同期货品种的交易单位规定可能不同。例如,CME 交易的 S&P500 指数期货合约,规定每点代表 250 美元。上海期货交易所规定,一张铜期货合约的交易单位为 5 t,农作物期货每份 10 t。

2. 到期时间

(1) 到期循环与到期月。我国沪深 300 股指期货合约月份为当月、下月及随后的两个季月,共四个月份。比如,在 2022 年 12 月 1 日,中金所可供交易的沪深 300 股指期货合约将有 IF2212、IF2301、IF2303 和 IF2306 四个月份的合约。“22”表示 2022 年,“12”表示 12 月份,“IF2212”表示 2022 年 12 月份到期交割结算的合约。IF2212 合约到期交割结算后,IF2301 就成为最近月份合约,同时 IF2302 合约挂牌。IF2301 合约到期交割结算后,IF2302、IF2303 就成为最近两个月份合约,同时 IF2309 合约挂牌。采用近月合约与季月合约相结合的方式,在半年左右的时间内共有四个合约同时交易,具有长短兼济、相对集中的效果。一般国外期货交易实行到期循环,且大多是 3 月循环,即每年的 3、6、9、12 月为到期月。

(2) 交割月、交割日与现金结算日。一般交割月(或结算月)就是到期月。实物交割期货合约中会规定具体的交割月与交割日。现金交割期货合约中会规定现金结算日。

(3) 最后交易日。最后交易日指期货合约可以进行交易的最后日期。

注意,交易日是指合约的交易日,交割日是指标的资产的交割日。

3. 最小价格波动值

期货交易中买卖双方每次报价时价格的变动必须是这个最小变动价位的整数倍。例如,沪深 300 指数期货最小变动价位是 0.2 点,报价表如表 5.2 所示。

表 5.2 沪深 300 指数期货报价表

合约代码	上市日	最后交易日	挂盘基准价
IF2303	20220718	20230317	4 205.0
IF2304	20230220	20230421	4 052.2
IF2306	20221024	20230616	3 726.4
IF2309	20230130	20230915	4 204.2

4. 每日价格波动限制与交易中止规则

每日价格波动限制即交易日期货合约的成交价格不能高于或低于该合约上一交易日结算价的一定幅度。其中上限为涨停板,下限为跌停板,一般为 ±10%。超出该涨跌幅度的报价将被视为无效,不能成交。除涨跌停板以外,还设置了熔断机制。

熔断机制,指对某一合约在达到涨跌停板之前,设置一个熔断价格,使合约买卖报价在一段时间内只能在这一价格范围内交易的机制。

1982 年,芝加哥商品交易所将 S&P500 指数期货合约的每日交易价格限制为 3%。1988 年,美国商品期货交易委员会和证券交易委员会批准了纽约股票交易所和芝加哥商品交易所的熔断机制。根据美国证券交易委员会的规定，如果标普指数在短时间内下跌7%，所有证券市场交易将暂停15分钟。熔断机制有两种表现形式："熔而断"和"熔而不断"。"熔而断"指当价格触及熔断点时，在接下来的一段时间内终止交易；"熔而不断"意味着当价格触及熔断点之后的一段时间内仍可以继续交易，但报价仅限于熔断点之内。

2015年12月4日，上海证券交易所、深圳证券交易所和中国金融期货交易所正式发布了指数熔断的相关规定，并于2016年1月1日正式实施熔断机制。指数熔断的总体设置如下：

（1）分挡确定指数熔断时间。以沪深300指数作为指数熔断的基准指数，设定5%和7%两挡指数熔断阈值，涨跌都熔断，每日各挡熔断最多触发一次。第一挡5%兼顾考虑了冷静期和维持正常交易的双重需求。当触发5%的熔断阈值时，交易暂停15分钟，在熔断结束时进行集合竞价，之后继续当天交易。14:45及之后触发5%的熔断阈值，暂停交易直至收市。第二挡7%阈值防范重大异常情况。全天任何时段触发7%熔断阈值时，暂停交易直至收市。如果熔断至15:00收市未恢复交易的，相关证券的收盘价为该日最后一笔交易（含）前一分钟所有交易的成交量加权平均价格。

（2）指数熔断具有联动性。当熔断触发时，所有沪、深交易所上市的全部股票、可转债、可分离债、股票期权等股票相关品种将暂停交易，中金所的所有股指期货合约暂停交易，具体熔断品种以公告为准。暂停交易后，视情况恢复交易或直接收盘。A股在2016年1月第一周的4个交易日里，出现了4次熔断。1月7日晚，三大交易所发布通知，1月8日起暂停实施指数熔断。

熔断机制相当于为市场交易提供了一种"减震器"，其实质是在涨跌停板启用之前先设立一个过渡性闸门。一方面，给市场在大幅波动时提供冷静期，有助于防范市场大幅波动风险，维护市场秩序。另一方面，提前向投资者发出风险警告，为有关方面采取相关风险控制措施争取时间和机会，有利于抑制过度交易。例如，当市场"暴涨"时，熔断机制可以稳定市场亢奋情绪，防范投资者对市场上涨的过度反应。

不论是涨跌停板还是熔断机制，其基本目的都是控制市场波动，维持市场稳定，防止价格过度波动。每日价格波动限额保护了投资者的权益，进一步完善了我国证券市场的交易机制，促进了资本市场长期稳定健康发展。

5. 其他条款

（1）交割方式。期货合约采用现金交割方式或者实物交割方式。现金交割方式是合约最后交易日收市后，交易所以交割结算价为基准，划付持仓双方的盈亏，了结到期未平仓合约。实物交割方式是交易双方按照交易所的规则和程序，通过该合约所载标的物所有权的转移，了结到期未平仓合约。

（2）报价单位。报价单位是指公开竞价过程中对期货合约报价所使用的单位，国内商品期货的报价单位是元/吨。

表5.3为我国期货交易所部分合约的报价单位和交易代码。

表5.3 我国部分期货合约其他条款明细

合约名称	上市交易所	报价单位	交割方式	交易代码
沪深300股指期货合约	中国金融期货交易所	指数点	现金交割	IF
棉花期货	郑州商品交易所	元/吨	实物交割	CF
阴极铜期货合约	上海期货交易所	元/吨	实物交割	CU
黄大豆1号期货合约	大连商品交易所	元/吨	实物交割	A
中质含硫原油期货合约	上海国际能源交易中心	元/桶	实物交割	SC
工业硅期货合约	广州期货交易所	元/吨	实物交割	SI

表5.4是中国金融期货交易所的沪深300股指期货合约标准化细则。

表5.4 沪深300股指期货合约表

标准化条款	条款细则
合约标的	沪深300指数
合约乘数	每点300元
报价单位	指数点
最小变动价位	0.2点
合约月份	当月、下月及随后两个季月
交易时间	上午9:30—11:30，下午13:00—15:00
每日价格最大波动限制	上一个交易日结算价的±10%
最低交易保证金	合约价值的8%
最后交易日	合约到期月份的第三个周五，遇国家法定假日顺延
交割日期	同最后交易日
交割方式	现金交割
交易代码	IF
上市交易所	中国金融期货交易所

6. 开立与结清期货头寸

开仓是指投资者新买入或新卖出一定数量的期货合约。开仓有多头开仓和空头开仓两种方式。多头开仓是指买入期货，空头开仓则是卖出期货。

若已经开仓了,想在原来头寸上继续增加,这个过程就叫增仓。多头增仓表示继续买入,空头增仓表示继续卖出。值得注意的是,增仓必须头寸方向相同。

平仓是指期货交易者买入或者卖出与其所持合约的品种、数量和交割月份相同但交易方向相反的合约,了结期货交易的行为。平仓头寸相反,且是同一期货。开仓之后,期货投资者有择机平仓和持有至最后交易日并进行现金交割两种方式了结期货合约。

未平仓合约指期货投资者在开仓之后尚没有平仓的合约,也叫持仓。

交易所及时发布开盘价、收盘价、最高价、最低价、最新价、涨跌、最高买价、最低卖价、申买量、申卖量、结算价、成交量、持仓量等与交易有关的信息。开盘价是指某一合约经开盘集合竞价产生的成交价格。集合竞价未产生成交价格的,以集合竞价后第一笔成交价为开盘价。收盘价是指某一合约当日交易的最后一笔成交价格。最高价是指一定时间内某一合约成交价中的最高成交价格。最低价是指一定时间内某一合约成交价中的最低成交价格。最新价是指某一合约在当日交易期间的即时成交价格。最高买价是指某一合约当日买方申请买入的即时最高价格。最低卖价是指某一合约当日卖方申请卖出的即时最低价格。申买量是指某一合约当日交易所交易系统中未成交的最高价位申请买入的下单数量。申卖量是指某一合约当日交易所交易系统中未成交的最低价位申请卖出的下单数量。结算价由交易所决定,期货合约当日结算价是指集中交易中某一合约某一时段成交价格按照成交量的加权平均价。成交量是指某一合约在当日所有成交合约的单边数量。持仓量是指非期货公司会员、客户所持有的未平仓合约的单边数量。

持仓限额是指期货交易所对期货交易者的持仓量规定的最高数额。例如,中国金融期货交易所规定在沪深300、中证500、中证1000、上证50股指期货上,客户某一合约日内开仓交易的最大数量为500手,套期保值等风险管理交易的开仓数量不受此限。

【例题5.1】 未平仓合约数的变化

2023年2月20日上市,2023年4月21日到期的沪深300指数期货合约IF在中国金融期货交易所上市,交易情况及相应的未平仓合约数如表5.5所示。

表5.5 沪深300指数期货合约未平仓合约数分析

时刻	交易情况	未平仓合约数
$t=0$	2023年2月20日早上9:30上市	0
$t=1$	投资者A买入2份该合约,投资者B卖出2份该合约	2
$t=2$	投资者C买入3份该合约,投资者D卖出3份该合约	5
$t=3$	投资者A卖出2份该合约,投资者D买入2份该合约(投资者A对冲平仓退出市场,投资者D对冲了2份该合约还持有1份该合约的空头)	3
$t=4$	投资者C卖出2份该合约,投资者E买入2份该合约	3

该合约的未平仓合约数可以通过分析表 5.6 中各投资者的头寸方向和数量来判断。

表 5.6 投资者头寸方向和数量分析

投资者最后头寸	A	B	C	D	E	所有投资者
多头数	0	0	1	0	2	3
空头数	0	2	0	1	0	3

7. 期货报价与行情解读

期货交易所每日应报出各期货合约的代码，本交易日的开盘价、最高价、最低价、成交量、成交金额、持仓量、持仓变化、当天结算价、比上一交易日结算价的涨跌等数据。表 5.7 为中国金融期货交易所报出的 2023 年 2 月 27 日沪深 300 股指期货交易行情。

表 5.7 2023 年 2 月 27 日沪深 300 股指期货交易行情

合约代码	今开盘/点	最高价/点	最低价/点	成交量/手	成交金额/万元	持仓量/手	持仓变化/手	今收盘/点	今结算/点	前结算/点	涨跌/点	涨跌/点
IF2303	4 050.0	4 071.8	4 035.4	61 240	7 444 787.904	117 327	−3 844	4 051.4	4 048.4	4 065.4	−14.0	−17.0
IF2304	4 055.0	4 075.2	4 039.8	2 060	250 704.582	3 934	33	4 055.0	4 051.6	4 070.2	−15.2	−18.6
IF2306	4 040.8	4 066.6	4 031.0	12 123	1 472 088.144	58 432	−1 601	4 048.0	4 044.4	4 060.6	−12.6	−16.2
IF2309	4 004.0	4 025.4	3 991.2	3 039	365 398.032	23 133	362	4 005.4	4 004.4	4 020.6	−15.2	−16.2

数据来源：http://www.cffex.com.cn/rtj/。其中，涨跌 1 = 收盘价 − 前结算价，涨跌 2 = 结算价 − 前结算价。

从表 5.7 中可以看出，收盘价与结算价不一样，到期时间最近的期货品种交易量最大。

5.2.2 严格的结算制度

期货交易实行保证金制度，保证金用于结算和履约保障。期货结算机构向结算参与人收取保证金，结算参与人向交易者收取保证金。交易所与会员之间期货业务资金的往来通过交易所专用结算账户和会员专用资金账户办理。交易所对会员存入交易所专用结算账户的保证金实行分账管理，为每一会员设立明细账户，按日序时登记核算每一会员出入金、盈亏、期权权利金、交易保证金、手续费等。期货公司会员对客户存入会员专用资金账户的保证金实行分账管理，为每一客户设立明细账户，按日序时登记核算每一客户出入金、盈亏、期权权利金、交易保证金、手续费等。

1. 保证金

保证金是指期货交易者按照规定交纳的资金或者提交的价值稳定、流动性强的标准仓单、国债等有价证券，用于结算和保证履约。

国内实行结算准备金和交易保证金制度。会员在存管银行开设专用资金账户，用于存放保证金及相关款项。

结算准备金是指会员为了交易结算，在交易所专用结算账户中预先准备的资金，是未被合约占用的保证金。期货公司会员结算准备金最低余额为200万元，以期货公司会员自有资金足额缴纳；非期货公司会员结算准备金最低余额为50万元。交易所有权根据市场情况调整会员结算准备金最低余额标准。交易所根据会员当日结算准备金余额中的货币资金部分，以不低于中国人民银行公布的同期银行活期存款利率计算利息，并在每年3月、6月、9月、12月存管银行支付利息日后的下一个工作日内，将利息转入会员结算准备金。具体执行利率由交易所确定、调整并公布。

交易保证金是指会员存入交易所专用结算账户中确保合约履行的资金，是已被合约占用的保证金。当期货合约买卖双方成交后，交易所按持仓合约价值的一定比例或交易所规定的其他方式向双方分别收取交易保证金。例如，中国金融期货交易所规定沪深300股指期货合约最低交易保证金为合约价值的12%，而由于普通客户无法直接在中金所开设保证金账户，只能在符合规定的期货公司开设保证金账户来进行交易和结算，相应的期货公司为了更严格地控制客户的风险，一般会在中金所规定的保证金比例基础上再上浮2~3个百分点。

日盈亏在每日结算时进行划转，当日盈利划入会员结算准备金，当日亏损从会员结算准备金中扣划。结算完毕后，会员的结算准备金低于最低余额时，该结算结果即视为交易所向会员发出的追加保证金通知，两者的差额即为追加保证金金额。交易所发出追加保证金通知后，可以通过存管银行从会员的专用资金账户中扣划。若未能全额扣款成功，会员应当在下一交易日开市前补足至结算准备金最低余额。未补足的，若结算准备金余额大于零而低于结算准备金最低余额，不得开新仓；若结算准备金余额小于零，则交易所将按《上海期货交易所风险控制管理办法》的规定进行处理。

国外实行的是初始保证金和维持保证金制度。在期货交易开始之前，期货的买卖双方都必须在经纪公司开设专门的保证金账户，并存入一定数量的保证金，这个保证金叫作初始保证金。当天结算价格高于昨天的结算价格（或当天的开仓价）时，高出部分就是多头的浮动盈利和空头的浮动亏损。这些浮动盈利和亏损在当天晚上分别加入多头的保证金账户和从空头的保证金账户中扣除。当保证金账户的余额超过初始保证金水平时，交易者可随时提取现金或用于开新仓。当保证金账户余额低于交易所规定的维持保证金水平时（一般为初始保证金的75%左右），经纪公司就会通知交易者在限期内把保证金补足到初始保证金水平，否则会被强制平仓。若当日结算后，账户余额低于维持保证金，但又不补齐保证金，则交易所会执行强制平仓，即违约者要付出75%的违约成本。这样就将没有能力的人清出市场。

在CME交易的S&P500的初始保证金比例为12%；欧洲期货交易所的主要股指期货合约道琼斯欧洲50指数期货的初始保证金比例为9%。沪深300指数期货没有设定初始保证金和维持保证金，只有交易保证金。

注意：保证金应交给第三方；保证金不能是常值，应是变量；期货合约的风险和收益具有杠杆性，而杠杆性是由它的保证金机制带来的。

2. 每日盯市结算

交易所实行当日无负债结算制度，又称逐日盯市。期货交易是每天进行结算的，而不是到期一次性进行的。在每天交易结束时，保证金账户都要根据期货价格的升跌而进行调整，以反映交易者的浮动盈亏，交易所与结算机构都要进行结算和清算。

盯市是指每一交易日闭市后，交易所按当日结算价结算所有合约的盈亏、交易保证金及手续费、税金等费用，对应收应付的款项实行净额一次划转，相应增加或减少会员的结算准备金。即在每天期货交易结束后，按照每日确定的结算价格计算每个交易者的浮动盈亏并相应调整该交易者的保证金账户头寸。

盯市的浮动盈亏是根据结算价格计算的。结算价格由交易所规定，它有可能是当日成交价格按照成交量加权的平均价，也可能是收盘价，还可能是最后几秒钟的平均价。例如，中国金融期货交易所的沪深300、上证50及中证500等股指期货合约的交割结算价为最后交易日标的指数最后2小时的算术平均价，计算结果保留至小数点后两位。

例如，6月3日，做多2份上海期货交易所12月份黄金期货合约，每份1 000克。当前期货价格为每克460元，若设5%的保证金，则应有23 000元初始保证金存在保证金账户中。6月3日收盘时，黄金期货价格从460元跌到457元，投资者损失了3 000元，此时保证金账户余额剩20 000元，这就是盯市。

【例题5.2】 期货交易的保证金计算与每日结算

设某期货合约初始保证金为IM，维持保证金为$MM = IM \cdot 75\%$，每日保证金计算与每日盯市结算如表5.8所示。

表5.8 期货保证金每日结算表

日期	期货价格	每日盈亏	累计盈亏	保证金账户余额 MB	保证金追加 MC
0	F			IM	0
1	$F_1 > F$	$F_1 - F$	$F_1 - F$	$MB_1 = IM + F_1 - F$	0
2	$F_2 < F_1$	$F_2 - F_1$	$F_2 - F$	$MB_2 = IM + F_2 - F$	$\begin{cases} MB_2 \geqslant MM, MC_2 = 0 \\ MB_2 < MM, MC_2 = IM - MB_2 \end{cases}$
t	F_t	$F_t - F_{t-1}$	$F_t - F$	$MB_t = IM + F_t - F$	$\begin{cases} MB_t \geqslant MM, MC_t = 0 \\ MB_t < MM, MC_t = IM - MB_t \end{cases}$

正是因为期货合约的逐日盯市和保证金制度,使得期货市场信用风险大大减少。

3. 保证金违约

当日内价格变动导致清算所成员账户按实际市值计算敞口超过该成员账户持有的保证金时,就会发生保证金违约。

5.3 远期和期货的关系

5.3.1 远期与期货的比较

1. 期货与远期的不同

期货合约和远期合约虽然都是在交易时约定在将来某一时间按约定的条件买卖一定数量的某种标的物的合约,但它们存在诸多区别,主要有:

(1) 标准化程度不同

远期交易遵循个性化原则,合约中的条款如标的物的质量、数量、交割地点和交割月份都可由双方商定,是量身定制的。由于各交易者的需要千差万别,远期合约条款的具体内容也五花八门。远期合约虽具有灵活性的优点,但却给合约的转手和流通造成很大麻烦,这就决定了远期合约二级市场不发达。

期货合约是标准化合约,期货合约中各条款如标的物的质量、数量、交割地点、交割时间、交割方式、合约规模等都是标准化的,由期货交易所制定,只有价格是在成交时根据市场行情确定的。由于开展期货交易的标的物有限,相关条件又是固定的,因此期货合约满足人们各种需要的能力不如远期合约;但期货合约的标准化使得期货合约的订立和转让更加便利,使期货合约具有极强的流动性,因此吸引了众多的交易者。

虽然远期合约目前也在走标准化的道路,但其标准化程度一定赶不上期货合约,否则远期合约就变成期货合约了,远期合约也就不存在了。

(2) 交易场所不同

远期交易并没有固定的场所,交易双方各自寻找合适的对象,因而是一个无组织的、效率较低的、分散的市场,是分散交易。在金融远期交易中,银行充当着重要角色。由于金融远期合约交割较方便,标的物同质性较好,很多银行提供重要标的物的远期买卖报价供客户选择,从而有力推动了远期交易的发展。

期货合约在交易所内交易,一般不允许场外交易,是集中交易。交易所不仅为期货交易提供了交易场所,而且还为期货交易提供了许多严格的交易规则(如涨跌停板制、最小价格波动幅度、报价方式、最大持仓限额、保证金制度等),并为期货交易提供信用担保。可以说,期货市场是一个有组织的、有秩序的、统一的市场。

(3) 违约风险不同

远期合约的履行依靠双方的信誉和品德,若一方无力支付或者不愿履约,另一方将遭受损失。即使在签约时,签约双方采取交纳定金、第三方担保等措施,仍不足以保证远期合约到期一定能得到履行,违约、毁约的现象时有发生,因而远期交易的违约风险很高。

期货合约有完善的保证金制度、每日盯市和结算会员之间的连带无限清偿责任制度,而且由交易所或清算公司提供担保,交易双方直接交易对手都是交易所,因此期货交易几乎没有违约风险。

(4) 价格确定方式不同

远期合约中约定的价格由交易双方私下商定。由于远期交易没有固定的场所,因此在确定价格时信息是不对称的,不同交易双方在同一时间所确定的类似远期合约的价格可能相差甚远,因此远期交易市场定价效率很低。

期货交易的价格是在交易所中由很多买者和卖者通过其经纪人在场内公开竞价确定的,有关价格的信息较为充分、对称,由此产生的期货价格较为合理、统一,因此期货市场的定价效率较高。

(5) 履约方式不同

由于远期合约是非标准化的,转让相当困难,并要征得对方同意(由于信用度不同),因此绝大多数远期合约只能通过到期实物交割来履行,而实物交割对双方来说都是费时又费力的事。

由于期货合约是标准化的,期货交易在交易所内进行,因此交易十分方便。当交易一方的目的(如投机、套期保值和套利)达到时,无须征得对方同意就可通过平仓来结清自己的头寸并把履约权利和义务转让给第三方。在实际中,绝大多数期货合约都是通过平仓来了结的。

(6) 合约双方关系不同

由于远期合约的违约风险主要取决于对方的信用度,因此签约前必须对对方的信誉和实力等方面作充分的了解。

期货合约的履行完全不取决于对方而只取决于交易所或清算公司,因此可以对对方完全不了解。在期货交易中,交易者甚至根本不知道对方是谁,这就极大方便了期货交易。

(7) 结算方式不同

远期合约签订后,只有到期才会进行交割清算,其间均不进行结算。

期货实行盯市制度,是每天结算的。如果同品种的期货市场价格发生变化,将为该产品的所有期货合约的多头和空头头寸计算浮动盈余或浮动亏损,并在当天晚上就反映在其保证金账户里。因此,当市场价格朝自己有利的方向变动时,交易者不必等到到期就可逐步实现盈利。当然,若市场价格朝自己不利的方向变动时,交易者在到期之前就得付出亏损的金额。

2. 期货价格与远期价格的关系

由于期货是标准化的远期,因此远期价格的理论与结论对期货也适用。期货价格是使得期货合约价值为零的理论交割价格。

罗斯等美国著名经济学家证明,当无风险利率恒定,且对所有到期日都不变时,交割日相同的远期价格和期货价格应相等。一般较少谈及"期货合约价值"这个概念。期货每日盯市结算、每日结清浮动盈亏,因此期货合约价值在每日收盘后都归零。

当利率变化无法预测时,远期价格和期货价格不相等,至于两者谁高则取决于标的资产价格与利率的相关性。如果标的物的价格与利率呈正相关,则期货价格高于远期价格。当标的资产价格上涨时,期货价格通常会相应上涨,期货合约中的多头头寸立即受益于每日结算制,并可以以高于平均利率的利率将利润再投资。如果标的资产价格下跌,期货合约的多头会因每日结算制而立即亏损,但他可以低于平均利率的利率从市场上借入资金来补充保证金。远期合约中的多头头寸不受利率变化的影响。在这种情况下,期货多头头寸比远期多头头寸更有吸引力,期货价格自然会超过远期价格。反之,如果标的价格与利率呈负相关,则远期价格将高于期货价格。

远期价格和期货价格之间的理论差异源自盯市所得利息的不确定性。远期价格和期货价格的差异幅度还取决于合约有效期的长短。当有效期只有几个月时,两者的差异通常很小;对于长期合约而言,尤其是利率和标的资产的价格为正相关的长期利率期货,差异可能是明显的。此外,税收、交易费用、保证金的处理方式、违约风险、流动性等方面的因素都会导致远期价格和期货价格的差异。

在现实生活中,期货价格和远期价格的差别往往可以忽略不计。在估计外汇期货和远期之间的合理差价时,康奈尔和莱因格纳发现盯市所带来的收益太小了,以至于远期和期货价格几乎没有区别。因此在大多数情况下,仍可以合理地假定远期价格与期货价格相等,并都用 F 来表示。在以下的分析中,对远期合约的定价同样适用于期货合约。

5.3.2 远期与期货价格的一般结论

1. 完美市场

完美市场是指满足没有交易费用和税收、市场参与者能以相同的无风险利率借入和贷出资金、允许现货卖空三个假设条件的市场。

2. 持有成本

可用持有成本的概念来概括远期和期货价格与现货价格的关系。

持有成本指的是持有一种资产的成本和收益的差额。例如,投资者 A 以无风险利率借款 S 融资,并用 S 的成本买入 1 单位股票。他将为所借的金额支付利率 r,而股票收益率提供了抵补性收益率 q。因此,他将支付 $r-q$ 的利率差额,这个差额是持有该资产多头头寸的净成本,被称为持有成本。持有成本的构成如下:

持有成本 = 保存成本 + 利息成本 - 标的资产在合约期限内提供的收益

其中,持有成本常用 c 表示,保存成本用 u 表示。对于不支付红利的股票,没有保存成本和收益,所以持有成本就是利息成本 r,股票指数的持有成本是 $r-q$,货币的持有成本是 $r-r_f$。

再比如,某面包制造商两个月后需要小麦做原材料,为了将小麦的价格锁定在当前价格上,他可以买入小麦并持有两个月,则产生一个持有成本(资金的机会成本),即为了支付当前小麦的购买价格,该制造商要么借款,要么将其生息的流动性资产变现,不论采用哪种方法,都会发生利息成本(以无风险利率来衡量该成本)。除了利息成本,持有成本还会随资产的特征而变化。对于有形资产或商品,如小麦会发生存储成本(如租金和保险费),同时也可能发生某些收益。如果两个月期限到期前常备存货耗尽,存储小麦可以避免紧急备货所需支付的额外成本,该收益被称为便利收益。因此,持有商品的净成本等于利息成本加上存储成本减去便利收益。此时持有成本的构成如下:

持有成本 = 保存成本 + 利息成本 - 便利收益

持有成本既可设定为连续变动的,也可设定为离散的。如资金成本(即无风险利率)、股票资产组合的股息收益、外汇存款的利息收入、黄金的租借费等设定为连续的较为恰当;而存储谷物的仓库租金、单个普通股的季度现金股息、债券每半年一次的息票股息等设定为离散的更为合适。

如果持有成本为连续形式,那么远期(期货)价值和远期(期货)价格可用持有成本表示为

$$F = Se^{c(T-t)}, f = F - Se^{c(T-t)}$$

例如,不支付红利的股票,因为没有保存成本和收益,所以持有成本就是利息成本 r,则不支付红利的股票的远期(期货)价格为 $F = Se^{r(T-t)}$;股票指数的资产,因为有红利率为 q,所以持有成本为 $r-q$,以其为标的资产的远期(期货)价格为 $F = Se^{(r-q)(T-t)}$;外汇远期(期货)价格公式为 $F = Se^{(r-r_f)(T-t)}$,其中利率之差 $r-r_f$ 是外国货币的持有成本,即以国内利率 r 借款并把所借的资金投资于外国货币市场工具,从而赚取外国利率 r_f 以弥补成本;黄金和白银等有存储成本,则其持有成本就为 $r+u$,以其为标的资产的远期(期货)价格为 $F = Se^{(r+u)(T-t)}$。

这些结论是建立在完全市场的假设上的。实际运用中，由于市场的不完全性，定价公式会受到一定影响。

3. 不完美市场条件下的远期定价

不满足完美市场条件的市场称为不完美市场。不完美市场是实际中的常态。

（1）存在交易成本。假定每笔交易费率为 Y，则无套利机会的无收益资产远期（期货）价格区间为 $[S(1-Y)e^{r(T-t)}, S(1+Y)e^{r(T-t)}]$。

（2）借贷存在利差。如果对非银行的机构和个人，借入利率 r_b 大于借出利率 r_l，这时远期和期货的价格区间为 $[Se^{r_l(T-t)}, Se^{r_b(T-t)}]$。

（3）现货持有者不一定套利，同时存在卖空限制。因为卖空会给经纪人带来风险，所以经纪人会收取卖空客户的部分所得作为保证金。设卖空的成本比例为 X，则无套利远期和期货价格区间为 $[(1-X)Se^{r(T-t)}, Se^{r(T-t)}]$。

（4）如果上述三种情况同时存在，无套利远期和期货价格区间为：

$$[(1-X)S(1-Y)e^{r_l(T-t)}, S(1+Y)e^{r_b(T-t)}]$$

此时该市场的现货价格与期货价格差距比较大，市场不完善。特别地，完美市场可以看成是 $X=0, Y=0, r_b=r_l=r$ 的特殊情况。

4. 期货市场的功能

（1）转移价格风险

风险转移是指通过购买某种金融产品或采取其他合法的经济措施将风险转移给其他经济主体的一种风险管理办法。在日常金融活动中，市场主体常面临利率、汇率和产品价格风险（通称价格风险）。有了期货交易后，他们就可利用期货多头或空头把价格风险转移出去，从而实现避险。这是期货市场最主要的功能，也是期货市场产生的最根本原因。

应该注意的是，对单个主体而言，利用期货交易可以达到消除价格风险的目的，但对整个社会而言，期货交易通常并不能消除价格风险，期货交易发挥的只是价格风险的再分配，即价格风险的转移作用。在有些条件下，期货交易也具有增大或减少整个社会价格风险总量的作用。具体而言，套期保值者之间的期货交易可以使两者的价格风险相互抵消，投机者之间的期货交易则会给社会平添期货价格的风险，而套期保值者与投机者之间的期货交易才是价格风险的转移。由此可见，适量的投机可以充当套期保值者的媒介，加快价格风险转移速度，而过度的投机则会给社会增加许多不必要的风险。

转移风险和管理风险是期货市场的最本质功能。对于有收益资产也可得出同样结论。

(2) 价格发现

期货价格是所有参与期货交易的人对未来某一特定时间的现货价格的期望或预期。不论期货合约的多头还是空头,都会依其个人所持立场或所掌握的市场资讯,并对过去的价格表现加以研究后,做出买卖委托。交易所通过电脑撮合公开竞价出来的价格即为此瞬间市场对未来某一特定时间现货价格的平均看法。这就是期货市场的价格发现功能。期货市场改变头寸更容易、更便宜、更便利,价格也更能反映最新经济信息。市场参与者可以利用期货市场的价格发现功能进行相关决策,以提高自己适应市场的能力。

(3) 降低商品存储成本

因为 $F_t = S_t e^{(r+u-q)(T-t)}$,其中 u 为保存成本。因此,期货市场可将存储费高的产品淘汰,使其退出市场。

(4) 资产配置

股指期货由于采用保证金交易制度,交易成本很低,因此被机构投资者广泛用来作为资产配置的手段。例如,一个以债券为主要投资对象的机构投资者,认为近期股市可能出现大幅上涨,打算抓住这次投资机会,但由于投资于债券以外的品种有严格的比例限制,不可能将大部分资金投资于股市,此时该机构投资者可以利用很少的资金买入股指期货,就可以获得股市上涨的平均收益,提高资金总体的配置效率。

5.3.3 远期(期货)价格与标的资产现货价格的关系

期货价格和现货价格的相互关系可从两个角度去考察:一是期货价格和现在的现货价格的关系;一是期货价格与预期的未来现货价格的关系。

1. 同一时刻远期(期货)价格与标的资产现货价格的关系

(1) 当现金收益 I 很小时,由公式 $F=(S-I)e^{r(T-t)}$,若 I 可忽略不计,则远期(期货)价格大于标的资产现货价格。当已知现金收益 q 小于无风险利率 r 时,由公式 $F=Se^{(r-q)(T-t)}$,则远期(期货)价格大于标的资产现货价格。

(2) 当现金收益 I 很大时,远期(期货)价格小于标的资产现货价格。当已知现金收益 q 大于无风险利率 r 时,远期(期货)价格小于标的资产现货价格。

总之,同一时刻,两者之间的关系取决于持有成本。

2. 期货价格和现在的现货价格的关系

从前面的定价分析中看到,决定期货价格最重要的因素是现货价格。现货价格对期货价格的升跌起着重要的制约作用,正是这种制约关系决定了期货是不能炒作的。但是,如果现货市场不够大,从而使现货价格不能形成对期货价格的有效制约,期货市场就会因恶性炒作而出问题。中国国债期货实验失败的重要原因之一就是没有足够庞大的国债现货市场来制约国债期货的炒作。那么,期货价格和现货价格到底存在什么关系呢? 期货价格和现货价格的关系可以用基差来描述。

基差是指特定时刻需要进行套期保值的现货价格与用以进行套期保值的期货价格之差,即 $b=H-G$。其中,H 表示需要进行套期保值的现货价格,G 表示套期保值的期货价格,基差常用符号 b 表示。

基差可能为正值,也可能为负值。在期货合约到期日,基差应为零。这种现象称为期货价格收敛于标的资产的现货价格。

根据前面的定价公式,当标的资产没有收益,或者已知现金收益较小,或者已知收益率小于无风险利率时,期货价格应高于现货价格,如图 5.1(a)所示,一般称为正向市场;当标的资产的已知现金收益较大,或者已知收益率大于无风险利率时,期货价格应小于现货价格,如图 5.1(b)所示,一般称为负向市场。

进行期货交易时要先了解标的资产,根据基差公式,可得

$$基差=(现货价格-期货理论价格)-(期货价格-期货理论价格)$$

上式的第一部分称为理论基差,主要来源于持有成本(不考虑交易成本等);第二部分称为价值基差,主要来源于投资者对期货价格的高估或低估。在正常情况下,在合约到期前理论基差必然存在,而价值基差不一定存在;事实上,在市场均衡的情况下,价值基差为零。

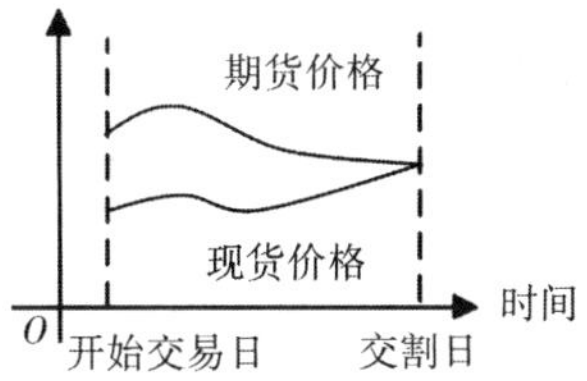

(a)正向市场

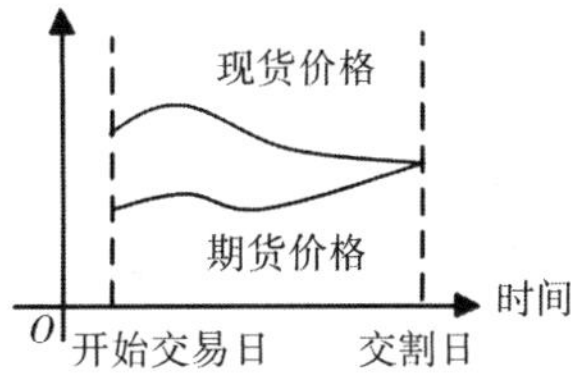

(b)负向市场

图 5.1 随交割期限的临近,期货价格与现货价格之间的关系

3. 期货价格与预期的未来现货价格的关系

人们通常认为,远期价格反映了一种对资产未来价格的预期,然而事实并非如此。以无收益资产为例来说明期货价格与预期的未来现货价格之间的关系。根据预期收益率的概念,有

$$E(S_T)=Se^{y(T-t)} \tag{5.3.1}$$

其中,$E(S_T)$表示现在市场上预期的该资产在 T 时刻的市价,y 表示该资产的连续复利预期收益率,t 为现在时刻。

$$F=Se^{r(T-t)} \tag{5.3.2}$$

比较公式可知,期货价格和预期现货价格的大小取决于 y 和 r。根据资本资产定价原理,y 和 r 的大小取决于标的资产的系统性风险。若标的资产的系统性风险为 0,则 $y=r$,即期货价格等于预期现货价格;若标的资产的系统性风险大于零,则 $y>r$,即期货价格小于预期现货价格;若标的资产的系统性风险小于零,则 $y<r$,即期货价格大于预期现货价格。在现实生活中,大多数标的资产的系统性风险都大于零,因此在大多数情况下,F 都小于 $E(S_T)$。

5.4 两类常见期货

5.4.1 股票指数期货

1. 股票指数期货概述

20 世纪 70 年代,西方国家经历了经济滞胀、经济增长缓慢和物价上涨等困境。证券交易所也经历了第二次世界大战后最严重的危机,1973—1974 年的股市道琼斯指数下跌超过了 50%。人们突然意识到,面对股市下跌,没有合适的金融工具可以使用。1982 年 2 月 24 日,堪萨斯商品交易所(KCBT)推出了第一份股指期货合约(价值线综合平均指数合约)。4 月 21 日,芝加哥商业交易所推出了基于 S&P 500 的指数期货,股票指数期货一经诞生就受到了市场的广泛关注。

股指期货是以股票指数作为标的资产的股票指数期货,交易双方约定在将来某一特定时间交收一定点数的股价指数的标准化期货合约,通常简称为股指期货。如沪深 300 指数期货、S&P500 指数期货。

股指期货交易的特殊性表现在以下几个方面:

(1) 现金结算交割。例如,沪深 300 股指期货,若实物结算则需要根据沪深 300 指数的确切百分比交易 300 股(或其中的一大部分)股票,交易这一篮子股票是非常昂贵和麻烦的。现金结算是具有成本效益的有效选择。在现金交割方式下,股指期货合约不需要通过标的股份的实际交付来结算,而是现金支付等价收益或损失。即在合约的到期日,空方无需交付股票组合,多方也无需交付合约总价值的资金,只是根据交割结算价计算双方的盈亏金额,通过将盈亏直接在盈利方和亏损方的保证金账户之间划转的方式来了结交易。现金交割与当日无负债结算在本质上是一致的,差别在于两点:其一,结算价格的计算方式不同;其二,现金交割后多空双方的头寸自动平仓,而当日无负债结算后双方的头寸仍然保留。另外,在到期日,股指指数期货合约与实际现货指数挂钩,由于交割结算价是根据当时的现货价格按某种约定的方式计算出来的,因而股指期货的交割使股指期货价格与现货价格在合约到期日趋合,现金交割就如合约是通过标的股票的实际交割一样进行结算。

(2) 股指期货的合约规模不是固定的,而是开立股指期货头寸时的价格点数乘以每个指数点所代表的金额。例如,为了满足不同投资者需求,芝加哥商品交易所(CME)继1982年推出第一款标准普尔500期货合约之后,在1997年增加了迷你普尔500期货合约(E-mini),在2019年又推出了微型迷你的普尔500期货合约(Micro E-mini)。标准普尔500期货是三类合约中推出最早、最完整、最标准的期货合约,合同乘数是250美元。假设标准普尔500指数为3 998.02点,那么其名义价值就是3 998.02×250美元=999 505美元。由于标准普尔500期货的交易价值太高,限制了普通投资者的参与。推出E-mini标准普尔500期货旨在降低交易门槛,使交易更加广泛,其合约乘数由原来的250美元下降为50美元。Micro E-mini普尔500期货是规模更小、更适合个人投资者的股指期货合约,合约乘数仅为5美元。

股指期货交易与股票交易相比,其明显区别主要体现在以下几个方面:

(1) 持有期限不同。股指期货合约规定了确定的到期日,不能无限长期持有;而股票买入后,正常情况下可以一直持有。因此,股指期货交易时必须注意合约到期日,以决定是提前平仓了结持仓,还是等待合约到期进行现金交割。

(2) 交易方式不同。股指期货采用保证金交易,即在进行股指期货交易时,投资者不需支付合约价值的全额资金,只需支付一定比例的资金作为履约保证;而股票交易则需要支付股票价值的全部金额。由于股指期货是保证金交易,亏损额甚至可能超过投资本金,这一点和股票交易也不同。由于股指期货实行保证金交易制度,使得期货交易具有杠杆性。

(3) 交易方向不同。股指期货交易可以卖空,因此股指期货是双向交易;而部分国家的股票市场没有卖空机制,股票只能先买后卖,此时的股票交易是单向交易。

(4)结算方式不同。股指期货交易采用当日无负债结算制度(盯市),交易所当日要对交易保证金进行结算,如果账户保证金余额不足,必须在规定的时间内补足,否则可能会被强行平仓;而股票交易采取全额交易,并不需要投资者追加资金,并且买入股票后在卖出以前,账面盈亏都是不结算的。

2. 股指期货的定价

股价指数可近似看作支付已知收益率的资产,在无套利的市场条件下,股指期货价格为 $F=Se^{(r-q)(T-t)}$,否则存在如下套利:

(1) 若实际的期货价格高于理论价格,投资者可以通过买入该股票指数的成分股并卖出相应的股指期货,期货到期时卖出股票,交割股指期货进行套利。

(2) 若实际的期货价格低于理论价格,则投资者可以卖空该股票指数的成分股,买入相应的股指期货,期货到期时买回股票,交割股指期货进行套利。

由于股指期货的标的资产是市场股票指数,因此用股指期货进行套期保值时对冲的是股票市场的系统性风险。

5.4.2 利率期货

1. 利率期货概述

利率期货是指以利率敏感证券作为标的资产的期货合约。

按合约标的期限可分为短期利率期货和长期利率期货。其中,短期利率期货是指期限不超过 1 年的以货币市场利率工具为交易标的的利率期货;长期利率期货是指期限超过 1 年的以资本市场利率工具为交易标的的利率期货。

利率远期和利率期货在本质上是相同的,两类产品的关键价格要素——远期利率与期货利率本质上也是相同的。但交易所对利率期货的交易制度安排使得它们之间出现了一定的差异,主要体现在如下几个方面:

(1) 报价不同。远期利率协议报出的是远期利率。利率期货报出的是与期货利率反向变动的特定价格。

(2) 规避风险不同。多头远期利率协议规避利率上升的风险。多头利率期货规避利率下跌的风险。

(3) 结算制度不同。利率期货每日盯市并结算保证金,远期利率协议在期末时刻才结算。

(4) 结算方式不同。远期利率协议通常采用现金结算,利率期货通常是实物交割。期货交易所通常规定多种符合标准的不同证券均可用以交割,使得利率期货相对复杂。

2. 中金所国债期货

我国国债期货是由国债交易双方订立的标准化契约,约定在未来某一日期以成交价交收一定数量的国债凭证。国债期货合约目前有 2 年期、5 年期和 10 年期三个品种。国债期货采用实物交割,可交割国债须是同时在银行间债券市场、沪深交易所交易的记账式国债,投资者参与国债期货交割须通过中金所会员向中金所申报国债托管账户。表 5.9 为中国金融期货交易所的 5 年期国债期货合约。

表 5.9 5 年期国债期货合约表

标准化条款	条款明细
合约标的	面值为 100 万元人民币、票面利率为 3% 的名义中期国债
可交割国债	发行期限不高于 7 年、合约到期月份首日剩余期限为 4 ~ 5.25 年的记账式附息国债
报价方式	百元净价报价

续表

标准化条款	条款明细
最小变动价位	0.005 元
合约月份	最近的三个季月(3 月、6 月、9 月、12 月中的最近三个月循环)
交易时间	9:30—11:30, 13:00—15:15
最后交易日交易时间	9:30—11:30
每日价格最大波动限制	上一交易日结算价的 ±1.2%
最低交易保证金	合约价值的 1%
最后交易日	合约到期月份的第二个星期五
最后交割日	最后交易日后的第三个交易日
交割方式	实物交割
交易代码	TF
上市交易所	中国金融期货交易所

(1) 国债现货和期货的报价与现金价格的关系

中期国债期货的报价与现货一样,所报价格是 100 元面值债券的价格。由于合约规模为面值 100 万元,因此 80.532 的报价意味着一份面值 100 万元的国债期货的合约价格是 805 320 元。

应该注意的是,国债期货报价与购买者所支付的现金价格是不同的。期货报价报出的是净价,而实际支付(收到)的是全价(也称为现金价格或发票价格)。现金价格与报价的关系为:

$$现金价格 = 报价 + 上一个付息日以来的应计利息 \quad (5.4.1)$$

【例题 5.3】 国债现货的全价与净价

2015 年 9 月 28 日,假设将于 2020 年 5 月 28 日到期、息票利率为 2.9%、一年支付一次利息的附息国债收盘报价为 98.920 6 元。从到期日和付息频率可以判断,该债券的上一个付息日是 2015 年 5 月 28 日,下一个付息日是 2016 年 5 月 28 日。试求交割时该国债现货实际交收的全价为多少。

解:由于 2015 年 5 月 28 日到 2015 年 9 月 27 日之间的天数为 123 天,2015 年 5 月 28 日到 2016 年 5 月 27 日之间的天数为 366 天,因此 2015 年 9 月 28 日,该债券每 100 元面值的应计利息等于 $2.9 \times 123/366$ 元 $=0.974\ 6$ 元。

因此,该国债现货进行交割时交收的全价为 $(98.920\ 6+0.974\ 6)$ 元 $=99.895\ 2$ 元。

练一练　假设现在是 2007 年 10 月 3 日,将于 2027 年 11 月 15 日到期、息票利率为 4.12% 的国债收盘报价为 106.12 元。该国债半年付一次利息,试求该国债的现金价格。

(2) 交割券与标准券的转换因子

由上述 5 年期国债期货合约表可知,5 年期国债期货合约空方可以选择可交割国债到期月首日剩余期限为4～5.25年且发行期限不高于7年的任何记账式附息国债。由于各种债券息票率不同，期限也不同，为了使得各债券具有可比性，交易所引入标准券和转换因子的概念。不同的交易所，不同产品的标准券和转换因子不同。

标准券是面值为100万元，息票率为3%，在交割月首日的剩余到期期限为5年整的虚拟债券。标准券是其他实际可交割债券价值的衡量标准。

转换因子由交易所计算并公布。我国国债期货可交割国债的转换因子和应计利息计算公式如下：

（1）转换因子CF。

$$CF = \frac{1}{(1+r/f)^{\frac{xf}{12}}} \times \left[\frac{c}{f} + \frac{c}{r} + \left(1 - \frac{c}{r}\right) \times \frac{1}{(1+r/f)^{n-1}}\right] - \frac{c}{f} \times \left(1 - \frac{xf}{12}\right)$$

其中，r表示5年期国债合约票面利率3%；x表示交割月到下一付息月的月份数；n表示剩余付息次数；c表示可交割国债的票面利率；f表示可交割国债每年的付息次数，计算结果四舍五入至小数点后4位。

（2）应计利息。应计利息的日计数基准为“实际持有天数/实际计息天数”，每100元可交割国债的应计利息计算公式如下：

$$\text{应计利息} = \frac{\text{可交割国债票面利率} \times 100}{\text{每年付息次数}} \times \frac{\text{第二交割日} - \text{上一付息日}}{\text{当前付息周期实际天数}}$$

计算结果四舍五入至小数点后7位。

算出转换因子和应计利息之后，即可算出空方交割100元面值的债券应收到的现金：

空方收到的现金F = 期货报价G × 交割债券的转换因子CF + 交割债券累计利息AI

则
$$G = (F - AI)/CF \tag{5.4.2}$$

【例题5.4】 国债期货现金价格的计算

2015年12月11日，5年期国债期货合约TF1512的结算价假设为98元。若当天期货空方决定交割1份国债期货，其转换因子为1.004 5，息票率2.9%，一年支付一次利息，2020年5月28日到期，请问空方实际应收到多少现金呢？

解：中金所规定国债期货的交割过程为：若T日国债期货空头决定交割，接下来的3个交易日$T+1$、$T+2$、$T+3$分别为卖方交券日、配对缴款日、买方收券日。交割时的应计利息以配对缴款日为基准计算。

2015年12月11日后的$T+2$为2015年12月15日，距上一次付息日2015年5月28日天数为201天，前后两次付息日2015年5月28日与2016年5月28日之间的天数为366天。因此2015年12月11日，此国债每100元的应计利息等于$2.9 \times 201/366$元$=1.592\ 623$元。

一份国债期货合约面值为100万元，空方应收到：

$$1\,000\times(98\times1.004\,5+1.592\,623)\text{元}=10\,003.36\text{元}$$

因此,空方用该债券交割应收到的现金为 10 003. 36 元。

练一练 假设 2017 年 12 月某息票利率为 6. 125%,到期时间为 2027 年 11 月 15 日的国债,其对应的国债期货报价为 111. 27 元。试求空方用该债券交割应收到的现金。

3. 确定交割最合算的债券

转换因子制度固有的缺陷和市场定价的差异决定了用不同国债交割对于双方而言是有差别的,空方可选择用于交割的国债有多种,因此空方应选择最合算的国债用于交割。

交割最合算债券就是购买交割券所付的成本与交割期货时空方收到的现金之差最小的债券。

交割差距 = 债券报价 + 累计利息 - [(期货报价 × 转换因子) + 累计利息]

= 债券报价 - (期货报价 × 转换因子) (5. 4. 3)

式中第一个应计利息是当天的债券应计利息,而第二个应计利息是交割日的应计利息。若交割日在同一天,则两者等价,可约去;若交割日不在同一天,则两者不等价。

【例题 5. 5】 交割最合算债券的确定

假设可供空头选择用于交割的三种国债的报价和转换因子如表 5. 10 所示,而某期货报价为 93. 50 元,请确定表中哪种债券是交割最合算的。

表 5. 10 可供交割国债报价及其转换因子

国 债	报价/元	转 换 因 子
1	144. 50	1. 518 6
2	120. 00	1. 261 4
3	99. 80	1. 038 0

根据以上数据,可以求出各种国债的交割差距。

国债 1:[144. 50 - (93. 50 × 1. 518 6)]元 = 2. 510 9 元;国债 2:[120. 00 - (93. 50 × 1. 261 4)]元 = 2. 059 1 元;国债 3:[99. 80 - (93. 50 × 1. 038 0)]元 = 2. 747 0 元。由此可见,交割最合算的国债是国债 2。

4. 国债期货价格的确定

国债期货价格可以通过以下几步进行计算:

步骤一:根据交割最合算的国债现货的报价,算出该交割券的现金价格。

步骤二:运用支付已知现金收益的远期定价公式,根据交割券的现金价格算出交割券期货理论上的现金价格 $F(t)=[S(t)-I(t)]e^{-r(T-t)}$。

步骤三:根据交割券期货的现金价格算出交割券期货的理论报价。

步骤四:将交割券期货的理论报价除以转换因子,即为标准券期货理论报价,也是标准券期货理论的现金价格。

【例题 5.6】 国债期货的价格确定

2015 年 9 月 28 日,我国 5 年期国债期货 TF1512,息票率为 2.9%、一年支付一次利息,将于 2020 年 5 月 28 日到期。其转换因子为 1.004 0,现货报价为 98.920 6 元。假设已知空方将在 2015 年 12 月 11 日交割,该合约剩余期限为 74 天,74 天期无风险连续复利年利率为 3.2%。试求 TF1512 期货的理论报价。

解:先计算该交割券的现金价格。根据到期日推算,该交割券的上一次付息日应为 2015 年 5 月 28 日,下一次付息日为 2016 年 5 月 28 日,则该交割券每 100 元面值的应计利息为 $2.9\times123/366$ 元 $=0.974\ 6$ 元,则该国债的现金价格为 $(98.920\ 6+0.974\ 6)$ 元 $=99.895\ 2$ 元。

再计算交割券期货理论上的现金价格。由于 2015 年 9 月 28 日到 2015 年 12 月 11 日期间该交割券不会支付利息,因此 $I=0$。在 12 月 11 日交割之前,TF1512 期货有效期还有 74 天($74/365\approx0.2$ 年),可以计算出交割券期货理论上的现金价格为

$$F=(S-I)e^{r(T-t)}=Se^{r(T-t)}=99.895\ 2e^{2.9\%\times0.2}\text{元}=100.476\ 3\text{ 元}$$

计算该交割券期货的理论报价。2015 年 12 月 11 日交割时,该交割券应计利息为 $2.9\times201/366$ 元 $=1.592\ 623$ 元,则该交割券期货的理论报价为 $(100.476\ 3-1.592\ 623)$ 元 $=98.883\ 65$ 元。

最后,确定标准券的理论期货报价,即 $98.883\ 65/1.004\ 0$ 元 $\approx98.489\ 7$ 元。

练一练 2018 年 10 月 3 日,假设某期货交割最合算的债券是息票率为 7.125%、一年支付 2 次利息,将于 2023 年 2 月 15 日到期的国债。其转换因子为 1.110 3,现货报价为 126.40 元。假设已知空方将在 2018 年 12 月 3 日交割,市场上 2 个月期的无风险连续复利年利率为 3.8%。试求此期货的理论报价。

5. 利率远期和利率期货的久期

久期表示资产价值变动的百分比对到期收益率变动的一阶敏感性,用 $D=-\dfrac{\mathrm{d}P/P}{\mathrm{d}r}$ 表示,其中 P 为资产价值,r 为到期收益率。

衍生产品中货币久期比久期应用更广泛。货币久期指到期收益率变动引起的价值变动金额,即 $D\times P=-\mathrm{d}P/\mathrm{d}r$。应注意,货币久期是一个整体,1 个基点的货币久期常被称为基点价格值(DV01 或 BPV)。

基于交割券期货现金价格的久期为 $D_F\approx D_s-(T-t)$。即若期货标的与现货交割券一样,则期货久期 = 现货久期 − 期货剩余期限。

$D_G\approx D_F$,即基于标准券期货的久期与交割券期货的久期非常接近,仅略大一点。

除了久期、货币久期之外,还有修正久期、麦考利久期、离散化久期等。利率衍生产品都可用久期、凸性(二阶敏感性)等指标进行套期保值,做利率风险管理。其中,利率互换尤其适于长期利率风险管理。

5.5　期货市场的监管

由于市场机制尚未十分健全,违规交易时有发生,故需要监管。常见的违规交易体现在收取客户过高费用、客户受益支付不完全、交易员利用对客户交易订单的了解先为自己交易以及操纵市场等几个方面,下面通过常见的违法、违规行为以及国内外两个典型违规案例说明对期货市场监管的重要性。

1. 常见的违法和违规行为

常见的违法、违规行为主要包括:

(1) 内幕交易。内幕交易行为指证券交易内幕信息的知情人和非法获取内幕信息的人在内幕信息公开前买卖该证券,或者泄露该信息,或者建议他人买卖证券的违法行为。内幕信息指可能对期货交易价格产生重大影响的尚未公开的信息,包括国务院期货监督管理机构以及其他相关部门制定的对期货交易价格可能发生重大影响的政策,期货交易所作出的可能对期货交易价格发生重大影响的决定,期货交易所会员、客户的资金和交易动向以及国务院期货监督管理机构认定的对期货交易价格有显著影响的其他重要信息。

(2) 操纵市场。操纵市场行为指在证券市场中,制造虚假繁荣、虚假价格,诱导或者迫使其他投资者在不了解真相的情况下作出错误投资决定,使操纵者获利或减少损失的行为。以下影响或者试图影响期货交易价格或者期货交易量的操作均属于操纵期货市场行为:单独或者合谋,集中资金优势、持仓优势,或者利用信息优势联合,或者连续买卖合约;与他人串通,以事先约定的时间、价格和方式相互进行期货交易;在自己实际控制的账户之间进行期货交易;利用虚假或者不确定的重大信息,诱导交易者进行期货交易;不以成交为目的,频繁或者大量申报并撤销申报;对相关期货交易或者合约标的物的交易作出公开评价、预测或者投资建议,并进行反向操作或者相关操作;为影响期货市场行情囤积现货;在交割月或者临近交割月,利用不正当手段规避持仓限额,形成持仓优势;利用在相关市场的活动操纵期货市场。

(3) 欺诈客户。欺诈客户行为指衍生产品等证券公司及其从业人员在衍生产品交易及相关活动中,为了谋取不法利益而违背客户的真实意思进行代理的行为,以及诱导客户进行不必要的交易的行为。如违背客户的委托为其买卖金融产品;不在规定时间内向客户提供交易的确认文件;未经客户的委托,擅自为客户买卖金融衍生产品,或者假借客户的名义进行买卖;挪用客户所委托买卖的金融产品或者客户账户上的资金;为牟取佣金收入,诱使客户进行不必要的衍生产品买卖;利用传播媒介或者通过其他方式提供、传播虚假信息或者误导投资者的信息等违背客户真实意愿、损害客户利益的行为。

(4) 虚假陈述。虚假陈述行为指行为人对证券发行、交易及其相关活动的事实、性质、前景、法律等事项作出不实、严重误导或者有重大遗漏的陈述,致使投资者在不了解事实真相的情况下作出证券投资决定的欺诈行为。包括在招募说明书、上市公告书、公司报告、法律意见书、审计报告、资产评估报告以及向证券监管部门提交的各种文件、报告和说明中作出虚假陈述等行为。

2. 国内外典型案例

【案例 5.2】 光大证券股份有限公司“乌龙指”事件

2013 年 8 月 16 日 11 时 5 分,光大证券股份有限公司(以下简称光大证券)在进行开放式指数基金(ETF)赎回套利交易时,交易员评估分析上证 180 ETF 存在套利机会,并使用交易软件下单。由于交易软件的设计缺陷,以及交易软件没有经过充分测试就投入使用,导致光大证券自动购买了大量 180ETF 成分股,实际交易额为 72.7 亿元,投入证券市场的巨额投资导致上证指数整体暴涨。在事故发生后,光大证券交易员根据公司《策略交易部管理制度》中关于系统故障导致交易异常时应当进行对冲交易的规则,开始对冲交易。11 时 30 分股市收盘后,公司管理层紧急协商如何处理过度购买股票事件。11 时 59 分,光大证券董事会秘书在对事件不太了解的情况下,向记者否认了市场上有关光大证券 70 亿元“乌龙指”的传言。12 时 47 分,其他主要互联网门户网站发布并转载了此信息。

由于该交易的“T+1”规则禁止在股票购买当天出售以对冲之前错误的操作,因此光大证券用股指期货合约空头,转换并出售 ETF 的方式对冲风险。当天下午 14 时 22 分,光大证券发布公告,确认系统出现了问题。14 时 22 分以后,光大证券继续做空股指期货合约。

8 月 30 日上午,中国证券监督管理委员会(证监会)发布了《光大证券异常交易事件的调查处理情况》,称光大证券“采取了错误的处理方案,构成内幕交易、信息误导、违反证券公司内控管理规定等多项违法违规行为”,决定没收其违法所得 8 721 万元,并处以 5 倍罚款,罚款金额总计 5.2 亿元。对从事对冲交易的 4 名高管分别给予警告,罚款 60 万元,同时 4 人被宣布终身禁入证券和期货市场;对董事会秘书责令改正并处以罚款 20 万元。暂停审批光大证券新业务,责令光大证券整改。

整个事件为我国金融期货市场的监管和市场参与者提供了经验和教训。对于个别异常情况,监管机构或交易所可制定规则,明确相应的义务。例如,可以规定禁止投资者利用信息优势进行对冲交易、需要承担信息披露和报告的义务等。

【案例5.3】　亨特兄弟操纵白银市场案例

亨特兄弟公司操纵白银市场案例是20世纪期货市场的重要事件。20世纪70年代末和80年代初，美国亨特兄弟对白银进行了疯狂投机，控制了美国期货市场一半以上的期货合约并持有1.2亿盎司白银库存，将白银等大宗商品从每盎司2美元推高至50.35美元，创造了金融投机史上前所未有的传奇。他们试图操纵白银市场，但是最终失败了，其戏剧性的变化值得深思。

(1) 亨特兄弟疯狂购买白银

由于白银是电子和光学行业的重要原材料，纳尔逊·亨特和威廉·亨特兄弟决定通过操纵白银期货价格获利。

1973年，纳尔逊·亨特开始在中东购买白银现货，在纽约和芝加哥的期货市场购买白银期货。到12月，亨特兄弟以每盎司2.9美元的价格累计购买了价值2 000万美元的现货银和3 500万盎司的期货银。他们成为世界上最大的白银现货持有者之一。在不到两个月的时间里，白银价格涨到了6.70美元。当时墨西哥政府囤积了购买成本不到每盎司2美元的5 000万盎司白银，墨西哥政府以每盎司6.70美元的价格将白银现货抛售市场并获利，白银价格回落至4美元左右。

在接下来的4年里，亨特兄弟非常积极地购买白银。1979年夏天，纳尔逊·亨特想对缓慢上涨的白银价格给予最后的推动，通过其控制的国际金属投资公司向纽约和芝加哥的期货交易所发出了累计4 000万盎司的采购订单。国际金属投资公司实际上只有亨特兄弟和沙特阿拉伯王子富人两组股东。亨特兄弟通过希尔森和贝奇等大型投资银行以及许多华尔街经纪商完成采购订单。白银的价格很快从6美元涨到了11美元。人们发现市场上出现了大量的买盘，商品期货交易委员会对交易记录进行了调查，发现是亨特兄弟在操纵白银。亨特兄弟正在为白银“做庄”，许多小投机者选择“跟庄”。随着投机者不断涌入市场，白银的价格到1979年底已经超过了40美元！黄金和白银的价格比降到12左右，创历史新低。期货市场完全失去了对白银的控制。

芝加哥和纽约的大型期货交易商非常担心亨特兄弟的垄断行为。1979年底，亨特兄弟操纵了纽约商品交易所53%的白银期货合约和芝加哥交易委员会69%的白银期货合约。与此同时，全世界的白银生产商开始寻找新银矿，普通居民翻箱倒柜找出银制品。所有以白银为原料的器皿都被制成标准银块在市场上出售。市场上的白银供应量增加，亨特兄弟对白银价格的垄断受到挑战。

此时，美国政府尚未采取行动。美国政府和世界各地的央行都持有大量的白银储备。到1980年，白银的价格涨至50美元。大多数空头交易者都认赔出场。亨特兄弟也感受到了压力，为了保持对白银市场的垄断，纳尔逊·亨特被迫从美国几家主要银行和华尔街的几家投资银行以高利率借款。根据美国商品交易委员会的调查，在1979年冬天，亨特兄弟持有的白银期货合约总值已达30亿美元！亨特兄弟已经成为全世界最大的借款人。1980年1月21日，白银价格升至历史最高点每盎司50.35美元，亨特兄弟及沙特投资者现在是市场上唯一的大买家。尽管他们花费了数亿美元的自有资金，并借入了2亿多美元，但仍然无法完全控制白银。此外，亨特兄弟的投机周期太长，花了10年时间囤积白银。

(2) 纽约商品交易所出手阻止操作

纽约商品交易所采取了以下几个措施阻止操作：

措施1：限制期货合约持有头寸。纽约商品交易所规定任何客户持有的白银期货合约的净头寸不得超过500（一份合约代表5 000盎司）。但纳尔逊·亨特可以用亨特兄弟成员和沙特王子的账户购买。1980年，美国商品期货交易委员会估计，亨特兄弟直接或间接持有超过2亿盎司的白银。

措施2：提高保证金水平。第一个采取此行动是芝加哥交易委员会，该委员会重新审查了白银期货合约的条款，认为造成当前投机形势的主要原因是保证金较低，并决定将白银合约保证金从1 000美元提高到6 000美元，这意味着亨特兄弟必须补充大量保证金资本。虽然亨特兄弟在白银市场上获得了巨额利润，但只是账面利润，而不是现金，因此他们不得不继续通过借贷来补充保证金。

亨特兄弟长期背负着数亿美元的债务。华尔街的经纪人感到恐慌，因为如果白银价格暴跌，亨特兄弟肯定会破产。仅贝奇（被保德信金融集团收购）就以保证金和贷款的形式向亨特兄弟提供了2亿多美元。如果超过2亿美元无法收回，贝奇公司将立即破产。另一家大型经纪公司希尔森也无法承担如此巨大的风险，要求亨特兄弟将白银期货账户转移给其他公司。亨特兄弟的沙特阿拉伯背景也成为美国政府调查的焦点，美国商品期货交易委员会怀疑沙特政府通过亨特兄弟控制白银，因此决定加强对外国投资者的管理。

措施3：只允许合约平仓。纽约商品交易所看到亨特兄弟仍然坚持做庄，终于失去了耐心。白银价格达到50美元后不久，纽约商品交易所发布了一项临时规定：禁止建立新的白银期货合约，只允许平仓旧合约。这意味着亨特兄弟不能再从期货市场购买任何白银，白银期货合约的总数只会继续减少。

(3) 亨特兄弟破产

1980年1月25日，白银价格急剧下跌。根据规定，亨特兄弟应支付大量保证金。贝奇公司要求纳尔逊·亨特立即支付保证金并偿还1.35亿美元的贷款，否则他将强行出售亨特兄弟的白银期货。纳尔逊·亨特只能卖掉他的家族企业（特别是利润丰厚的油田）来筹集资金和偿还债务。银行不再为亨特兄弟企业担保抵押贷款。1980年3月27日在期货业被称为“白银星期四”。贝奇开始在市场上强制出售亨特兄弟的白银期货，其他华尔街经纪商也纷纷效仿。白银价格暴跌，亨特兄弟被迫出售白银，但这远远不足以弥补亏空。因为亨特兄弟白银现货抛售越多，白银价格越低，导致债务加重，形成恶性循环。仍在高价的银期货在3月27日跌至10美元的低位，并在交易结束前反弹至15美元，贝奇公司、华尔街经纪商等利用反弹抛出了大量白银合约，从而有效地控制了损失。然而，除了欠经纪人的保证金外，亨特兄弟还从银行和金属交易商那里借入了数十亿美元。亨特兄弟出售了原油和汽油等库存，加上市场上出售的白银期货，仍无法偿还贷款。

(4) 美国政府拯救亨特兄弟

亨特兄弟出售了整个家族的财产，仍无法偿还债务，这将导致一系列银行破产，并对美国经济造成严重打击。而且，亨特兄弟仍有6 300万盎司的白银，如果他们一下子全部卖掉，市场将彻底崩溃。美联储和美国政府不得不紧急干预，联邦政府首次拨付了11亿美元的长期贷款，以拯救亨特兄弟和整个市场。

亨特兄弟操纵白银市场的案例说明监管机构的有效管理是市场平稳运行的重要基石。如果交易所发现试图操纵市场的行为，监管部门采取有效措施可以防止操纵危机的大规模爆发。监管机构作为市场规则的制定者和监管者，其在市场风险控制方面的作用是不可替代的。在此事件中，市场机制因操纵而失效，但监管机构实施的有效解决方案起到了决定性的作用，维护了整个金融市场乃至社会的安全和稳定。作为期货等衍生产品市场的参与者，要自觉遵守交易规则，以维护整个国家的金融安全为己任，理性交易，要明白任何通过垄断市场、违规交易获取利润的行为，必将受到市场监管和法律法规的惩罚。任何有实力的企业在整个市场下都是弱小的，任何强大的企业或个人的反对市场规律和无视市场规则的行为都无法逃脱失败。

3. 市场监管的重要性以及常用监管措施

衍生产品市场是一个风险极高的市场，容易受到内幕交易、操纵市场、欺诈客户和虚假陈述等违法违规行为的影响。从事期货交易活动，应当遵循公开、公平、公正和诚实信用的原则。非法违规行为严重扰乱了证券市场，在所有市场参与者中，投资者最容易受到影响。加强市场监管的目标是确保投资者得到公平和公正的对待，保护投资者的利益，维持衍生产品公平合理的交易。

要充分认识监管的重要性，按照刑法、证券法等法律法规的规定，按照防控结合的原则，采取有针对性的行动。监管部门的基本管理内容包括：完善监管制度，保障投资者合法权益；鼓励期货公司创新，以满足多样化需求；加强期货公司信息披露的义务；强化期货公司的监管要求和法律责任，加大对违法行为的处罚力度；等等。

监管部门应当建立健全风险管理与内部控制制度，防范和控制风险。当期货市场发生操纵期货交易价格的行为或者发生不可抗拒的突发事件时，期货交易所可以按照其章程规定的权限和程序，采取下列紧急措施：增加保证金要求，调整涨跌停板幅度，强加严格的头寸控制(如限制会员或客户的最大持仓量),禁止可增加投机者未平仓头寸的交易,强迫市场参与者平仓,暂时停止交易,等等。期货交易内幕信息知情人或者非法接收期货交易内幕消息的人,利用该内幕信息进行期货交易或者与他人分享内幕信息进行期货交易的,没收违法所得并给予相应处罚,对情节严重的,将立案追诉。

■ 本章小结

1. 远期合约解决了价格风险问题,却派生出信用风险问题,期货合约主要是为了解决远期合约信用风险问题而产生的。

2. 金融期货合约指协议双方同意在约定的将来某个日期按约定的条件买入或卖出一定标准数量的某种金融产品的标准化协议。合约双方都交纳保证金,并每天结算盈亏。合约双方均可单方通过平仓结束合约。

3. 金融期货主要分为利率期货、货币期货和股价指数期货三种,其主要功能是转移价格风险和价格发现。

4. 除期货的保证金要求和每日结算制度之外,期货合约和远期合约是相似的。

5. 当无风险利率恒定,且对所有到期日都不变时,具有相同交割日的远期价格和期货价格应相等。当标的资产价格与利率呈正相关时,期货价格应高于远期价格;当标的资产价格与利率呈负相关时,期货价格应低于远期价格。在大多数情况下,均假定远期价格与期货价格相等。

6. 随着交割月份的逼近,期货价格收敛于标的资产的现货价格。

7. 对于系统性风险大于零的资产而言,期货价格应小于预期未来的现货价格。

8. 如果用 c 表示持有成本,那么 $F = S\mathrm{e}^{cT}$,$f = F - S\mathrm{e}^{cT}$。

9. 国债期货是以国债作为标的资产的期货合约。这种合约的复杂性在于有一个范围的可交割债券,并且存在一种最合算的交割债券。

■ 关键术语

金融期货合约,利率期货,股价指数期货,外汇期货,保证金,结算准备金,交易保证金,初始保证金,维持保证金,盯市,期货价格,完美市场,持有成本,标准券,转换因子,现金价格,交割最合算债券,久期。

■ 本章习题

1. 美国前商务部长威廉·戴利曾说:“天气不仅是一个环境问题,也是一个重要的经济因素。大约40%的美国经济直接受到天气的影响”。解释为什么以下公司会对天气期货感兴趣:

(1) 饮料制造商;(2) 滑雪场经营者;(3) 电力公司;(4) 游乐园经营者。

2. 2023 年 3 月 2 日,假设某投资者在 CME 以 3 959. 750 点(每点 250 美元)的价格买入一手 2023 年 6 月到期的 S&P500 指数期货。如果 S&P500 指数期货的初始保证金为 49 497 美元,维持保证金为 37 122. 75 美元。当天收盘时, S&P500 指数期货结算价为 3 933. 550点,该投资者的盈亏是多少?保证金账户余额为多少?在什么情况下该投资者将收到追缴保证金通知?

3. 有时,期货的空方会拥有一些权利,可以决定交割的地点、交割的时间以及用何种资产进行交割等。这些权利会增加还是减少期货的价格呢?请解释原因。

4. 简述期货交易的哪些制度可以规避信用风险。

5. 在交割期间,期货价格高于现货价格,将存在套利空间。如果交割时期货价格低于现货价格呢?

6. 简述股指期货交易与股票交易的区别。

7. 2022 年 7 月 30 日,2022 年 9 月到期的国债期货合约的交割最合算的债券是息票率为 13%、付息时间分别为每年的 2 月 4 日和 8 月 4 日、将于 2023 年 2 月 15 日到期的国债。假设利率期限结构是平的,半年复利的年利率为 12%,该债券的转换因子为 1. 45,现货报价为 108。已知空方将在 2022 年 9 月 30 日交割,试求出期货的理论报价。

8. 亨特兄弟操纵白银市场案例中使用了哪些金融产品?亨特兄弟投机操作中面临哪些风险?交易所制止亨特兄弟投机采取了哪些措施?你受到何种启发?

9. 远期或期货合约的标的资产必须是可交易的资产吗?如果可以是不可交易的资产,请举例并简述其与可交易标的资产的远期或期货合约定价的差异。

10. 天然气公司提供了一份允许居民每月支付固定费用的合约,合约中的固定费用是在供暖季节之前事先商定的。如果天然气公司准备使用天然气期货来进行套期保值,那么它所存在的风险是什么?天然气公司如何利用日暖度期货来进行套期保值?

第6章　互　换

金融互换市场是增长最快的金融产品市场。它的定价相对简单,只要把互换分解成债券、一组远期利率协议或一组远期外汇协议,就可以利用前面的定价方法为互换定价。

6.1　互换市场的起源及发展

1. 互换市场的起源

互换市场的起源可以追溯到20世纪70年代末,当时的货币交易商为了逃避英国的外汇管制而开发了货币互换。互换交易是在当时平行贷款和背对背贷款的基础上发展起来的。

(1) 平行贷款

20世纪70年代末,英国有严格的外汇管制制度,规定本币不能随便出境,外币不能随便入境,且本币、外币的汇率受到国家严格控制。现在有一家英国母公司A,它有一家子公司开在美国,子公司要想融资则必须由母公司处理,不能由子公司随意融资,而此时母公司A在英国,不能为在美国的子公司融资美元,即使融资了英镑也无法出境。同时,在美国也有一家母公司B,面临着与A几乎一样的问题。于是A和B两家公司商量一个对策,即在英国由A母公司给B子公司融资英镑;在美国由B母公司给A子公司融资美元。这样既不用受外汇管制,又解决了问题,这就是平行贷款。

(2) 背对背贷款

平行贷款很快出现了新问题,即B子公司从A母公司借了款,但到期不还。为解决这个问题,出现了背对背贷款。解决问题的关键在于把2份合同变成1份合同,形成了背对背贷款。背对背贷款是互换的雏形。受到背对背贷款的启发,出现了双方交换现金流的互换合约。

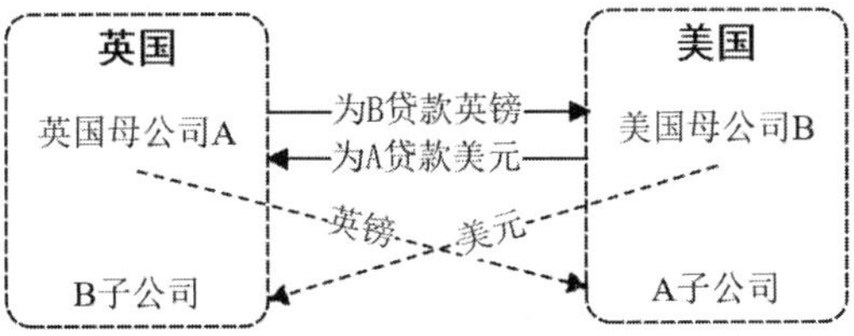

图6.1 背对背贷款示意图

2. 互换市场的发展

1981年,IBM与世界银行在伦敦签署了世界上第一份场外利率互换协议,并于1982年被引入美国。从那以后,互换市场迅速发展。根据国际清算银行的统计,2003年12月,全球未了结的单一币种利率衍生合约的名义总额为141.99万亿美元,其中78.32%是利率互换,而期权占14.09%,远期只有7.58%。可以说,互换是增长速度最快的金融产品市场。2005年11月,中国人民银行在银行间外汇市场与包括4家国有银行在内的10家商业银行首次进行了美元与人民币1年期货币掉期(中国人民银行一般称货币互换为货币掉期)业务操作,宣告中国人民银行与商业银行之间的货币互换业务正式展开。2006年2月,我国正式开启了利率互换,第一笔交易是在国家开发银行和光大银行之间完成的。2008年,人民币利率互换交易全面推进。2012年4月,中国外汇交易中心在银行间市场正式推出利率互换电子化交易确认和冲销业务。

国际互换市场发展迅速,互换交易在风险管理、降低交易成本、规避管制和创造新产品等方面都有着重要的运用。例如,由于利率互换的同质性很强,因此容易对利率风险套期保值。在其发展过程中,互换市场形成的一些运作机制也在很大程度上促进了该市场的发展。当局的监管态度为互换交易提供了合法发展的空间。

虽然互换市场发展迅速,但互换并不在交易所交易,而是通过主要银行进行场外交易。此外,互换市场几乎不受政府监管。

3. 互换的理论基础

(1) 比较优势理论

比较优势理论由英国著名经济学家大卫·李嘉图提出。他认为,在两国都能生产两种产品,且一国在这两种产品的生产上均处于有利地位而另一国均处于不利地位的条件下,如果前者专门生产优势较大的产品,后者专门生产劣势较小(即具有比较优势)的产品,那么通过专业化分工和国际贸易,双方仍能从中获益。李嘉图的比较优势理论不仅适用于国际贸易,而且适用于所有的经济活动。只要存在比较优势,就可以通过适当的分工和交换使双方共同获利。

(2) 互换的条件

互换是比较优势理论在金融领域最生动的运用。根据比较优势理论,只要满足以下两个条件,就可进行互换。条件一,双方对对方的资产或负债均有需求;条件二,双方在两种资产或负债上存在比较优势。

(3) 互换市场的内在局限性

首先,为了达成交易,互换合约的一方必须找到愿意与之交易的另一方。如果一方对期限或现金流等有特殊要求,则常常难以找到交易对手。在互换市场发展初期,互换市场的最终用户通常是直接进行交易,这个问题就特别突出。为了解决这个问题,近年来,互换市场出现了专门进行做市的互换交易商。其次,由于互换是两个对手之间的合约,因此,如果没有双方的同意,互换合约是不能更改或终止的。最后,对于期货和在场内交易的期权而言,交易所对交易双方都提供了履约保证,而互换市场则没有人提供这种保证。因此,互换双方都必须关心对方的信用。

6.2 互换市场的基本运作机制

1. 互换市场的做市商制度

由于早期的互换是场外交易,金融机构在互换交易中通常充当经纪人,帮助客户找到互换交易对手,并帮助谈判互换协议以赚取佣金。由于信息不对称,通常很难在短时间内找到完美匹配的交易对手,因此许多金融机构(主要是银行)开始作为做市商进行交易,做市商同时报出他们作为多头或空头而愿意支付或接受的价格,被称为互换银行。做市商的出现提高了互换市场的流动性,成为其发展的重要驱动力。

2. 互换市场的标准化

互换是一种场外交易产品,产品是非标准化的,互换中包含的多个现金流交换使得非标准化协议的协商和制订相当复杂,促使互换市场寻求标准化。1984 年,一些主要的互换银行开始推动互换协议标准化的工作。1985 年,这些银行成立了国际互换商协会(ISDA)并制订了互换交易的行业标准、协议范本和定义文件等。ISDA 于 1993 年更名为国际互换与衍生产品协会,是目前全球规模最大、影响力最大、最具权威性的场外衍生产品的行业组织。ISDA 主协议主要包括协议主文、附件和交易确认书三部分。

经中国人民银行批准,银行间市场清算所股份有限公司自 2014 年 1 月 2 日起,试行开展人民币利率互换集中清算业务。当日第一笔集中清算的人民币利率互换交易,为中国工商银行和上海浦东发展银行提交的以 FR007 为参考利率、名义本金 5 000 万元的利率互换交易。这也是我国第一笔纳入集中清算的场外金融衍生产品交易,标志着我国场外金融衍生产品集中清算机制开始运行。

3. 利率互换的其他市场惯例

（1）浮动利率的选择。国际利率互换交易中，最常用的浮动利率是 LIBOR。大部分利率互换协议中的浮动利率为 3 个月和 6 个月期的 LIBOR。国内常用的是 7 天回购利率、Shibor 和一年期存款利率。一般来说，浮动利率的确定日为每次支付日的前两个营业日或另行约定。

（2）天数计算惯例。不同利率的天数计算是不同的。Shibor 和 1 年期定期存贷款利率、LIBOR 通常以 Act/360 报出，其中 Act 表示计息期按实际天数计，一年按 360 天计。固定利率通常以 Act/Act 或 Act/365 报出，表示计息期与年均按实际天数计，有时一年固定以 365 天计。公司债券和市政债券通常以 30/360 报出，表示一个月按 30 天计，一年按 360 天计。应注意的是，当浮动利率与固定利率的天数计算惯例不同时，意味着两种利率无法直接比较，必须对两种利率报价的不同天数进行调整。

（3）支付频率。利率互换中最常见的是每半年支付一次或是每 3 个月支付一次。货币互换则通常为每年支付一次。

（4）净额结算。利率互换在结算时通常使用利息净额交割，即每次结算都只交换利息净额，不交换本金，因此，利率互换中的本金通常被称为名义本金。

上海清算所对各清算会员持有的利率互换合约，逐笔计算每个合约在整个存续期内每个结算日的固息端利息金额、浮息端利息金额，再汇总轧差得到各结算日的利息净额。

（5）营业日准则。互换交易在结算时遵循遇节假日规避规则，并采用节假日日历。常用节假日营业准则有：下一营业日准则，即若遇到节假日，则顺延至下一个营业日；经修正的下一个营业日准则，即若遇到节假日顺延至下一营业日，却是另一个日历月，则修正为前推至节假日上一营业日。前一营业日准则，即若遇到节假日，则倒推至上一营业日；经修正的前一个营业日准则，即若遇到节假日顺延至上一营业日，却是另一个日历月，则修正为向后推至节假日下一营业日。

表 6.1 显示了一份关于金融互换合约确认书的若干条款。其中，计算金额指名义本金金额，交易日指交易产生的日期，生效日指合约生效的第一天，终止日是合约的最后一天。

表 6.1　某场外利率互换确认书相关的特定交易项目

确认书项目	项目明细
计算金额	10 亿元
交易日	2010 年 11 月 28 日
有效日	2011 年 1 月 1 日
终止日	2021 年 1 月 1 日

续表

确认书项目	项目明细
浮动利息支付者在每个付款日按照下面约定的条件进行支付：	
浮动利率支付者	银行 A
付款日	2012 年 1 月 1 日起，每年一次，在 1 月第一个日历日，直到最后到期日
浮动利率	2012 年 - 2013 年，按 10% 计算 2014 年 - 2021 年，按 $10\% N_1/N_2$ 计算，N_1 为 $0\leq$LIBOR≤7 且 CMS$\geq4\%$ 的交易日数，N_2 是当年总交易日数
重置日	相关计算期的第一天
浮动利息计息天数法则	实际天数/365
固定利息支付者在每个付款日按照事先约定的金额进行付款，如下所示：	
固定利息支付者	公司 B
支付日	2012 年 1 月 1 日起，每年 1 次，在 1 月第一个日历日，直到最后到期日
固定利率	8%
固定利息计息天数法则	30/360

（6）互换报价。先对浮动利率确定标准，其后报价和交易就只需针对特定期限与特定支付频率的固定利率一方进行。

① 互换多方/互换空方。通常将利率互换交易中固定利率的支付者称为互换买方，或互换多方；而将固定利率的收取者称为互换卖方，或互换空方。

② 报出买价/卖价/中间价。做市商每天进行双边互换报价，同时对买/卖两个方向报价。买价是做市商在互换中收到浮动利率时愿意支付的固定利率，卖价是做市商在互换中支付浮动利率时要求收到的固定利率。买价与卖价的算术平均为中间价，就是通常所说的互换利率。

中国外汇交易中心于每个工作日 17:15 发布当日货币互换曲线。其中，买价曲线和卖价曲线的计算，是在当天计算时点 16:30 获取所有报价机构的最新有效报价。首先，剔除买价高于卖价的报价数据；其次，对于有效报价，如果报价数量大于等于 8 个，剔除最高和最低的 2 个报价，如果报价数量小于 8 个，不做剔除。对剩余的买（卖）报价做算术平均，得到报买（报卖）曲线。均值曲线为报买和报卖曲线的平均。表 6.2 为中国外汇交易中心 2023 年 3 月 3 日公布的人民币对美元的货币互换曲线和对应的报价。付息周期均为 3 个月。其中，人民币固定利率对美元 LIBOR 3M 的计息基准是人民币固定利率（Act/365）、美元 LIBOR（Act/360）；人民币 Shibor 3M 对美元 LIBOR 3M 的计息基准是人民币 Shibor（Act/360）、美元 LIBOR（Act/360）。

表6.2　人民币对美元的货币互换报价

	人民币固定利率对美元 LIBOR 3M 的货币互换报价/%			人民币浮动利率 Shibor 3M 对美元 LIBOR 3M 的货币互换报价/%		
标准期限	报买	均值	报卖	报买	均值	报卖
1 年	2.60	2.80	3.00	1.85	10.26	18.67
2 年	2.80	3.00	3.20	2.00	10.44	18.89
3 年	2.80	3.00	3.20	-4.67	2.17	9.00
4 年	2.90	3.10	3.30	-30.00	-5.00	20.00
5 年	2.90	3.10	3.30	-40.00	-20.00	0.00

以表6.2中的1年期人民币固定利率对美元 LIBOR 3M 的货币互换为例,买价、卖价与中间价分别为2.60%、3.00%与2.80%。这意味着,做市商愿意每3个月以2.60%的年利率支付固定利息,换取每季度收到3个月期的 LIBOR;或者每季度支付3个月期 LIBOR,换取每3个月收到年利率为3.00%的固定利息。2.80%就是支付频率为3个月的1年期互换利率。若报出的买卖价差非常小,表明市场具有高度的流动性和竞争性。

③ 报出互换利差。除上述直接报价之外,还可以报互换利差,互换利差报价指报出特定期限的互换买卖利率与具有相同期限、无违约风险的平价发行债券的收益率之间的差值。例如,报出的买入与卖出的互换利差分别为92.76与94.65,即做市商报出的互换买价比平价发行债券的收益率(如1年期国债收益率)高0.927 6%,这意味着做市商需要支付1年期国债收益率加92.76个基点所得到的利率水平。互换卖价高于平价发行债券的收益率0.946 5%。

④ 互换头寸的结清。利率互换的期限可能相当长,通常来说,结清互换头寸的方式主要包括:出售原互换协议(将互换转售给他人,前提是需征得原交易对手的同意)、对冲原互换协议(再持有一份与原互换条件一致但头寸相反的互换协议)、解除原互换协议(与原交易对手商议提前结算互换以终止协议)。

4.远期、期货、互换的联系

首先,利率互换可看成利率远期交易的投资组合。即每一到期日的现金流量构成一笔单独的远期利率协议。

其次,远期、期货、互换都无交易成本。

最后,远期、期货、互换在清算日和信用风险上有差别。因为期货实行盯市制度,逐日进行结算;互换以一定频率进行清算,如半年清算互换;远期是到期再进行结算。因此,以一年期为例,信用风险由小至大依次为期货、互换、远期。

6.3 互换的定义与种类

金融互换是约定两个或两个以上当事人按照商定条件,在约定的时间内交换一系列现金流的合约。

金融互换虽然历史较短,但创新品种层出不穷。除了传统货币互换和利率互换外,涌现出大量新的金融互换品种。

1. 利率互换

利率互换(IRS)是指双方同意在未来的一定期限内根据同种货币的同样的名义本金交换现金流,其中一方的现金流根据浮动利率计算,而另一方的现金流根据固定利率计算。

利率互换也是场外交易,具体条款由双方确定。互换的期限通常在 2 年以上,有时甚至在 15 年以上。利率互换相当于固定未来贷款利率;利率互换也可以转换利率属性,如将浮动利率变成固定利率,或者将固定利率变成浮动利率。

国际清算银行统计的 1986 年至 2022 年全球利率衍生产品市场成交量显示,利率互换的成交量超过利率衍生产品市场的 90%,利率互换也是全球所有 OTC 衍生产品中交易量最大的品种。

国内互换市场方面,2006 年 1 月在岸人民币利率互换市场启动试点,2008 年 1 月正式开展业务,成交额从 2006 年的 300 多亿元增长至 2015 年的 8 万亿元。据中国外汇交易中心统计,人民币外汇互换在 2023 年 2 月累计成交金额达 118 020.22 亿元。

【案例 6.1】 国内首笔基于 Shibor 的标准利率互换

2007 年 1 月 22 日,花旗银行宣布与兴业银行于 1 月 18 日完成了中国国内银行间第一笔基于 Shibor 的标准利率互换。公开披露的协议细节如表 6.3 所示。

表 6.3 国内首笔基于 Shibor 的标准利率互换

期限	名义本金	固定利率支付方	固定利率	浮动利率支付方	浮动利率
1 年	未透露	兴业银行	2.98%	花旗银行	3 个月期 Shibor

从 2007 年 1 月 18 日起,在 1 年的时间内,花旗银行与兴业银行每 3 个月根据名义本金交换利息净额,在计息期开始时就按照最新 3 个月期的 Shibor 确定当期的浮动利率。

利率互换协议中通常会事先确定浮动利率确定日和现金流交换日,且固定利率和浮动利率的天数计算惯例通常不同。假设该协议的 4 个浮动利率确定日分别为 2007 年 1 月 18 日、4 月 18 日、7 月 18 日和 10 月 18 日。为计算简便,设名义本金为 1 元。表 6.4 给出了 1 年内兴业银行在此互换中的现金流。

表6.4 兴业银行的现金流量表(本金1元)

时点	3个月期Shibor	收到的浮动利息	支付的固定利息	净现金流
2007-1-18	2.808 0%	-	-	-
2007-4-18	2.904 9%	0.007 02	0.007 45	-0.000 43
2007-7-18	3.142 1%	0.007 26	0.007 45	-0.000 19
2007-10-18	3.875 7%	0.007 86	0.007 45	0.000 41
2008-1-18	-	0.009 69	0.007 45	0.002 24

从表6.4中数据可知,利率互换中的浮动利率具有“观察在前、支付在后”的特点。“净现金流”一栏,每次交换的只是利差,不交换本金,这样不仅可以降低违约风险,还可以减少税收。利率互换可看成一系列的远期组合,这个特点在互换定价中起到重要作用。

2. 货币互换

货币互换是将一种货币的本金和固定利息与另一货币的等价本金和固定利息进行交换。

通过对比发现,货币互换和利率互换的不同体现在:利率互换无需交换本金,只需定期交换利息差额;而货币互换,期初和期末须按照约定的汇率交换不同货币的等价本金,其间还需定期交换不同货币的利息。

【案例6.2】 金融创新案例:首例互换

1981年8月,美国IBM公司资产以美元为主,当时它有未偿清的德国马克债务,IBM公司希望将其转换为美元债券,世界银行则希望用德国马克这类绝对利率最低的货币来进行负债管理。此时,索罗门兄弟公司设计了一款基于固定利率的货币互换解决方案,同时满足了IBM公司和世界银行的需要。该方案要求世界银行同意每年支付给IBM公司马克用以抵偿债务,而IBM公司为世界银行的某欧洲债券债务支付美元。

索罗门兄弟公司设计的货币互换使得IBM公司不再承担外汇风险,锁定汇率,收获资本利得,利用比较优势降低了筹资成本;而世界银行筹措到了它所需要的德国马克,获得了比直接从货币市场融资更低的成本;索罗门兄弟公司赚取了中介费,提升了业界知名度。因此,该解决方案是一个三赢计划。这一笔互换也被认为是互换市场发展的里程碑。

【案例6.3】 货币互换

雷斯顿科技公司是美国的一家互联网公司,为了拓展业务到欧洲,该公司需要借入2年期的1 000万欧元。雷斯顿公司与其开户行的一家分支机构全球互换公司进行货币互换交易以实现这一目标。假设当时汇率是0.980 4美元/欧元。雷斯顿公司在市场上能得到的2 年期美元借款利率为6.5% 。

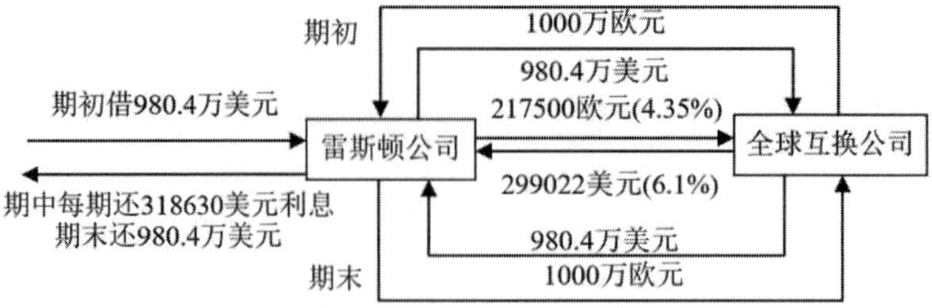

图6.2　货币互换流程图

雷斯顿公司通过货币互换将美元借款转换成欧元借款,而欧洲业务的收入可以用于支付大部分利息,支付6.5% 的美元借款利率利息;在货币互换中,收取6.1% 的美元利率利息,支付4.35% 的欧元利率利息。假设汇率不变,该公司每年的利息水平约为4.35% +(6.5% -6.1%) =4.75% 。

3. 总收益互换

总收益互换指一方支付标的资产已实现的总回报(如股息加资本收益),另一方支付诸如LIBOR 等浮动利率的回报的互换协议。双方交换的是这些收益之间的差额。支付标的资产回报的一方是全额收益支付者。

【案例6.4】　基于股票指数的总收益互换

表6.5 显示了一个假想的基于沪深300 股票指数的总收益互换条款。

表6.5　总收益互换条款清单

第一项		第二项	
支付方	经纪交易商	支付方	交易对手
证券	沪深300 指数收益	证券	沪深300 指数收益
名义本金	1 亿元	浮动利率	1 个月期的Shibor
数目			
指数单位	尚待决定	价差(基点)	+12 个基点
初始价格	尚待决定	初始价格	尚待决定
估值日	尚待决定	计日方法	实际天数/360
支付日	估值日后的3 个营业日	支付日	证券
支付频率	每月1 次	支付频率	每月1 次
回报	全回报		

尽管详细条款乍一看令人困惑,但基本思想是非常简单的。经纪人每个月向交易对

手支付1亿元的股票总回报(资本收益加股息),假设这1亿元投资于沪深300指数。作为回报,交易对手向经纪人支付1亿元人民币的利息(1个月期Shibor利率加12个基点)。图6.3说明了总收益互换的现金流。

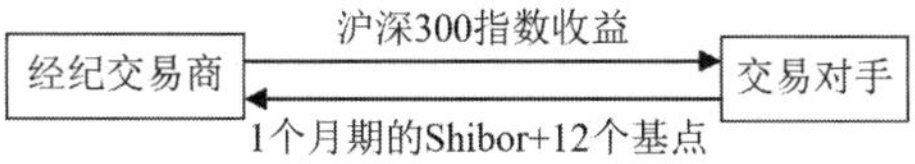

图6.3 基于股票指数的总收益互换示意图

【例题6.1】 互换的净额结算

假设甲与乙两家公司于2022年1月签订了1年期股票指数互换协议,甲公司支付3个月期Shibor,收入沪深300指数收益率再加0.15%。所有的互换现金流均以人民币支付,每3个月交换一次(忽略天数计算,时间年化计算)。名义本金为1亿元。试完成表6.6乙公司的各期现金流。

解:已公司的各期现金如下:

表6.6 乙公司的各期现金流

时间	沪深300指数	3个月Shibor	利差	现金流/万元
1月	3 960.60	2.5%	—	—
3月	4 000.20	2.4%	-0.524 9%	-52.49
6月	4 300.80	2.5%	-7.064 6%	-706.46
9月	4 100.00	2.7%	5.143 9%	514.39
12月	3 900.00	2.8%	5.403 5%	540.35

总收益互换的优点在于节约交易成本、等价于买空卖空以及可以规避管制。还可以在股票、石油、外汇、黄金等领域设计总收益互换,只是注意要用保证金控制风险。

4. 金融互换的其他种类

从最普遍的意义来说,互换实际上是现金流的交换。由于计算或确定现金流的方法有很多,除最常见的利率互换和货币互换以外,互换还有很多种类,其他主要的互换品种有:

(1) 交叉货币利率互换。交叉货币利率互换是利率互换和货币互换的结合体,以一种货币的固定利率交换另一种货币的浮动汇率。

(2) 增长型互换、减少型互换和滑道型互换。标准互换中的名义本金是不变的,但在这三种互换中,名义本金是可变的。增长型互换的名义本金在开始时较小,随着时间的推移逐渐增大。减少型互换则正好相反,名义本金随时间的推移逐渐变小。互换市场还出现了一种特殊的减少型互换,即指数化本金互换,其名义本金的减少幅度取决于利率水平,利率越低,名义本金减少幅度越大。滑道型互换的名义本金则在互换期内时而增大,时而变小。

(3)基点互换。标准利率互换中,互换的一方是固定利率,另一方是浮动利率。而在基点互换中,双方都是浮动利率,只是两种浮动利率的参照利率不同,如 LIBOR 与基准利率的互换、LIBOR 与特定期限的互换利率(如固定期限掉期协议 CMS)互换、LIBOR 与特定期限的国债利率(如固定期限互换 CMT)互换,以及我国 7 天回购利率(FR007)与 3 个月 Shibor 之间的互换(成交量较少)。

(4)可延长互换和可赎回互换。标准互换中期限是固定的,而可延长互换的一方有权在一定限度内延长互换期限。可赎回互换的一方则有权提前中止互换。

(5)零息互换。零息互换指固定利息的多次支付流量被一次性的支付所取代,该一次性支付可以在互换期初,也可在期末。

(6)后期确定互换。普通利率互换中的浮动利率是"观察在前,支付在后",后期确定互换的浮动利率则是在每次计息期结束之后确定的。

(7)差额互换。对两种货币的浮动利率的现金流量进行交换,只是两种利息现金流量均按同种货币的相同名义本金计算。如互换一方按 6 月期美元的 LIBOR 对 1 000 万美元的名义本金支付利息,另一方按 6 月期英镑的 LIBOR 减去 0.65% 的浮动利率对 1 000 万美元的名义本金支付以美元表示的利息。

(8)远期互换。生效日是在未来某一确定时间开始的互换。

(9)互换期权。本质上属于期权而不是互换,该期权的标的物为互换合约。例如,利率互换期权本质上是把固定利率交换为浮动利率,或把浮动利率交换为固定利率的权利。但许多机构在统计时都把互换期权列入互换范畴。

(10)股票互换。以股票指数产生的红利和资本利得与固定利率或浮动利率交换。投资组合管理者可以用股票互换把债券投资转换成股票投资,反之亦然。

(11)商品互换。约出现于 20 世纪 70 年代中期,是锁定要素投入和产出价格的有效方式。在典型的固定利率对浮动利率的商品互换中,一方承诺在协议有效期内的每期支付单位标的商品的固定价格。合同长度指合同有效期内的每个期限的长度(如一个月),它是可协商的。合同还可以规定每期交货的数量,但数量也可以随时间而变化。每期结算方式等也可以协商。例如,有些合同可能会指定一个具体的交货地点,有些合同可能按照结算日的现货价格与合同中约定的固定价格之间的差额乘以约定的交货数量来进行现金净额结算。

(12)信用违约互换(CDS)。本质是违约保险,CDS 的价格就是保费。保险卖方收到预付费或连续的保险费,并承诺在约定的信用事件发生时向保险买方进行赔偿。由于买方还是标的资产的所有者,信用违约互换就可将资产中固有的信用风险(如公司债券的违约风险)与市场风险(如公司债券的利率风险)分开。2008 年全球金融危机爆发,华尔街几位投资天才早在2007年美国信贷风暴前看穿美国泡沫假象，通过做空次贷、操纵CDS市场而大幅获益，成为少数在金融灾难中大量获利的投资者。

6.4 互换定价与风险分析

6.4.1 利率互换定价

尽管互换合约看上去不同于标准的远期或期货合约，但它本质上是远期与期货合约的组合。互换合约的吸引力，不仅在于互换双方的现金流可以是任何参考利率、资产价格或指数价格，而且它可以以一笔交易代替多笔交易。在本节中，通过将互换分解成一系列我们更加熟悉的金融产品，在此基础上讨论互换的定价。

假设没有违约风险，利率互换可以通过分解成一个债券的多头与另一个债券的空头来定价，也可以通过分解成一个远期利率协议的组合来定价。

1. 利率互换定价的基本原理

在给互换和其他柜台交易市场上的金融产品定价的时候，现金流通常用LIBOR零息票利率贴现。这是因为LIBOR反映了金融机构的资金成本。这样做的隐含假设是被定价的衍生产品现金流的风险和银行同业拆借市场的风险相同。为定价方便，定价时忽略天数计算，如3个月用1/4年计，在实际计算中可稍作调整。

【案例6.5】 利率互换现金流分析

考虑一个2021年9月1日生效的两年期利率互换，名义本金为100元。A银行同意支付给B公司年利率为2.4%固定利率的利息，同时B公司同意支付给A银行3个月期Shibor浮动利率的利息，利息每3个月交换一次。

2021年9月1日互换协议签订时，交易双方并不知道未来的一系列3个月期Shibor。假设事后得知两年中的3个月期Shibor如表6.7所示，从而得到A银行在此互换中每3个月收到的浮动利息、支付的固定利息与净现金流。

表6.7 利率互换中A银行考虑名义本金的现金流量表(元)

日期	Shibor/%	浮动利息和本金现金流	固定利息和本金现金流	净现金流
2021-9-1	2.12	-100	+100	0
2021-12-1	2.35	0.53	-0.6	-0.07
2022-3-1	2.68	0.587 5	-0.6	-0.012 5
2022-6-1	2.84	0.67	-0.6	0.07
2022-9-1	2.97	0.71	-0.6	0.11

续表

日期	Shibor/%	浮动利息和本金现金流	固定利息和本金现金流	净现金流
2022-12-1	3.34	0.742 5	-0.6	0.142 5
2023-3-1	3.56	0.835	-0.6	0.235
2023-6-1	3.62	0.89	-0.6	0.29
2023-9-1	3.75	0.905 + 100	-0.6 - 100	0.305

利率互换在期初和期末交换了名义本金。事实上,利率互换可分解为债券组合或分解为 FRA 的组合进行定价。

(1) 分解为债券组合。该利率互换由第 5 列的“净现金流”序列组成,这是互换的本质。对第 5 列按列进行拆分,该利率互换可由第 3 列和第 4 列的现金流序列组成。对 A 银行而言,该利率互换可看作一个浮动利率多头与固定利率空头头寸的组合,这个利率互换价值就是浮动利率债券与固定利率债券价值的差。由于互换为零和,所以对 B 公司来说,该利率互换价值是固定利率债券价值与浮动利率债券价值的差。即利率互换可通过分解成一个债券多头与另一个债券空头来定价。

(2) 分解为 FRA 的组合。对第 5 列的“净现金流”按行进行拆分,该利率互换可以看作由第 3 行至第 10 行共 8 次的现金流序列(不计本金现金流)组成。所以,利率互换可以看成是一系列用固定利率交换浮动利率的 FRA 的组合。此时,只要知道组成利率互换的每笔 FRA 的价值,就可以计算出利率互换的价值。

既然利率互换可以看成远期合约的组合,则利率互换的定价也有类似利率远期合约的两种情形。情形一,协议签订后的互换定价,对于利率互换协议的持有者来说,该价值可能是正的,也可能是负的。情形二,在协议签订时,互换的初始价值为零。

2. 运用债券组合给利率互换定价

上述利率互换可以看成是两个债券头寸的组合。由于利率互换不涉及本金交换,可以假设在合约的到期日,A 银行支付给 B 公司 1 元的名义本金,同时 B 公司也支付给 A 银行 1 元的名义本金。这不会改变互换双方的现金流,所以不会改变互换的价值。

利率互换可分解成:A 银行按 3 个月 Shibor 的利率借给 B 公司 1 元,B 公司按 2.4% 的年利率借给 A 银行 1 元。换个角度看,就是 A 银行向 B 公司购买了一份 1 元的浮动利率(Shibor)债券,同时向 B 公司出售了一份 1 元的固定利率(2.4% 的年利率,每 3 个月付息一次)债券。因此,对 A 银行而言,这个利率互换的价值就是浮动利率债券与固定利率债券价值的差。

若用符号 B_{fix} 表示互换合约中分解出的固定利率债券的价值,B_{fl} 代表互换合约中分解出的浮动利率债券的价值。t_i 表示距第 i 次现金流交换的时间($1 \leqslant i \leqslant n$)。$L$ 是利率互换合约中的名义本金额。r_i 是到期日为 t_i 的 Shibor 零息票利率。k 是支付日支付的固定利息额。

那么,对 A 银行而言,这个互换的价值就是

$$V_{互换} = B_{fl} - B_{fix} \tag{6.4.1}$$

其中,固定利率债券的价值为 $B_{fix} = \sum_{i=1}^{n} k e^{-r_i t_i} + L e^{-r_n t_n}$。

再考虑浮动利率债券的价值。根据浮动利率债券的性质,在紧接浮动利率债券支付利息的那一刻,浮动利率债券的价值为其本金 L。假设利息下一支付日应支付的浮动利息额为 k^*(已知),那么在下一次利息支付前的一刻,浮动利率债券的价值为$B_{fl} = L + k^*$。距下一次利息支付日还有 t_1 的时间,那么浮动利率债券的价值应该为 $B_{fl} = (L + k^*) e^{-r_1 t_1}$。

式(6.4.1)表示利率互换对一个支付固定利息、收入浮动利息的公司的价值。同理,当一个公司收入固定利息,支付浮动利息的时候,互换对该公司的价值应为

$$V_{互换} = B_{fix} - B_{fl} \tag{6.4.2}$$

【例题6.2】　利率互换的定价:运用债券组合

假设在一笔利率互换协议中,某一金融机构支付3个月期的 Shibor,同时收取4.8%的年利率(3个月计一次复利),名义本金为1亿元。互换还有9个月的期限。目前3个月、6个月和9个月的 Shibor(连续复利)分别为4.8%、5%和5.1%。上一次利息支付日的3个月 Shibor 为4.98%(3个月计一次复利)。试计算此笔利率互换对该金融机构的价值。

解:此利率互换对该金融机构来说是固定债券多头、浮动债券空头。

3个月付一次的固定利息为

$$K = 本金 \times 年利率4.8\%/4 = 120\ 万元$$

下一次支付浮动利息额为

$$K^* = 本金 \times 上次付息支付日的\ \text{Shibor}\ 4.98\%/4 = 124.5\ 万元$$

债券组合分解的固定利率债券和浮动利率债券价值分别为:

$$B_{fix} = (120e^{-0.048\times0.25} + 120e^{-0.05\times0.5} + 10\ 120e^{-0.051\times0.75})万元 = 9\ 975.825\ 万元$$

$$B_{fl} = (A + K^*)e^{-r_1\times t_1} = (10\ 000 + 124.5)e^{-0.048\times\frac{3}{12}}万元 \approx 10\ 000\ 万元$$

因此,此利率互换对该金融机构的价值为

$$V = B_{fix} - B_{fl} = (9\ 975.825 - 10\ 000)万元 = -24.175万元$$

反之,对该金融机构的交易对手来说,此笔利率互换的价值为正,即24.175万元。

练一练　假设在一笔互换合约中,某一金融机构支付6个月期的 Shibor,同时收取3.6%的年利率(半年计一次复利),名义本金为1亿元。互换还有1.25年的期限。3

个月、9 个月和 15 个月的 Shibor(连续复利率)分别为 3%、3.5%和 4%。上一次利息支付日的6个月 Shibor 为 3.2%(半年计一次复利)。试求该公司利率互换价值是多少。

3. 运用远期利率协议给利率互换定价

远期利率协议(FRA)是这样一笔合约,合约中事先确定一笔借款在将来某一时间的利率。不过在 FRA 执行的时候,支付的只是市场利率与合约协定利率的利差。如果市场利率高于协定利率,贷款人支付给借款人利差,反之由借款人支付给贷款人利差。实际上,FRA 可以看成一个用事先确定的利率交换市场利率的合约。很明显,利率互换可以看成是一系列用固定利率交换浮动利率的 FRA 的组合。只要知道组成利率互换的每笔 FRA 的价值,就可以计算出利率互换的价值。

只要知道利率的期限结构,就可以计算出 FRA 对应的远期利率和 FRA 的价值,FRA 多头价值为$(Ae^{r_F(T^*-T)}-Ae^{r_K(T^*-T)})e^{-r^*(T^*-T)}$。

因此,运用 FRA 给利率互换定价,可按照换成同一种利率、计算远期利率、计算现金流、贴现加总四个步骤进行求解。

【例题 6.3】 利率互换的定价:运用 FRA 组合

假设在一笔利率互换协议中,某一金融机构支付 3 个月期的 Shibor,同时收取 4.8% 的年利率(3 个月计一次复利),名义本金为 1 亿元。互换还有 9 个月的期限。目前 3 个月、6 个月和 9 个月的 Shibor(连续复利)分别为 4.8%、5% 和 5.1%。上一次利息支付日的 3 个月 Shibor 为 4.98%(3 个月计一次复利)。试计算此笔利率互换对该金融机构的价值。

解:按照转换成同一种利率、计算远期利率、计算现金流、贴现加总四个步骤依次求解,可得到表 6.8。其中 3 个月计一次复利的 4.8% 对应固定利率的连续复利利率为

$$r_C=m\ln(1+r_m/m)=4\times\ln(1+4.8\%/4)=4.771\,4\%$$

远期利率$(5\%\times0.5-4.8\%\times0.25)/0.25=5.2\%$,$(5.1\%\times0.75-5\%\times0.5)/0.25=5.3\%$。

表 6.8 用利率远期组合给利率互换定价(万元)

	贴现率	固定利率	远期利率	现金流或 FRA 价值
3 个月后	4.8%	4.771 4%	4.8%	$10^4(e^{4.771\,4\%\times0.25}-e^{4.80\%\times0.25})e^{-4.8\%\times0.25}=-0.715$
6 个月后	5%	4.771 4%	5.2%	$10^4(e^{4.771\,4\%\times0.25}-e^{5.2\%\times0.25})e^{-5\%\times0.5}=-10.582$
9 个月后	5.1%	4.771 4%	5.3%	$10^4(e^{4.771\,4\%\times0.25}-e^{5.3\%\times0.25})e^{-5.1\%\times0.75}=-12.880$

互换总价值为

$$(-0.715-10.582-12.88)\text{万元}=-24.177\text{ 万元}$$

这个结果与运用债券组合定出的利率互换价值基本一致,因此,将利率互换分解为远期利率组合和债券组合的本质是相同的。

练一练 假设在一笔利率互换合约中,某一金融机构支付6个月期的Shibor,同时收取3.6%的年利率(半年计一次复利),名义本金为1亿元。互换还有1.25年的期限。3个月、9个月和15个月的Shibor(连续复利率)分别为3%、3.5%和4%。上一次利息支付日的6个月Shibor为3.2%(半年计一次复利)。试用FRA定价法计算该公司利率互换价值是多少。

4. 协议签订时的利率互换定价

利率互换中,固定利率一般选择使互换初始价值为0的那个利率($B_{fl}=B_{fix}$),也称为互换利率。在利率互换的有效期内,它的价值有可能是负的,也有可能是正的。这和远期合约十分相似,因此利率互换也可以看成远期合约的组合。

【例题6.4】 确定利率互换协议中的固定利率:运用债券组合

设在一笔2年期的利率互换协议中,某一金融机构支付3个月期的Shibor,同时每3个月收取固定利率(3个月计一次复利),名义本金为1亿元。目前3个月、6个月、9个月、12个月、15个月、18个月、21个月与2年的贴现率(连续复利)分别为4.8%、5%、5.1%、5.2%、5.15%、5.3%、5.3%与5.4%。第一次支付的浮动利率即为当前3个月期利率4.8%(连续复利)。试确定此笔利率互换中合理的固定利率。

解:设一年固定利息为k。因为每3个月确定利率,今天刚好是利率确定日,利息刚支付,所以浮动利率债券价值等于面值,即$B_{fl}=10\ 000$万元。固定利率债券的价值为:

$$B_{fix}=\frac{k}{4}(e^{-4.8\%\times0.25}+e^{-5\%\times0.5}+e^{-5.1\%\times0.75}+e^{-5.2\%\times1}+e^{-5.15\%\times1.25}+e^{-5.3\%\times1.5}+e^{-5.3\%\times1.75})+\left(10^4+\frac{k}{4}\right)e^{-5.4\%\times2}$$

利率互换中,固定利率的选择应使得利率互换的价值为零,即$B_{fl}=B_{fix}$,求解方程即可得固定利息$k=543$元。因此,此笔利率互换中合理的固定利率为5.43%。

利率互换协议中合理的固定利率就是使得互换价值为零的利率,也就是常说的互换利率。

假设利率互换的互换周期为每年m次,本金为A,互换利率为r_s,在契约期间共互换n次。则契约到期日可视为n/m年,固定利率债券的价值B_{fix}在$t=0$时为

$$B_{fix}=A(r_s/m)(e^{-r_1\times\frac{1}{m}}+e^{-r_2\times\frac{2}{m}}+e^{-r_3\times\frac{3}{m}}+\cdots+e^{-r_n\times\frac{n}{m}})+Ae^{-r_n\times\frac{n}{m}}$$

而$B_{fl}=A$,令$B_{fl}=B_{fix}$,整理可得互换利率

$$r_s=m(1-e^{-r_n\cdot\frac{n}{m}})\Big/\sum_{i=1}^{n}e^{-r_i\cdot\frac{i}{m}} \tag{6.4.3}$$

由公式可知,互换利率只受利率期限结构的影响,只要知道每个期限的即期利率 r_i $(i=1,\cdots,n)$,就可为互换利率定价,同时也说明互换利率与预期无关。

需要注意的是,式(6.4.3)得到的是理论互换利率,然而现实中的互换利率是市场以一定的计息频率为基础,就特定期限形成的互换中间利率。如中国外汇交易中心将买价与卖价的算术平均价即中间价作为互换利率。

6.4.2 货币互换定价

与利率互换定价方法类似,货币互换也可以分解为债券的组合或外汇远期协议的组合来定价。

1. 运用债券组合给货币互换定价

在没有违约风险的条件下,货币互换也可以分解成债券的组合,不过不是浮动利率债券和固定利率债券的组合,而是一份外币债券和一份本币债券的组合。

假设甲银行和乙公司在2021年10月1日签订了一份5年期的货币互换协议。协议规定本金分别是6 500万人民币和1 000万美元。期初甲银行以6 500万人民币与乙公司交换1 000万美元本金。其后,甲银行每年向乙公司支付6%的美元利息并向乙公司收取2%的人民币利息。期末本金再次交换。流程图如图6.4所示。

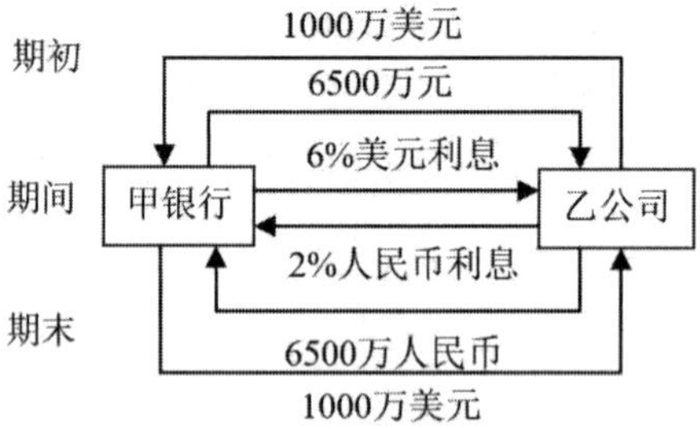

图6.4 甲银行和乙公司的货币互换流程图

表6.9给出了甲银行的现金流。

表6.9 货币互换中甲银行的现金流量表

日期	人民币现金流/百万人民币	美元现金流/百万美元
2021-10-1	−65.00	+10.00
2022-10-1	+1.3	−0.6
2023-10-1	+1.3	−0.6
2024-10-1	+1.3	−0.6
2025-10-1	+1.3	−0.6
2026-10-1	+66.3	−10.6

若按列分解，对甲银行，此笔货币互换可看作一个人民币固定利率债券多头与一个美元固定利率债券空头的组合。若按行分解，可看成一系列远期外汇协议的组合。此例中，甲银行持有的互换头寸可以看成是一份年利率为2%的人民币债券多头头寸和一份年利率为6%的美元债券空头头寸的组合。

如果定义$V_{互换}$为货币互换的价值，那么对收入本币、付出外币的那一方，货币互换价值为

$$V_{互换}=B_D-S_0B_F$$

其中：B_F是用外币表示的从互换中分解出来的外币债券的价值；B_D是从互换中分解出来的本币债券的价值；S_0是即期汇率（直接标价法）。

对付出本币、收入外币的那一方，货币互换价值为

$$V_{互换}=S_0B_F-B_D$$

【例题6.5】 货币互换的定价：运用债券组合

假设美元和日元的LIBOR利率的期限结构是平的，在日本是2%而在美国是6%（均为连续复利）。某一金融机构在一笔货币互换中每年收入日元，利率为3%（每年计一次复利），同时付出美元，利率为6.5%（每年计一次复利）。两种货币的本金分别为1 000万美元和120 000万日元。这笔互换还有3年的期限，每年交换一次利息，即期汇率为1美元=110日元。请问如何确定该笔货币互换的价值。

解：由于都是固定利率债券，因此债券本息之和为

$$B_D=[1\,000\times e^{-0.06\times3}+1\,000\times(6.5\%\times e^{-0.06\times1}+6.5\%\times e^{-0.06\times2}+6.5\%\times e^{-0.06\times3})]\text{万美元}=1\,008.437\text{万美元}$$

$$B_F=[120\,000\times e^{-0.02\times3}+120\,000\times(3\%\times e^{-0.02\times1}+3\%\times e^{-0.02\times2}+3\%\times e^{-0.02\times3})]\text{万日元}=123\,389.7\text{万日元}$$

货币互换对该金融机构价值为(123 389.7/110 - 1 008.427)万美元≈113.3万美元。对其交易对手来说，协议价值为 -113.3万美元。

练一练 假设在中国和美国的利率期限结构是平的，在美国是4%而在中国是3%（都是连续复利），某一金融机构在一笔货币互换中每年收入美元，利率为5%，同时付出人民币，利率为2.5%。两种货币的本金分别为1 000万美元和7 000万人民币。这笔互换还有3年的期限，即期汇率为1人民币=0.14美元。试运用债券组合计算此笔货币互换对该金融机构的价值。

2. 运用远期外汇协议的组合给货币互换定价

货币互换也可以分解成一系列外汇远期合约的组合，货币互换中的每一次支付都可以用一笔远期外汇协议的现金流来代替。因此，通过计算货币互换中分解出来的每笔远期外汇协议的价值再加总，即为对应的货币互换的价值。

【例题6.6】 货币互换的定价:运用远期外汇协议组合

假设美元和日元LIBOR利率的期限结构是平的,在日本是2%而在美国是6%(均为连续复利)。某一金融机构在一笔货币互换中每年收入日元,利率为3%(每年计一次复利),同时付出美元,利率为6.5%(每年计一次复利)。两种货币的本金分别为1 000万美元和120 000万日元。这笔互换还有3年的期限,每年交换一次利息,即期汇率为1美元=110日元。如何确定该笔货币互换的价值?

解:即期汇率为1美元=110日元,或1日元=0.009 091美元。利率$r_f=2\%$,$r=6\%$,根据外汇远期协议的远期汇率定价公式,可得:

1年期远期汇率为$0.009\ 091e^{0.04\times1}$美元/日元=0.009 462美元/日元,

2年期远期汇率为$0.009\ 091e^{0.04\times2}$美元/日元=0.009 848美元/日元,

3年期远期汇率为$0.009\ 091e^{0.04\times3}$美元/日元=0.010 25美元/日元。

进而与利息交换等价的3份远期合约的价值分别为:与利息交换等价的1年期远期合约价值为$(3\ 600\times0.009\ 462-65)e^{-0.06\times1}$万美元=−29.135 5万美元,与利息交换等价的2年期远期合约价值为$(3\ 600\times0.009\ 848-65)e^{-0.06\times2}$万美元=−26.205 8万美元,与利息交换等价的3年期远期合约价值为$(3\ 600\times0.010\ 25-65)e^{-0.06\times3}$万美元=−23.471 2万美元。与期末本金交换等价的1年期远期合约价值为$(120\ 000\times0.010\ 25-1\ 000)e^{-0.06\times3}$万美元=192.109 3万美元。

则该互换的价值为(192.109 3−29.135 5−26.205 8−23.471 2)万美元≈113.30万美元。

这个结果和运用债券组合定价的结果一致,进一步说明货币互换分解成债券组合定价和一系列远期组合定价本质是相同的。

练一练 假设在中国和美国的利率期限结构是平的,在美国是4%而在中国是3%(都是连续复利),某一金融机构在一笔货币互换中每年收入美元,利率为5%,同时付出人民币,利率为2.5%。两种货币的本金分别为1 000万美元和7 000万人民币。这笔互换还有3年的期限,即期汇率为1人民币=0.14美元。试运用远期外汇组合计算此笔货币互换对该金融机构的价值。

6.4.3 互换的风险

与互换相联系的风险主要包括信用风险和市场风险。两种风险相互影响,相互作用。

市场风险是由于利率、汇率等市场变量发生变动引起互换价值变动的风险。与互换相联系的市场风险主要有利率风险和汇率风险。在互换业务中,利率的上升和下降意味着利息支出或利息收入的增加或减少。

由于互换是两个公司之间的私下协议，因此包含信用风险。对利率互换来说，由于交换的仅是利息差额，其交易双方真正面临的信用风险远比互换的名义本金要少得多，所以交易双方面临的信用风险少一些；对货币互换来说，由于进行本金的交换，所以交易双方面临的信用风险比利率互换大一些。

市场风险可用对冲交易来规避。利率风险和汇率风险等市场风险可以应用久期、凸性等分析工具，运用市场上的利率期货等来管理利率风险，应用远期外汇协议来对冲汇率风险等。

信用风险往往比较难以估计，但可以通过信用增强方法来管理和规避风险，如通过净额结算、抵押和盯市、信用衍生产品等来管理风险。总的来看，由于国际市场上的互换协议通常涉及资本雄厚、信用等级高的大型机构（如银行、大企业等），因此，互换违约造成的总损失通常较低。

■ 本章小结

1. 互换市场虽然发展迅速，但有其内在局限性。

2. 金融互换是约定两个或两个以上当事人按照商定条件，在约定的时间内，交换一系列现金流的合约。

3. 根据比较优势理论，需满足以下两种条件才可进行互换：双方对对方资产或负债有需求，双方在两种资产或负债上存在比较优势。

4. 利率互换是指约定交换的现金流是以一定本金计算的利息现金流的合约。一方支付以固定利率计算的利息现金流，另一方支付以合约规定的浮动利率计算的利息现金流。

5. 互换定价的方法主要有两种，一种是将互换分解成债券组合来定价，一种是将互换分解成远期组合来定价。

■ 关键术语

信用风险，市场风险，利率风险，汇率风险，比较优势理论，金融互换，利率互换，货币互换，远期组合定价法，债券组合定价法，互换利率。

■ 本章习题

1. 说明互换的主要种类。

2. 利用电子和纸质等资源对中国互换市场发展现状进行概述。

3. 请查阅资料，统计中国利率产品的天数计算惯例。

4. 阐述互换头寸的结清方式。

5. 请判断以下说法是否正确并说明原因：互换头寸的结清方式之一是对冲原互换协议，这一方式完全抵消了违约风险。

6. 请解释协议签订后的利率互换定价和协议签订时的互换定价有何区别。

7. 具体阐述与互换相联系的主要风险。

8. 假设甲与乙两家公司于2022年1月签订了1年期股票指数互换协议，甲公司支付3个月期Shibor，收入沪深300指数收益率再加0.15%。所有的互换现金流均以人民币支付，每3个月交换一次。名义本金为1亿元。试完成表6.10乙公司的各期现金流。

表6.10　乙公司的各期现金流

时间	沪深300指数	3个月Shibor	利差	现金流
1月	3 960.60	2.75%		
3月	3 998.20	2.45%		
6月	4 290.80	2.65%		
9月	4 100.00	2.77%		
12月	3 800.00	2.8%		

9. 假设由当前时刻直至第1.5年的Shibor即期利率都是3%（连续复利）。对于标准化的利率互换协议（即互换利率为相应期限的平价到期收益率），2.0年期、2.5年期和3.0年期的互换利率（半年计一次复利）分别为3.4%、3.5%和3.6%。请估计当前时刻的2.0年、2.5年和3.0年期的即期利率。

10. 一个金融机构与某公司签订了一份10年期的、每年交换一次利息的货币互换协议，金融机构每年收入美元，利率为3%（每年计一次利息），同时付出人民币，利率为6%（每年计一次复利）。两种货币的本金分别为700万人民币和100万美元。假设该公司在第4年末宣告破产，即期汇率为1美元 = 6.8人民币，此时美元和人民币的利率期限结构是平的，人民币为6%，美元为3%（均为连续复利）。试求公司的破产对金融机构造成的损失是多少。

第7章　期权与期权市场

巴比伦国王汉谟拉比于公元前1795年至1750年颁布《汉谟拉比法典》，其中一条涉及农民与地主之间的关系："如果一个人负债，而风暴破坏了他的庄稼或没有收成，或由于大旱而没有收获，在这样的年份里，佃农不必向其地主缴纳任何谷物，他也不必支付债务和房租。"可以看出，在汉谟拉比时代，农民以按揭方式持有土地和其他资产，每年通过谷物支付抵押。在歉收的年份，农民有权不支付地租，而土地所有者没有选择权，只有义务，因此只能放弃地租。这一法令相当于给了农民一个现金看跌期权。在丰收的年份，农民将有足够的钱支付地租，这一期权就不会被执行；如果收成不好，农民可以行使该期权，而无需向地主支付地租。相当于农民是该看跌期权多头，而地主是该看跌期权空头，期权费隐含于买卖双方商谈好的年租中。

另一个期权雏形的例子是亚里士多德《政治学》中记载的泰利斯租用橄榄出售地的故事。古希腊气象学家泰利斯研究冬季天气时，他预测橄榄将会迎来丰收。因此他购买了一个地区明年秋天的所有橄榄出售地的租用权。秋天到来，橄榄果然大丰收，橄榄存放和出售场所供不应求，租价飙升，泰利斯最终获利。此例是购买和转让看涨期权最早期的实践活动，泰利斯相当于看涨期权多头，而橄榄出售地地主则是看涨期权空头，该期权费是双方商谈好后泰利斯以现金方式支付的订金。

汉谟拉比的看跌期权和泰利斯的看涨期权都是期权场外交易的例证。场外交易的标的资产、合约大小、交割时间与地点均非标准化，只要双方商议即可。场外交易的最大优势在于合约设计的灵活性。场外交易的缺点也是明显的，比如，买卖双方要花时间寻找交易对手，这种成本是巨大的。随着网络和电子技术的发展，集中化的期权交易市场逐渐产生了，期权逐步实现标准化。本章将详细介绍期权的定义、种类、标准化合约与定价。

7.1 期权的发展与期权的定义

1. 期权的发展

期权是金融领域中最伟大的发明之一,对金融、经济甚至其他领域都产生了深远影响。公元前1750年,《汉谟拉比法典》描述了利息支付违约时的期权。公元前350年,亚里士多德的《政治学》描述了橄榄出售地租用的期权。1600年,郁金香根茎期权合约在荷兰盛行,是人类历史上最早的期权交易。18世纪至19世纪,美国和欧洲的农产品期权交易已经相当流行。以单一股票为标的资产的股票期权在美国诞生,期权交易开始被引入金融市场。1930年,关于期权交易的基本法律法规框架出炉。1973年4月26日,CBOT成立了芝加哥期权交易所(CBOE),首次把期权引入有组织的交易所交易,标准化的期权合约第一次出现,以交易在纽约股票交易所(NYSE)上市的16种普通股股票的期权。此后期权交易组织遍布全世界,以其独特的魅力获得了迅猛的发展,并持续至今。1975年1月,美国股票交易所(AMEX)开始交易股票看涨期权。1976年,澳大利亚期权市场(AOA)在澳大利亚成立,以交易股票期权。1977年6月,美国普通股股票的看跌期权第一次在CBOE、AMEX、PHLX以及PSE上市交易。1978年,伦敦期权市场(LTOM)成立,开始交易股票期权。欧洲期权交易所(EOE)于1977年11月在荷兰成立开始交易股票期权。1980年,我国推出首个期权——场外国库券期权。1982年10月,首个非普通股股票期权开始交易,CBOE和AMEX开始交易国债、政府票据以及国库券期权,CBOT开始交易国债期货期权,COMEX开始交易黄金期货期权。1982年12月,PHLX开始交易外汇期权。1983年1月,CME和纽约期货交易所(NYFE)开始交易基于S&P500指数的股票指数期货期权;1983年3月,CBOE开始交易股票指数期权。2015年2月,上证50ETF期权合约挂牌交易。2017年3月31日,豆粕期货期权在大连商品交易所正式上市交易,标志着我国期货市场正式进入期权时代;2017年4月19日,白糖期货期权在郑州商品交易所正式上市交易。2018年9月,沪铜期货期权在上海期货交易所正式上市交易。2019年1月,橡胶期货期权在上海期货交易所正式上市交易,棉花期货期权在郑州商品交易所正式上市交易,玉米期货期权合约在大连商品交易所上市交易。2019年12月,铁矿石期货期权合约在大连商品交易所上市交易。20世纪末21世纪初,期权发展迅速。

现今国内外交易所可供交易的期权种类繁多,OTC市场上甚至出现了各种千奇百怪的奇异期权。期权交易正朝着奇异期权日益增多、交易所交易产品的灵活化、交易所之间的合作日益加强、高频交易日益盛行的新趋势发展。

2. 期权的定义

期权是指赋予其购买者在规定期限内按双方约定的价格（协议价格或执行价格）购买或出售一定数量某种资产（称为标的资产）的权利。

期权合约指载有赋予购买者在规定期限内按双方约定的价格购买或出售一定数量某种资产的权利的合约。

期权合约的买方称为多头，指持有期权合约权利仓的投资者。期权合约的卖方称为空头，指持有期权合约义务仓的投资者。其中，权利仓指期权合约买入开仓形成的持仓，义务仓指期权合约卖出开仓及备兑开仓形成的持仓。

对于期权买者来说，期权合约赋予他的只有权利而没有任何义务。他可在规定期限内的任何时间（美式期权）或期满日（欧式期权）行使其购买或出售标的资产的权利，也可不行使这个权利；而期权出售者只有履行合约的义务，没有任何权利。当期权买者按合约规定行使其买进或卖出标的资产的权利时，期权卖者必须依约相应地卖出或买进该标的资产。作为给期权卖者承担义务的报酬，期权买者要支付给期权卖者一定费用，称为期权费或期权价格或权利金。期权费视期权种类、期限、标的资产价格的易变程度不同而不同。为方便理解，表 7.1 列出基本期权的相关术语。

表 7.1　基本期权的相关术语

头寸	头衔	开始的交易	期权费	平仓交易	执行期权	期权到期
多头	期权持有者	购买期权	支付	出售持有的期权	权利	权利停止
空头	出售期权者	出售期权	收取	买入期权	义务	义务停止

【案例 7.1】　期权的萌芽

大约在公元前 1700 年，雅各布为了与农场主拉班的小女儿瑞切尔结婚，签署了一份合同，合同约定：如果雅各布愿意为拉班工作 7 年，那么他可以获得与瑞切尔结婚的许可。这份“权利”已经隐含了期权的思想。

3. 期权的分类

当标的资产在期权有效期内产生现金收益（如现金红利、利息等）时，目前通行的做法是不对协议价格进行相应调整。只有当股票期权的标的股票在期权有效期内发生股票分割、送红股、配股时，才根据除权公式对协议价格和买卖数量进行相应调整。为叙述方便，本书将在期权有效期内没有现金收益的标的资产称为无收益资产，将有现金收益的称为有收益资产。在本书中，若未特别指明，所指期权均为无收益资产的期权。

按期权买者的权利划分，期权可分为看涨期权（也称认购期权）和看跌期权（也称认沽期权）。

看涨期权是指买方有权在将来某一时间以特定价格买入标的资产，而卖方需要履行相应义务的期权合约。

看跌期权是指买方有权在将来某一时间以特定价格卖出标的资产,而卖方需要履行相应义务的期权合约。

表 7.2 对比分析了期权交易中各方的关系。

表 7.2 期权交易的买卖和权利关系

	看涨期权	看跌期权
期权买方	以执行价格买入标的资产的权利	以执行价格卖出标的资产的权利
期权卖方	以执行价格卖出标的资产的义务	以执行价格买入标的资产的义务

【案例 7.2】 郁金香期权

17 世纪早期,欧洲期权思想应用到"郁金香球茎热"投机中,稀有而艳丽的郁金香成为上流社会追捧品,人们为了收藏郁金香而放弃房子、珠宝。为了抵制郁金香价格的下跌,郁金香花农向商人购买了一些合约,合约赋予花农当花价格下跌时依然可以以固定价格卖给郁金香商人的权力,当花价格上涨时,花农就不会行使合约,这样郁金香商人便可从合约交易中获利。这显然是一种看跌期权,期权正式应用于农产品的保值。1637 年冬天,"投机泡沫"破灭,荷兰的郁金香价格暴跌到了原来价格的 1%,答应从郁金香商人手里买货的客户食言了,期权出售者没有能力履行合约,由此引发了一系列连锁反应,导致荷兰发生了一场大的经济危机。此次失败的期权交易在历史上留下了重重的一笔,并且持续了很长一段时间。

按期权买者执行期权的时限划分,期权可分为欧式期权和美式期权。欧式期权的买方只可在合约到期日当天行使权利(即行使买进或卖出标的资产的权利)。而美式期权的买方在合约到期日及其之前任一交易日均可行使权利。值得注意的是,"欧式"与"美式"并没有任何地理含义。相比较而言,美式期权更灵活,对多头来说,美式期权选择更多,权力更大,对空头风险更大,因此一般美式期权比欧式期权的价值更大。百慕大期权(也称为准美式期权或中大西洋选择权),可在期权有效期内某个事先约定的日期执行,即百慕大期权介于欧式期权与美式期权之间。本书主要对欧式期权进行分析。

按照期权合约的标的资产划分,金融期权合约可分为利率期权、货币期权(或称外汇期权)、股价指数期权、股票期权以及金融期货期权。第一个股票指数期权是芝加哥期权交易所的 S&P100 指数期权,该期权于 1983 年 3 月 11 日开始交易,1983 年 7 月 1 日 CBOE 推出 S&P500 指数期权的交易。对于期货期权,期货合约到期日通常紧随着相应的期货期权到期日,期货期权多头执行期权时,将从期权卖方处获得标的期货合约的相应头寸(多头或空头),再加上执行价格与期货价格之间的差额。商品期权指标的物为实物的期权,如农产品中的小麦、大豆,金属中的铜等。表 7.3 为 2023 年上海期货交易所商品期权市场概要。

表7.3　2023年上海期货交易所商品期权市场概要

品种	持仓量/手	成交量/手	成交金额/元
原油期权交易小计	30 622	30 009	192 778 150
铝期权交易小计	59 943	27 149	21 017 560
黄金期权交易小计	44 709	7 781	21 187 840
白银期权交易小计	87 009	24 584	16 597 129
螺纹钢期权交易小计	359 568	85 327	49 826 975
铜期权交易小计	48 953	38 597	73 124 250
锌期权交易小计	25 403	18 301	15 651 825
总计	749122	240 847	404 724 369

成交量指同一期权合约单边买入或者卖出的成交数量。单边买入成交数量是指同一期权合约买入开仓、买入平仓和备兑平仓的成交数量之和。单边卖出成交数量是指卖出开仓、卖出平仓和备兑开仓的成交数量之和。表7.3中的持仓量、成交量和成交金额均为单向统计。

除上述股票、债券、货币和大宗商品、远期或期货等衍生产品为标的物之外，几乎任何标的资产都可以构建期权，设计出各种非标准期权和奇异期权。其中，两个重要的非标准期权是亚式期权和障碍期权。

亚式期权（也称平均价格期权）是一种收益取决于一定时期内平均价格的期权。它是由美国银行家信托公司在真实期权、虚拟期权和优先认股权等期权的实施经验和总结的基础上提出的，是当今金融衍生产品市场上最活跃的奇异期权之一。亚式期权与标准期权的主要区别在于，在确定到期日的期权收益时，它不是采用标的资产当时的市场价格，而是采用标的资产在期权合同期内某段给定时间（这段时间被称为平均期）的平均值。由于平均指数的波动性一般低于期末指数的波动性，因此亚式看涨期权的价值低于普通看涨期权的价值。也可以通过不同的时间间隔（日、周、季度）或不同的平均方法（算术平均值或几何平均值）来重新定义平均价格。

障碍期权是指当标的资产价格路径穿越某一水平才会生效或者失效的期权，其回报取决于标的资产的价格是否在期权期限内达到一定障碍水平。当资产价格首次触及障碍时，障碍看跌期权和看涨期权要么存在（称为敲入期权），要么消失（称为敲出期权）。障碍期权到期时可能不存在。因此，障碍期权比其他方面相同的普通期权更便宜。

亚式期权和障碍期权在实际中很常见，此外，还有如下奇异期权：

路径依赖期权是一类特殊的奇异期权。如回溯期权,其回报取决于一段时间中资产价格的最高点或最低点。呐喊期权,允许投资者在期权价格处于有利位置时执行一次"呐喊",最终的回报取决于以下两者中的较大值:常规欧式期权的回报,根据呐喊时刻期权的内在价值得到的回报。与回溯期权相比,呐喊期权的期权费更低,而且带来的参与感能吸引对自己把握价格有自信的投资者。阶梯期权,是一种特殊的路径依赖期权,与呐喊期权类似,只是将呐喊时的股价改为事先设定的阶梯价格。资产交换期权是期权买方有权利以某种资产交换另一种资产的合约。双币种期权,如 CME 的 Nikkei225 期货的标的资产为在日本大阪证券交易所的以日元计价的日经 225 股价平均数,而该期货是以美元计价的。幂期权,期权的到期回报是标的资产价格与协议价格之间差异的幂函数。

多因子期权也属于奇异期权。如篮子期权,其标的资产为几种资产构成的资产组合,可以是个股、股票期权、外汇、期货等。彩虹期权,价值取决于两种或多种目标资产的绩效,因此也称为多资产选择权。价差期权,与绩效差异选择权类似,只不过当两个资产的报酬超过某一特定值之后,此选择权才有价值。最大值期权,价值取决于两种或多种股票,或目标资产的价格是否在到期日分别大于履约价格。最小值期权,其报酬取决于个别期权之值较小者。较差期权,其报酬为两种资产报酬最低者。

山脉系期权是多因子期权的进阶版,因其所属期权均用世界著名的山系命名而著称。山脉系期权相较于传统的多因子期权,不仅标的资产的选择对象更加宽泛(一般多达 5 种以上),更主要的是观察期范围由单一时间段扩展至多期,并在每一观察期进行条件筛选。它属于较新的场外衍生产品,在众多产品中,以喜马拉雅期权的应用最多。喜马拉雅期权的标的资产数量和观察期数量一致,每期记录该期表现最好的那个标的资产,然后将该标的资产从篮子中剔除。当剔除到最后一期时,篮子中仅剩一个标的资产,则喜马拉雅期权的到期回报为 N 期表现最好的标的资产的收益率之和。阿尔蒂普拉诺期权是一种基于小篮子股票的障碍期权。珠穆朗玛峰期权的期权期限通常非常长(如 10 年),其回报取决于最差股票。

时间依赖期权,如抉择型期权(也称为如你所愿期权、随心所欲期权或后来决定期权)是一种与时间相关的期权。此种期权的持有人有权在到期前某一段时期,决定该期权为买权或卖权。因此在决定的时间点,抉择型期权的价值应该是买权、卖权之价值较大者。远期生效期权(又称为未来生效期权),是一种与时间相关的期权,这种期权的买方在期初支付权利金,但在未来某一时期(如 3 个月后),此期权才生效。可展期是指期权的到期日可以延长的一种期权。

后付期权是指期权的买方在期初期权交易成功时并不需要支付期权费,未来期权处于价内时,才需要支付费用。延迟付款选择权又称波士顿选择权,此种选择权在到期日时才支付权利金。未定期权费期权,如果期权以虚值状态到期,则期权买方不需要支付期权费;如果期权以实值状态到期,则期权买方需要支付期权费。

两值期权有两种:一种两值期权是或有现金看涨期权。到期日时,如果标的资产价格低于执行价格,该期权没有价值;如果高于执行价格,则该期权支付一个固定金额。另一种两值期权是或有资产看涨期权。如果标的资产价格在到期日时低于执行价格,该期权没有价值;如果高于执行价格,则该期权支付一个等于资产价格本身的金额。常规期权往往可分解为两值期权的组合。比如,一份常规欧式看涨期权等于一份或有资产看涨期权多头和一份或有现金看涨期权空头之和;一份常规欧式看跌期权等于一份或有资产看跌期权多头和一份或有现金看跌期权空头之和,其中现金支付金额等于执行价格。

此外,还有缺口期权、复合期权等奇异期权。

【案例7.3】　连天红公司“终身无理由退货”政策

连天红家具有限公司对销售的红木家具和红木工艺品实行“终身无理由退货”政策,即客户只要购买了连天红的家具,不管出于何种原因都可以退货,价格参照市场价格,这一举措解决了客户退货和变现难的问题。请从期权的角度分析此政策。

【案例7.4】　金融工程师的婚礼——金融衍生产品无所不在

假设你是金融工程师,准备结婚了,出同样的钱,你是拍婚纱照还是请一个默默无闻的画师来给你们画一幅婚礼的油画?

事实上,油画是比照片更好的产品,因为这样,你们不仅拥有了纪念婚礼的浪漫,同时又创造了一个期权:画师、你和你太太三个人中间,只要有一个人将来出名了,那么这幅油画就价值连城了。

7.2　期权交易机制

与期货交易不同的是,期权交易不仅有正规的交易所,还有一个规模庞大的场外交易市场。交易所交易的是标准化的期权合约,场外交易的则是非标准化的期权合约。

对于场内交易的期权来说,其合约有效期一般不超过9个月,以3个月和6个月最为常见。与期货交易一样,由于有效期(交割月份)不同,同一种标的资产可以有好几个期权品种。此外,同一标的资产还可以规定不同的协议价格而使期权有更多的品种。同一标的资产、相同期限、相同协议价格的期权还分为看涨期权和看跌期权两大类。因此,期权品种比期货品种多得多。

为了保证期权交易的高效、有序进行,交易所对期权合约的规模、期权价格的最小变动单位、期权价格的每日最高波动幅度、最后交易日、交割方式、标的资产的品质等做出明确规定。同时,期权清算公司也作为期权所有买者的卖者和所有卖者的买者,保证每份期权都没有违约风险。期权做市商对本所挂牌交易的期权合约提供双边持续报价、双边回应报价等服务,并享有交易费用减免、激励等权利。

1. 标准化合约

(1) 交易单位

所谓交易单位,也被称为合约大小,就是一份期权合约中标的资产的交易数量。期权合约的交易单位为“手”,期权交易以“一手”的整数倍进行,每手合约标的物数量在该品种的期权合约中载明。上海交易所每份期权合约对应 10 000 份“50ETF”基金份额。按照惯例,每份股票期权合约包含 100 股,期权合约的报价以每股为单位。例如,某看涨期权的卖出价为 20.50 元,执行价格为 6 元。如果投资者想购买 1 份期权,则他需要支付 2 050 元,并获得以每股 6 元的价格购买 100 股标的股票的权利。

(2) 报价单位和合约品种

期权合约的报价单位与标的期货合约报价单位相同。最小变动价位是指该期权合约单位价格变动的最小值。合约品种指具有相同合约标的资产的期权合约的集合。

(3) 涨跌停板制度

日均波动幅度指一段时间内合约标的或者基准指数最高价与最低价之差对最低价的比值的日均值。不同的交易所规则不同,一般期权合约涨跌停板幅度与标的期货合约涨跌停板幅度相同。下面以三个交易所为例进行说明。

① 上海证券交易所的期货期权涨跌停板价格计算公式如下:

$$\text{合约涨跌停价格}=\text{合约前结算价格}\pm\text{最大涨跌幅}$$

$$\text{看涨期权最大涨幅}=\max\{\text{标的前收盘价}\times0.5\%,\min[(2\times\text{标的前收盘价}-\text{行权价}),\text{标的前收盘价}]\times10\%\}$$

$$\text{看涨期权最大跌幅}=\text{合约标的前收盘价}\times10\%$$

$$\text{看跌期权最大涨幅}=\max\{\text{行权价}\times0.5\%,\min[(2\times\text{行权价}-\text{标的前收盘价}),\text{标的前收盘价}]\times10\%\}$$

$$\text{看跌期权最大跌幅}=\text{合约标的前收盘价}\times10\%$$

其中,期权合约的结算价格为该合约当日收盘集合竞价的成交价格。期权合约最后交易日为实值合约的,根据合约标的当日收盘价格和该合约行权价格,计算该合约的结算价格;期权合约最后交易日为虚值或者平值合约的,结算价格为 0。

② 上海期货交易所的期权涨跌停板价格计算公式如下:

$$\text{涨跌停板幅度}=\text{标的期货合约上一交易日结算价}\times\text{标的期货合约当日涨跌停板比例}$$

③ 郑州商品交易所的期货期权涨跌停板价格计算公式如下:

涨停板价格 = 期权合约上一交易日结算价 + 标的期货合约上一交易日结算价 × 标的期货合约涨停板的比例

跌停板价格 = max(期权合约上一交易日结算价 - 标的期货合约上一交易日结算价 × 标的期货合约跌停板的比例,期权合约最小变动价位)

2019 年 12 月 23 日,为进一步满足投资者风险管理需要,更好发挥期权市场经济功能,上海证券交易所决定将股票期权交易熔断标准调整为合约盘中交易价格较最近参考价格上涨、下跌达到或者超过 50%,且价格涨跌绝对值达到或者超过该合约最小报价单位 10 倍;调整股票期权交易限价申报的单笔申报最大数量为 50 张。

(4)合约月份、最后交易日、到期月、到期日、到期循环和执行日

合约月份是指该期权合约对应的标的期货合约的交割月份。在国外,CBOE 采用在 1 月、2 月和 3 月基础上 3 个月份的循环。例如:1 月循环期权的到期月包括 1 月、4 月、7 月和 10 月;2 月循环期权的到期月包括 2 月、5 月、8 月和 11 月。实际上,每个月在 CBOE 交易的股票期权都有以下 4 个到期月:离当前最近的 2 个日历月和本期权所属循环中的下 2 个到期月。例如,在 3 月 1 日,一个属于 1 月循环的期权包括以下 4 个到期月:3 月、4 月、7 月和 10 月。中国金融期货交易所的沪深 300 股指期权的合约月份按当月、下 2 个月及随后 3 个季月规则。

最后交易日是指期权合约可以进行交易的最后一个交易日。上海证券交易所期权合约的到期日为到期月份的第四个星期三,该日为国家法定节假日、本所休市日的,顺延至下一个交易日。上海期货交易所的最后交易日是标的期货合约交割月前第一月的倒数第五个交易日。到期日是指期权合约买方能够行使权利的最后一个交易日。上海证券交易所和上海期货交易所的到期日同最后交易日。

执行日指交易所规定的期权买方可实际执行该期权的日期。

(5) 执行价格

执行价格也称行权价格,是指由期权合约规定的,买方有权在将来某一时间买入或卖出标的期货合约的价格。

看涨期权执行价格是合约买方为某项标的资产所支付的购买价格,看跌期权执行价格是合约买方为出售某项标的资产所支付的价格。行权价格间距是指基于同一合约标的的期权合约相邻两个行权价格的差值。图 7.1 为 2023 年 3 月 8 日中国金融期货交易所的沪深 300 股指期权 IO2303 的行情图,行权价格间距是 50。一般平价期权交易最为活跃。行权价格间距也可以分区间设置,如上海证券交易所的上证 50ETF 期权合约根据 50ETF 收盘价格分区间设置,50ETF 收盘价与上证 50ETF 期权行权价格间距的对应关系为:3 元或以下为 0.05 元,3 元至 5 元(含)为 0.1 元,5 元至 10 元(含)为 0.25 元,10 元至 20 元(含)为

0.5 元,20 元至 50 元(含)为 1 元,50 元至 100 元(含)为 2.5 元,100 元以上为 5 元。

持仓量	成交量	涨跌	最新价	行权价	最新价	涨跌	成交量	持仓量
看涨				IO2303	看跌			
45	0	↑0.00	--	3 100	0.20	↑0.00	15	353
115	6	↓36.60	820.00	3 200	--	↑0.00	0	215
66	20	↓21.60	735.00	3 300	0.60	↑0.40	21	254
109	9	↓38.00	618.60	3 400	0.20	↑0.00	9	319
21	0	↑0.00	--	3 450	0.40	↑0.00	25	112
146	11	↓33.60	523.00	3 500	0.40	↑0.00	64	423
19	5	↓32.60	474.00	3 550	0.40	↑0.00	46	197
127	13	↓21.80	435.00	3 600	0.40	↓0.20	29	533
47	4	↓20.60	386.20	3 650	0.60	↓0.20	92	878
158	5	↓32.20	325.00	3 700	0.80	↓0.40	68	1789
66	2	↓35.60	272.00	3 750	1.20	↓0.40	309	2062
427	103	↓20.80	237.80	3 800	1.60	↓1.00	1186	1935

图 7.1　沪深 300 股指期权 IO2303 的行情图

【案例 7.5】　上证 50ETF 期权

2023 年 3 月 8 日 15:09,在上海证券交易所,1 份以上证 50ETF 为标的资产、执行价格为 3.1,合约单位为 10 000,到期日为 2023 年 3 月 22 日的看涨期权价格今日开盘价为 0.000 3。期权合约和标的资产信息见表 7.4。

表 7.4　上证 50ETF 期权标准化合约文本

期权合约基本信息			
合约类型	认购	行权日	2023-03-22
行权价	3.100	最小变动价位	0.000 1 元
合约单位	10 000	剩余期限	14 天
合约代码	10005091	合约名称	50ETF 购 3 月 3 100
合约单位	10 000	行权价	3.100
内在价值	-	到期日	2023-03-22
Delta	0.000 5	隐含波动	28.13%
Gamma	0.015 0	Vega	0.000 9
Theta	-0.002 2	Rho	0.000 1
标的基本资料			
标的代码	510050	总份额/总股本	208.87 亿份
标的名称	50ETF	流通份额/流通股本	208.87 亿份
30 日波动率	14.95%	60 日波动率	14.45%
120 日波动率	19.59%	240 日波动率	20.56%

(6) 交易代码

期权合约交易代码用于识别和记录期权合约,唯一且不重复使用。交易代码由标的期货合约交易代码、合约月份、看涨(跌)期权代码和行权价格组成。

表7.5为我国铜期权标准化合约文本。

表7.5　我国铜期权标准化合约文本

标准化条款	条款明细
合约标的物	阴极铜期货合约(5吨)
合约类型	看涨期权,看跌期权
交易单位	1手阴极铜期货合约
报价单位	元(人民币)/吨
最小变动价位	2元/吨
涨跌停板幅度	与阴极铜期货合约涨跌停板幅度相同
合约月份	最近两个连续月份合约,其后月份在标的期货合约结算后持仓量达到一定数值之后的第二个交易日挂牌。具体数值交易所另行发布
交易时间	上午9:00—11:30,下午13:30—15:00及交易所规定的其他时间
最后交易日	标的期货合约交割月前第一月的倒数第五个交易日,交易所可以根据国家法定节假日调整最后交易日
到期日	同最后交易日
行权价格	行权价格覆盖阴极铜期货合约上一交易日结算价上下浮动1.5倍当日涨跌停板幅度对应的价格范围。行权价格≤40 000元/吨,行权价格间距为500元/吨;40 000元/吨<行权价格≤80 000元/吨,行权价格间距为1 000元/吨;行权价格>80 000元/吨,行权价格间距为20 00元/吨
交易代码	看涨期权:CU-合约月份-C-行权价格 看跌期权:CU-合约月份-P-行权价格
上市交易所	上海期货交易所

表7.6为我国部分期权合约条款明细对比。

表7.6　我国部分期权合约条款明细对比

合约名称	交易单位	报价单位	最小变动价位	行权方式	代码字母	上市交易所
沪深300股指期权合约	每点人民币100元	指数点	0.2点	欧式	IO	中国金融期货交易所
棉花期货合约	1手棉花期货合约	元/吨	1元/吨	美式	C	郑州商品交易所
阴极铜期货期权合约	1手阴极铜期货合约	元/吨	2元/吨	美式	CU	上海期货交易所
豆粕期货期权合约	1手(10吨)豆粕期货合约	元/吨	0.5元/吨	美式	M	大连商品交易所
原油期货期权合约	1手原油期货合约	元/桶	0.05元/桶	美式	SC	上海国际能源交易中心
工业硅期权合约	1手(5吨)工业硅期货合约	元/吨	1元/吨	美式	SI	广州期货交易所

2. 基本交易制度

(1) 头寸限额和执行限额

头寸限额指每个投资者在市场的一方所能持有的期权头寸的最大限额。执行限额是指一个期权买方在规定的一段时间内所能执行的期权合约的最大限额。

不同交易所、不同期权、不同市场状况,头寸限额和执行限额都有不同的规定。如中国金融期货交易所规定在沪深300、中证1000、上证50股指期权上,客户某一期权品种日内开仓交易的最大数量为200手,某一月份期权合约日内开仓交易的最大数量为100手,某一深度虚值合约日内开仓交易的最大数量为30手。套期保值等风险管理交易、做市交易的开仓数量不受此限。

(2) 买卖指令

买入建仓即买入一个期权,建立一个新头寸。卖出建仓是指卖出一个期权,建立一个新头寸。买入平仓即买入一个期权,对冲原有的空头头寸。卖出平仓是指卖出一个期权,对冲原有的多头头寸。备兑开仓是指投资者在持有足额标的证券的基础上,卖出相应数量的看涨期权合约。备兑平仓是投资者持有备兑持仓头寸时,申请买入相应期权将备兑头寸平仓的指令。备兑开仓指投资者提前锁定足额合约标的作为将来行权交割所应交付的证券,并据此卖出相应数量的看涨期权。保证金开仓指投资者使用保证金作为履约担保,卖出看涨期权或者看跌期权。

(3) 交割规定

期权合约了结方式包括平仓、行权和放弃。

平仓是指客户买入或卖出与其所持期权合约数量相同、方向相反的相同期权合约以了结期权持仓的方式。相同期权是指标的物、类型、月份、到期日和行权价格相同的期权合约。在最后交易日结束之前,可进行反向交易,结清头寸。在最后交易日结束之后,交易者所持有的头寸仍未平仓时,买方有权要求执行,而卖方必须做好相应的履约准备。

行权是指期权合约的买方按照规定行使权利,以最后交易日的结算价进行现金交割,或者以行权价格买入或者卖出期权合约标的物,了结期权合约的方式。履约是指期权合约买方行权时,期权合约卖方应当以最后交易日的结算价进行现金交割,或者以行权价格买入或者卖出期权合约标的物,了结期权合约。客户的行权与履约应当通过会员在交易所办理。交易所按照规定的原则进行行权配对,交易所根据当日合约行权(履约)数量,按照规定标准向结算会员收取行权(履约)手续费。一般来说,交易所交易的股票期权是实物交割的合约,即以执行价格对标的资产进行实际的交收;而股票指数期权一般都是现金结算,按照执行价格与期权执行日当天交易结束时的市场价格之差以现金进行结算;期货期权在买方执行期权时,将从期权卖方处获得标的期货合约的相应头寸,再加上执行价格与期货价格之间的差额。值得注意的是,由于期货执行每日结算制度,使得期货价值清零,因此期货期权可以实物交割也可以不实物交割。

放弃是指期权合约到期,买方不行使权利以了结期权持仓的方式。

3. 结算机构的职责

结算机构是指交易所设置的结算部门和会员的结算部门。交易所结算部门负责交易所期货交易的统一结算、保证金管理、结算担保金管理及结算风险的防范。结算机构是每个期权买方的卖方和每个期权卖方的买方,承担信用风险。结算机构拥有期权净头寸为零,因而不存在价格风险。

在交易所成交的合约应当通过交易所结算部门进行统一结算。交易所结算部门的主要职责为:登录编制结算会员的结算账表;办理资金往来汇划业务;统计、登记和报告交易结算情况;处理会员交易中的账款纠纷;办理结算、交割业务;管理保证金、结算担保金;控制结算风险;监督期货保证金存管银行与交易所的期货结算业务;法律、行政法规、规章和交易所规定的其他职责。

会员应当设立结算部门。结算会员的结算部门负责该结算会员与交易所、客户、交易会员之间的结算工作。交易会员的结算部门负责该交易会员与结算会员、客户之间的结算工作。

4. 保证金制度

期权买方需支付全部期权费,无须再缴纳保证金。期权卖方必须提交一定的保证金,这是因为期权的卖方可能在结算日不履行合约而导致买方的损失,交易所和经纪人必须确保当期权执行时出售期权的投资者不会违约,所以保证金是对期权卖方履行义务的一种约束。交易所可以针对不同的持仓组合规定不同的交易保证金收取标准。常见的有结算准备金、维持保证金和开仓保证金。

结算准备金指结算参与人存入保证金账户,用于期权交易结算且未被占用的保证金。

维持保证金指结算参与人存入保证金账户,用于担保合约履行且已被合约占用的保证金。

开仓保证金指交易所对每笔卖出开仓申报实时计算并对有效卖出开仓申报实时扣减的保证金日间额度。

保证金具体标准由交易所规定。

(1) 上海证券交易所的上证 50ETF 期权合约

开仓保证金最低标准:

看涨期权义务仓开仓保证金 = [合约前结算价 + max(12% ×合约标的前收盘价 − 看涨期权虚值,7% ×合约标的前收盘价)] ×合约单位

看跌期权义务仓开仓保证金 = min[合约前结算价 + max(12% ×合约标的前收盘

价 - 看跌期权虚值,7% ×行权价格),行权价格] ×合约单位

维持保证金最低标准:

看涨期权义务仓维持保证金 = [合约结算价 + max(12% ×合约标的收盘价 - 看涨期权虚值,7% ×合约标的收盘价)] ×合约单位

看跌期权义务仓维持保证金 = min[合约结算价 + max(12% ×合标的收盘价 - 看跌期权虚值,7% ×行权价格),行权价格] ×合约单位

【例题 7.1】 开仓保证金的计算

假设某投资者 A 于 2022 年 11 月 3 日按每股 0.046 6 元的价格卖出一份 11 月到期行权价为 2.35 元的 50ETF 认购期权,共收入期权费 466 元。该期权合约的前结算价为 0.045 1元,50ETF 前收盘价为 2.283 元。则该投资者应缴纳的开仓保证金为 10 000 × [0.045 1 + max(12% ×2.283 - (2.35 - 2.283),7% ×2.283)] = 2 520.60 元

练一练 假设投资者 A 于 2022 年 11 月 13 号按每股 0.085 0 元的价格卖出一份 11 月到期行权价为 3.50 元的 50ETF 看跌期权,共收入期权费 800 元。该期权合约的前结算价为 0.078 8 元,50ETF 前收盘价为 3.470 元。请计算该投资者应缴纳的开仓保证金。11 月 13 日,50ETF 收盘价为 3.420 元,上述期权的结算价为 0.097 0 元,请计算该投资者的维持保证金。投资者当天浮动盈亏金额是多少?若开仓时该投资者账户上的资金刚好只够缴纳开仓保证金,那么该投资者还需补缴多少保证金?

(2) 中国金融期货交易所期权结算准备金余额

计算公式为:

当日结算准备金余额 = 上一交易日结算准备金余额 + 上一交易日交易保证金 - 当日交易保证金 + 当日有价证券充抵保证金的实际可用金额 - 上一交易日有价证券充抵保证金的实际可用金额 + 当日盈亏 + 当日期权权利金收支 + 入金 - 出金 - 手续费等

(3) 上海期货交易所的期权卖方交易保证金

收取标准为下列两者中较大者:

S_1 = 期权合约结算价 × 标的期货合约交易单位 + 标的期货合约交易保证金 - (1/2) × 期权合约虚值额

S_2 = 期权合约结算价 × 标的期货合约交易单位 + (1/2) × 标的期货合约交易保证金

其中:看涨期权合约虚值额 = max(行权价格 - 标的期货合约结算价,0) × 标的期货合约交易单位;看跌期权合约虚值额 = max(标的期货合约结算价 - 行权价格,0) × 标的期货合约交易单位。

(4) 郑州商品交易所的期货期权卖方交易保证金

收取标准为下列两者中较大者:

Z_1 = 期权合约结算价 × 标的期货合约交易单位 + 标的期货合约交易保证金 - 期权

合约虚值额的一半

Z_2 = 期权合约结算价 × 标的期货合约交易单位 + 标的期货合约交易保证金的一半

5. 期权与期货的区别与联系

(1) 权利和义务

期货合约的双方有相应的权利和义务，除非用相反的合约抵消，这种权利和义务在到期日必须行使，期货的空方甚至还拥有在交割月选择哪一天交割等更多的权利。期权合约只赋予买方权利，卖方没有权利，只有需履行的义务。

(2) 标准化

期货合约是标准化的，且在交易所集中交易；而期权合约有场内交易，也有场外交易。场外交易的期权大多是非标准化的，交易所交易的期权则是标准化的。

(3) 盈亏风险

期货交易双方所承担的盈亏风险都是无限的。期权交易卖方的亏损风险可能是无限的(看涨期权)，也可能是有限的(看跌期权)，盈利风险是有限的(以期权费为限)；期权交易买方的亏损风险是有限的(以期权费为限)，盈利风险可能是无限的(看涨期权)，也可能是有限的(看跌期权)。

(4) 保证金

期货合约买卖双方都须交纳保证金。在交易所交易的期权合约，买方的亏损不会超过已支付的期权费，因此无须交纳保证金，而期权卖方也要交纳保证金。

(5) 买卖匹配

期货合约的买方在到期日必须买入标的资产，而期权合约的买方在到期日或到期前有买入(看涨期权)或卖出(看跌期权)标的资产的权利。期货合约的卖方在到期日必须卖出标的资产，而期权合约的卖方在到期日或到期前有根据买方意愿相应卖出(看涨期权)或买入(看跌期权)标的资产的义务。

(6) 套期保值

期货套期保值是把不利风险转移出去的同时把有利风险也转移出去。期权套期保值时，只把不利风险转移出去而把有利风险留下。

7.3 期权定价方法

作为一位投资者，进行期权交易最关注的就是未来可能获得的收益、可能承担的风险和期权价格的变化情形。本章将讨论期权的回报与盈亏，并进一步对期权价格的可能分布区间及影响期权价格的主要因素进行深入分析。

7.3.1 积木分析法

在为金融资产定价时,主要运用积木分析法。积木分析法也叫模块分析法,指将各种金融产品进行分解和组合,以解决金融问题。下面以金融衍生产品为例,介绍积木分析法的要点。

积木分析法主要以图形来分析收益/风险关系以及金融产品之间的组合/分解关系。金融产品回报图和金融产品盈亏图是积木分析法的两个重要工具。

金融产品回报图以横轴为到期日标的资产价格,纵轴为金融产品不考虑成本时的收益。金融产品盈亏图以横轴为到期日标的资产价格,纵轴为金融产品考虑成本时的收益。

1. 远期的回报与盈亏分布

多头远期交易是指交易者按照约定的价格在预定的日期买入某种资产,其回报与盈亏分布如图7.2(a)所示。空头远期交易是指交易者按照约定的价格在预定的日期卖出某种资产,回报与盈亏分布如图7.2(b)所示。其中,X 为约定的价格。

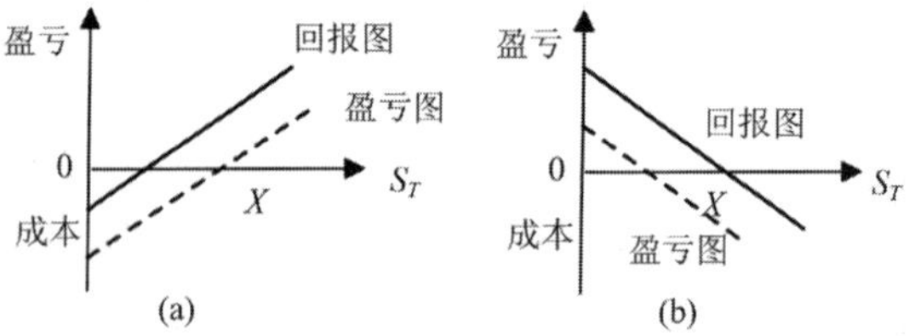

图7.2 远期合约多头、空头盈亏图和回报图

因为远期、期货、互换交易无成本,所以远期、期货、互换的回报图和盈亏图相同。

如果金融价格风险为多头风险,可以用空头远期交易来保值;如果面临的是空头风险,可以多头远期交易来保值。

2. 期权的回报与盈亏分布

盈亏分布状况对于制订期权交易策略是很重要的。可以像绘制远期合约盈亏图一样绘制期权的盈亏图。本书中分析的盈亏分布均指欧式期权,而且只考虑现金流,未考虑相关的利息。

期权多方没有购买的义务,只有当回报大于0时才会选择行权。因此,多头看涨期权的回报与盈亏的数学表达式为:

多头看涨期权的回报 = max(0,到期日标的资产的即期价格 - 执行价格)

多头看涨期权的盈亏 = max(0,到期日标的资产的即期价格 - 执行价格) - 期权费

类似地,可以得到多头看跌期权的回报与盈亏的数学表达式:

多头看跌期权的回报 = max(0,执行价格 - 到期日标的资产的即期价格)

多头看跌期权的盈亏 = max(0,执行价格 - 到期日标的资产的即期价格) - 期权费

表7.7总结了欧式期权到期回报和盈亏公式。

表7.7　欧式期权到期回报和盈亏公式

头寸	到期回报	盈亏
看涨期权多头	$\max(S_T - X,0)$	$\max(S_T - X,0) - c$
看涨期权空头	$-\max(S_T - X,0)$或 $\min(X - S_T,0)$	$-\max(S_T - X,0) + c$或 $\min(X - S_T,0) + c$
看跌期权多头	$\max(X - S_T,0)$	$\max(X - S_T,0) - p$
看跌期权空头	$-\max(X - S_T,0)$或 $\min(S_T - X,0)$	$-\max(X - S_T,0) + p$或 $\min(S_T - X,0) + p$

利用上面的公式,结合Excel和MATLAB等常用的软件可以很容易地计算期权的收益。由于期权有期权费(成本),所以期权的回报图与盈亏图不重合,而是在盈亏图的基础上上升或下降期权费个单位。

看涨期权回报/盈亏分布图如图7.3(a)(b)所示。期权合约是零和博弈,即买者的盈利就是卖者的亏损,买者的亏损就是卖者的盈利。所以,看涨期权多头和空头的曲线是关于横轴对称的。买者的回报/盈亏与卖者的回报/盈亏刚好相反,据此可以画出看涨期权卖者的回报和盈亏分布图。从图7.3(a)(b)中可看出,看涨期权买者的亏损风险是有限的,其最大亏损限度是期权价格,而其盈利可能是无限的。看涨期权卖者的亏损可能无限,而盈利是有限的,其最大盈利限度是期权价格。期权买者以较小的期权价格为代价换来较大盈利的可能性,而期权卖者则为了赚取期权费而冒着大量亏损的风险。

看跌期权的回报/盈亏分布图如图7.3(c)(d)所示。当标的资产的市价跌至盈亏平衡点(协议价格减去期权价格)以下时,看跌期权买者就可获利,其最大盈利限度是协议价格减去期权价格后再乘以每份期权合约所包括的标的资产的数量,此时标的资产的市价为0。如果标的资产市价高于协议价格,看跌期权买者就会亏损,其最大亏损是期权费总额。看跌期权卖者的盈亏状况则与买者刚好相反,即看跌期权卖者的盈利是有限的期权费,亏损也是有限的,其最大亏损为协议价格减期权价格后再乘以每份期权合约所包括的标的资产的数量。

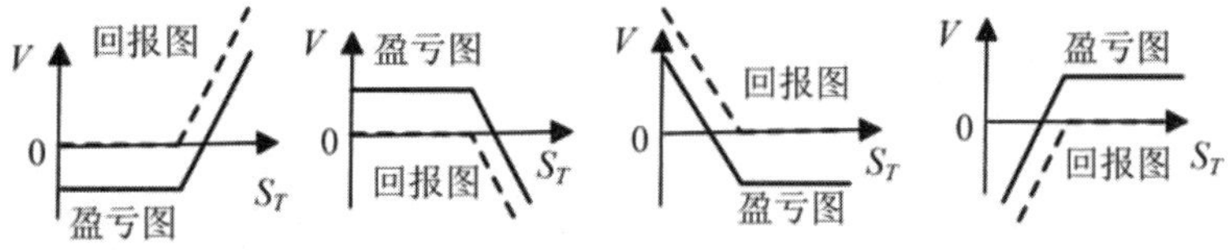

(a)看涨期权多头　(b)看涨期权空头　(c)看跌期权多头　(d)看跌期权空头

图7.3　期权回报/盈亏分布图

下面以期权交易为例说明积木分析法的原理(为简化起见,只考虑盈亏图,回报图可以类似分析)。先看多头看涨的情况(买入看涨期权)。这里假定期权执行价格就是现货价格。当市场现货价格上升并超过协议价格时,看涨期权价值随之上涨。反之,当现货价格下降时,中心点左面的图形与横轴平行,说明买入看涨期权的一方的价值没有任何变化(注意这里计算了期权费),这与交易者持有无风险收益证券的情况相同。因此,从积木分析的角度看,期权交易是远期交易和无风险债券交易的组合。这里,远期交易是一块积木,无风险债券交易是另一块,期权交易便是这两块积木组合在一起的产物。

下面结合多头金融价格风险和空头金融价格风险这两种情况,运用积木分析法分析期权交易在风险管理中的应用。先考察多头金融风险的情况。期权交易对多头金融价格风险的反应可通过图 7.4 来表示。即多头价格风险(如远期多头)+看跌多头期权=看涨多头期权。

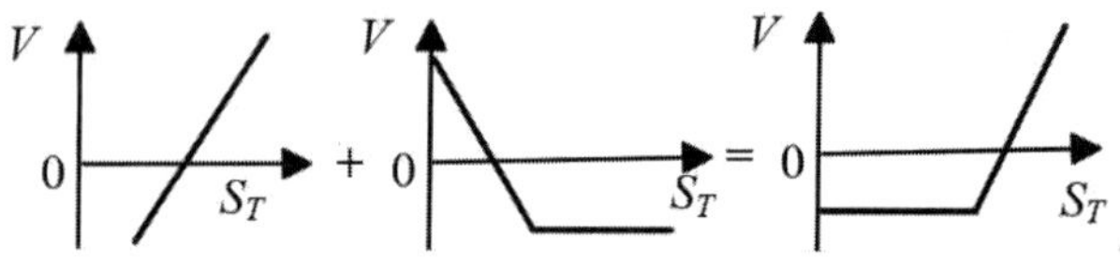

图 7.4 运用看跌多头期权对多头价格风险进行保值

图 7.4 表明,当存在多头金融价格风险时,可以运用多头看跌期权来保值。买入看跌期权合约对冲这种金融风险的结果与买入看涨期权合约相同。这里,多头金融价格风险是一块积木,多头看跌期权是另一块积木,两者相结合,形成了一块新的派生积木。

再看空头金融价格风险的情况。当面临这类风险时,可买入看涨期权合约来保值。同样,可以把空头金融价格风险看作一块积木,把多头看涨期权看作另一块积木,两块积木的组合形成多头看跌期权,如图 7.5 所示。即空头价格风险(如远期空头)+看涨多头期权=看跌多头期权。

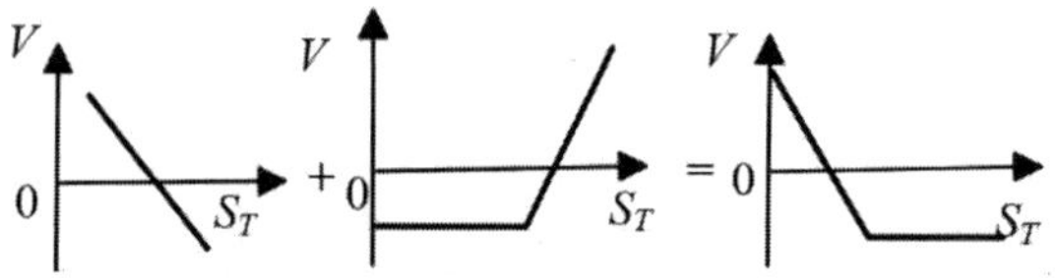

图 7.5 运用看涨多头期权对空头价格风险进行保值

现在来进一步分析期权交易和远期交易的关系。从图 7.6 可以看到,当把多头看涨期权与空头看跌期权组合在一起时,得到了远期合约的多头交易,即图 7.6(a),看涨多头期权+看跌空头期权=多头价格风险(如远期多头);当把空头看涨期权与多头看跌期权组合在一起时,就得到远期合约的空头交易,即图 7.6(b),看涨空头期权+看跌多头期权=空头价格风险(如远期空头)。远期交易完全可以用期权交易来复制。

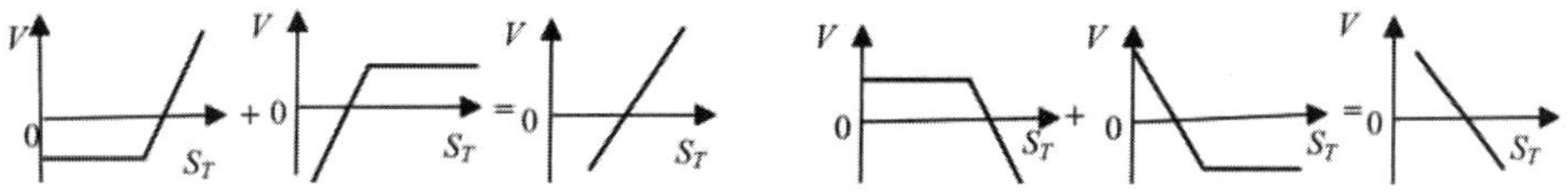

图 7.6　期权与远期的关系

金融工程师常用如图 7.7 所示的六种积木进行分解组合,创造新的金融产品。这里的每块积木都可以看作一种金融产品,分别为多头看涨期权、空头看涨期权、多头看跌期权、空头看跌期权、资产多头交易和资产空头交易。

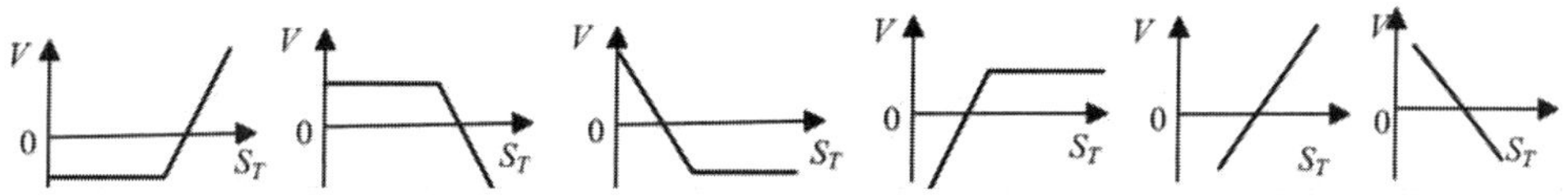

图 7.7　六种积木

积木分析法中除了使用回报/盈亏图外,还常用一些其他的图形(方块图和时间线形图)作为金融工程的分析工具。

7.3.2　符号分析法

符号可以形象快捷地表示期权和期权组合的盈亏状态。例如,斜率为负用(-1)表示,斜率为正用(+1)表示,水平线用(0)表示,折点用逗号隔开,则产品的盈亏状态可以用一个二维向量表示。例如,六大积木的符号表示如表 7.8 所示。

表 7.8　盈亏符号表示

资产	符号	资产	符号
看涨多头期权	(0, +1)	看涨空头期权	(0, -1)
看跌多头期权	(-1,0)	看跌空头期权	(+1,0)
标的资产多头	(+1, +1)	标的资产空头	(-1, -1)

利用向量的加减可以得到组合结果。例如:组合标的资产空头 + 看跌空头 = 看涨空头,可表示为 (-1, -1) + (+1,0) = (0, -1),如图 7.8(a)所示。组合看跌多头 + 标的资产多头 = 看涨多头,可表示为(-1,0) + (+1, +1) = (0, +1),如图 7.8(b)所示。

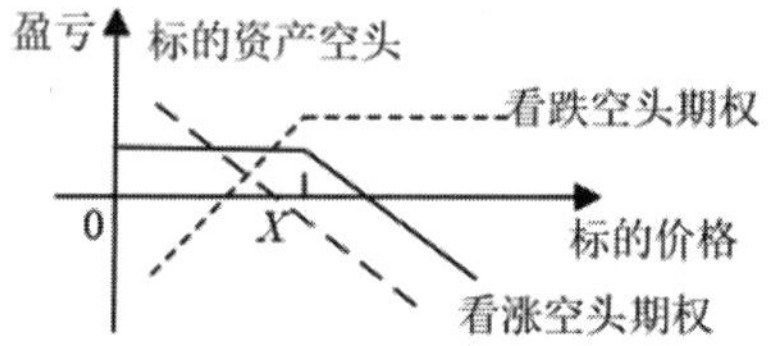

(a)看涨空头的组合分解图

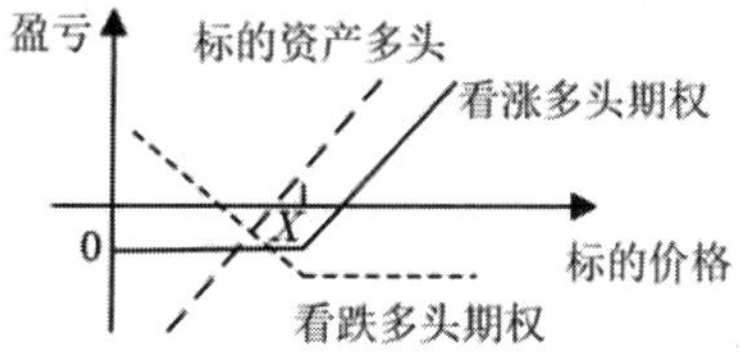

(b)看涨多头的组合分解图

图 7.8　看涨期权的组合分解图

7.3.3 无套利定价法在期权定价中的应用

在金融工程的分析过程中，主要运用无套利定价法，其在金融产品的定价和设计中有广泛的应用。下面将无套利定价法应用在一种非常简单的情形下（单期二叉树），来给一个期权定价，进而介绍无套利定价理论体系。

【例题7.2】 运用无套利定价法给期权定价

假设一只无红利支付的股票，当前时刻 t 股票价格为 S，基于该股票的某个期权的价值是 f，期权的有效期是 T，在这个有效期内，股票价格或者上升到 Su，或者下降到 Sd（$u>1, 0<d<1$）。当股票价格上升到 Su 时，假设期权的收益为 f_u；当股票的价格下降到 Sd 时，期权的收益为 f_d。试计算该股票欧式看涨期权的价值 f。

说明：假设期末时刻的股价为期初时刻股价 S 乘一个变化因子（u 或 d），而并非加上一个变化因子，这是因为股票价格不能为负。若加法下降因子为 d，当股票价格下跌时，$d<0$。在单期二叉树模型中可以简单地限定 d 的范围，但在多期二叉树模型中，在经过足够多的步数后，即使限定 d 的范围，股价仍然有可能为负。乘法变化因子具有优势，只要假设 $d>0$，无论股价怎样变化都可以保证其为正数。

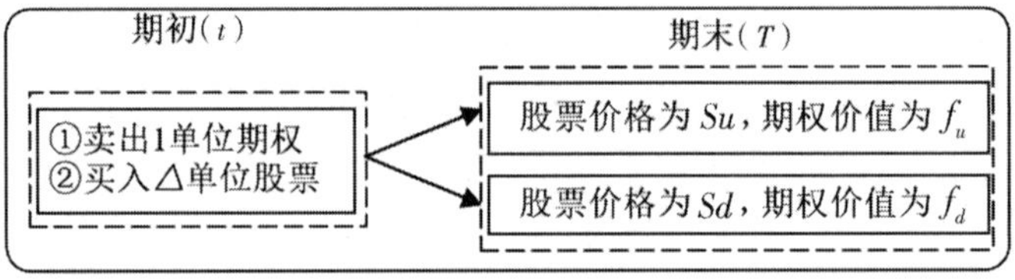

图7.9 无套利定价法分析流程图

分析：首先，构造一个由 Δ 股股票多头和一个期权空头组成的证券组合，并计算出该组合无风险时的 Δ 值。

如果股票价值上升，该组合在期权末期的价值是 $Su\Delta-f_u$；如果股票价格下降，组合的价值是 $Sd\Delta-f_d$。为了求出使得该组合为无风险组合的 Δ 值，令 $Su\Delta-f_u=Sd\Delta-f_d$。得：

$$\Delta=\frac{f_u-f_d}{Su-Sd} \tag{7.3.1}$$

如果无风险利率用 r 表示，则该无风险组合的现值一定是 $(Su\Delta-f_u)e^{-r(T-t)}$，而构造该组合的成本是 $S\Delta-f$，在没有套利机会的条件下，两者必须相等，即 $S\Delta-f=(Su\Delta-f_u)e^{-r(T-t)}$，可得：

$$f=e^{-r(T-t)}[Pf_u+(1-P)f_d]，其中\ P=\frac{e^{r(T-t)}-d}{u-d} \tag{7.3.2}$$

变量 Δ 既表示复制组合中股票的数量，又表示衍生产品价格变化相对标的资产价格变化的敏感度。在衍生产品定价中，称衍生产品价格相对标的资产价格变化的敏感度为

Delta，用变量Δ表示。这个敏感度与对冲衍生产品的组合构成直接相关。这种对冲方法就叫作Delta对冲。所谓Delta对冲是将组合的Δ调整成0。这样无论标的资产价格如何变化，组合价值都保持不变，就消除掉了风险。在无套利定价方法中构建的由衍生产品和股票组成的组合，用股票完全对冲掉了衍生产品头寸带来的风险，即Δ为0。

【例题7.3】　运用无套利定价法给期权定价

假设一只不支付红利的股票目前的市价为10元，知道在3个月后该股票价格要么是11元，要么是9元。假设现在的无风险年利率等于10%，求一份3个月期、协议价格为10.5元的该股票欧式看涨期权的价值。

解：欧式期权不会提前执行，其价值取决于3个月后股票的市价。若3个月后该股票价格等于11元，则该期权价值为0.5元；若3个月后该股票价格等于9元，则该期权价值为0。

为了求出该期权的价值，可构建一个由一单位看涨期权空头和Δ单位的标的股票多头组成的组合。若3个月后该股票价格等于11元，该组合价值等于$(11\Delta-0.5)$元；若3个月后该股票价格等于9元，该组合价值等于9Δ元。

为了使该组合价值处于无风险状态，应选择适当的Δ值，使3个月后该组合的价值不变，这意味着$11\Delta-0.5=9\Delta$，则$\Delta=0.25$。因此，一个无风险组合应包括一份看涨期权空头和0.25股标的股票。无论3个月后股票价格等于11元还是9元，该组合价值都等于2.25元。

在没有套利机会的情况下，无风险组合只能获得无风险利率，则该组合的现值应为$2.25e^{-0.1\times0.25}=2.19$元。

因为该组合中有一单位看涨期权空头和0.25单位股票多头，而目前股票市价为10元，则10×0.25元$-f=2.19$元，则$f=0.31$元。这就是说，该看涨期权的价值应为0.31元，否则就会存在无风险套利机会。

7.3.4　风险中性定价原理

风险中性定价法和无套利定价法是两种最常用的定价方法。风险中性定价法，即构造一个假想概率世界，所有风险资产的价格都等于其未来支付在风险中性概率下的期望，再用无风险利率贴现的现值。换句话说，在构造这个风险中性概率之后，资产定价就变成了一个求取数学期望的简单问题。在实际应用中，风险中性概率很容易求出。

在对衍生产品定价时，可以假定所有投资者都是风险中性的。在所有投资者都是风险中性的条件下，所有证券的预期收益率都等于无风险利率r，所有现金流量都可以通过无风险利率进行贴现求得现值，这就是风险中性定价原理。

应该注意的是，使用风险中性定价法时，假设市场是无套利的和完全的。风险中性假定仅仅是为了定价方便而做出的人为假定，假定所有投资者都是风险中性的，有时称之为进入了一个“风险中性世界”。通过这种假定所获得的结论不仅适用于投资者风险中性的情况，也适用于投资者厌恶风险的所有情况。风险中性法定价适用于所有可交易的资产定价。

1. 风险中性定价法的思路

假设在风险中性世界里，所有可交易证券的期望收益都是无风险利率，未来现金流可以用其期望值按无风险利率贴现。

【例题 7.4】 风险中性条件下远期的定价

无收益资产远期的价格 f 可以用风险中性定价原理贴现求得，因为一份远期多头到期时，远期合约的价值为 S_T-X，假设期望收益都是无风险利率，并按无风险利率进行贴现，则 $f=(S_T-X)\mathrm{e}^{-r(T-t)}=S_T\mathrm{e}^{-r(T-t)}-X\mathrm{e}^{-r(T-t)}=S-X\mathrm{e}^{-r(T-t)}$。

结果与无收益资产远期定价公式一致。

【例题 7.5】 运用风险中性定价法给期权定价

假设一只无红利支付的股票，当前时刻 t 股票价格为 S，基于该股票的某个期权的价值是 f，期权的有效期是 T，在这个有效期内，股票价格或者上升到 Su，或者下降到 $Sd(u>1,0<d<1)$。当股票价格上升到 Su 时，假设期权的收益为 f_u，如果股票的价格下降到 Sd 时，期权的收益为 f_d。试计算该股票欧式看涨期权的价值 f。

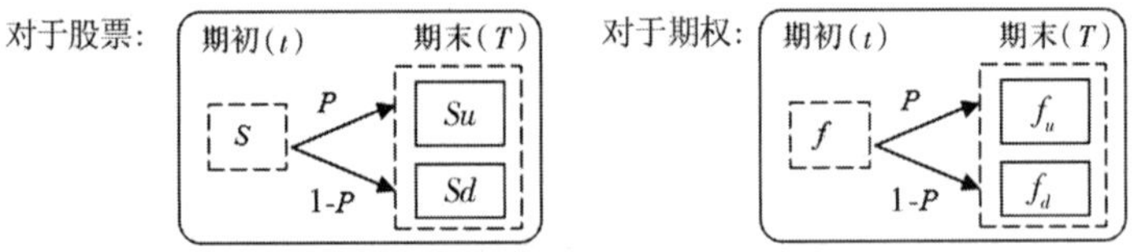

图 7.10 风险中性定价法分析流程图

假定风险中性世界中股票价格上升概率为 P，由于股票未来期望值按无风险利率贴现的现值必须等于该股票目前的价格，即 $S=\mathrm{e}^{-r(T-t)}[SuP+Sd(1-P)]$。

因此该概率可通过下式求得：

$$P=\frac{\mathrm{e}^{r(T-t)}-d}{u-d} \tag{7.3.3}$$

称概率 P 为风险中性概率。值得注意的是，它与真实世界中的股票价格上涨概率不同。知道了风险中性概率后，期权价格就可以通过下式求得：

$$f=\mathrm{e}^{-r(T-t)}[Pf_u+(1-P)f_d] \tag{7.3.4}$$

上式中衍生产品期初价值类似于衍生产品期末价值的数学期望再贴现。不同的是，概率 P 是在风险中性世界中股票价格上升的概率，而非真实世界的概率。

为了更好地理解风险中性定价原理，再举一个简单的数值算例来说明。

【例题7.6】　运用风险中性定价法给期权定价

假设一只不支付红利的股票目前的市价为10元,知道在3个月后,该股票价格要么是11元,要么是9元。假设现在的无风险年利率等于10%,求一份3个月期、协议价格为10.5元的该股票欧式看涨期权的价值。

解:由于欧式期权不会提前执行,其价值取决于3个月后股票的市价。若3个月后该股票价格等于11元,则该期权价值为0.5元;若3个月后该股票价格等于9元,则该期权价值为0。为了找出该期权的价值,假定所有投资者都是风险中性的。在风险中性世界中,假定该股票价格上升的概率为P,下跌的概率为$1-P$。这种概率被称为风险中性概率,它与现实世界中的概率是不同的。

对于股票,风险中性概率由股票价格的变动情况和利率所决定:

$$e^{-0.1\times0.25}[11P+9(1-P)]=10,\ P=0.626\ 6$$

对于期权,根据风险中性定价原理,可以求出该期权的价值:

$$f=e^{-0.1\times0.25}(0.5\times0.626\ 6+0\times0.373\ 4)\text{元}=0.31\text{元}$$

应用风险中性定价法时,不需要知道股票价格在真实世界中上涨和下降的概率,即不需要了解真实世界中股票未来价格的期望值,而期望值的确定与投资者的主观风险偏好相联系。

2. 无套利定价法与风险中性定价法的关系

从上面两个例子可以看出,通过无套利定价法与风险中性定价法计算出来的结果是一样的,它们的区别仅仅是定价思路不同而已。

练一练　一份看涨期权,$T=1$年,$X=112$元(执行价格),标的股票价格$S=100$元,无风险利率$r=0.08$,1年后,股票价格上升为$Su=180$元或下跌为$Sd=60$元,这时,期权相应价值为68元或0,试分别用无套利定价法和风险中性定价法计算期权价值f。

7.4　期权的价格分析

7.4.1　期权价格的特性

1. 内在价值和时间价值

期权价格(也称期权价值)等于期权的内在价值加上时间价值。

(1) 期权的内在价值

期权的内在价值是0与多方行使期权时所获收益贴现值的最大值。

欧式看涨期权多方只能在期权到期时行使,因此其内在价值为S_T-X的现值。对于无收益资产而言,S_T的现值就是当前的市价S;对于支付现金收益的资产来说,S_T的现值为$S-I$,其中I表示在期权有效期内标的资产现金收益的现值。当标的资产市价低于协议价格时，期权多方是不会行使期权的，因此期权的内在价值应大于等于 0。因此，无收益资产欧式看涨期权的内在价值等于 $\max(S-Xe^{-r(T-t)},0)$，而有收益资产欧式看涨期权的内在价值等于 $\max(S-I-Xe^{-r(T-t)},0)$。特别地，对期货期权而言，无收益资产欧式看涨期权的内在价值也可以表示为 $\max((F(t,T)-X)e^{-r(T-t)},0)$，而有收益资产欧式看涨期权的内在价值也等于 $\max((F(t,T)-X)e^{-r(T-t)}-I,0)$。

对于无收益资产美式看涨期权而言，虽然多方可以随时行使期权，但提前行使无收益美式期权是不明智的，因此无收益资产美式看涨期权价格等于欧式看涨期权价格，其内在价值也等于 $\max(S-Xe^{-r(T-t)},0)$。对于有收益资产美式看涨期权，以只在 $\tau+1$ 时刻派发一次现值为 I 的红利为例，τ 时刻将期权有效期划分为 2 个时段。从当前时刻到 τ 时刻，期权回报的最大贴现值为 $S-Xe^{-r_\tau(\tau-t)}$；从 $\tau+1$ 时刻至 T 时刻，期权回报的最大贴现值为 $S-I-Xe^{-r(T-t)}$，因此有收益资产美式看涨期权内在价值等于 $\max(S-Xe^{-r_\tau(\tau-t)},S-I-Xe^{-r(T-t)},0)$。特别地，对期货期权而言，无收益资产美式看涨期权和有收益资产美式看涨期权的内在价值可以分别表示为 $\max((F(t,T)-X)e^{-r(T-t)},0)$ 和 $\max((F(t,\tau)-X)e^{-r_\tau(\tau-t)},(F(t,T)-X)e^{-r(T-t)}-I,0)$。

同样，无收益资产欧式看跌期权的内在价值为 $\max(Xe^{-r(T-t)}-S,0)$，有收益资产欧式看跌期权的内在价值为 $\max(Xe^{-r(T-t)}-(S-I),0)$。特别地，对期货期权而言，无收益资产欧式看涨期权和有收益资产欧式看涨期权的内在价值也可以分别表示为 $\max((X-F(t,T))e^{-r(T-t)},0)$ 和 $\max((X-F(t,T))e^{-r(T-t)}+I,0)$。美式看跌期权由于提前执行有可能是合理的，因此其内在价值与欧式看跌期权不同。无收益资产美式期权的内在价值等于 $\max(X-S,0)$，有收益资产美式期权的内在价值等于 $\max(X-S,Xe^{-r_\tau(\tau-t)}-(S-I),0)$。对期货期权而言，美式无／有收益资产看跌期权的内在价值分别为 $\max(X-F(t,T)e^{-r(T-t)},0)$ 和 $\max(X-F(t,T)e^{-r(T-t)},Xe^{-r_\tau(\tau-t)}-F(t,T)e^{-r(T-t)}+I,0)$。

表 7.9　期权的内在价值

头寸			内在价值
看涨期权	欧式	无收益	$\max(S-Xe^{-r(T-t)},0)$
		有收益	$\max(S-I-Xe^{-r(T-t)},0)$
	美式	无收益	$\max(S-Xe^{-r(T-t)},0)$
		有收益	$\max(S-Xe^{-r_\tau(\tau-t)},S-I-Xe^{-r(T-t)},0)$
看跌期权	欧式	无收益	$\max(Xe^{-r(T-t)}-S,0)$
		有收益	$\max(Xe^{-r(T-t)}-(S-I),0)$
	美式	无收益	$\max(X-S,0)$
		有收益	$\max(X-S,Xe^{-r_\tau(\tau-t)}-(S-I),0)$

【例题7.7】 看跌期权内在价值的计算

假设2023年8月31日10:20,1份以某股票为标的资产、执行价格为30元、到期日为2023年9月22日的美式看跌期权价格为1.76元,而同一天该股票收盘价为28.5元。该公司2023年每季度的股息为0.28元,第三季度股息除权日为9月20日,股息发放日为10月25日。无风险利率为3%。试求此有收益美式看跌期权的内在价值是多少?

解:若8月31日立刻执行,内在价值为

$$\max(X-S,0)=\max(30-28.5,0)\text{ 元}=1.5\text{ 元}$$

如果持有至9月19日执行,内在价值为

$$\max(Xe^{-r_\tau(\tau-t)}-S,0)=\max(30e^{-3\%\times 19/365}-28.5,0)\text{ 元}=1.453\text{ 元}$$

如果持有至9月20日执行,内在价值为

$$\max(Xe^{-r(T-t)}-(S-I),0)=\max[30e^{-3\%\times 20/365}-(28.5-0.28e^{-3\%\times 55/365}),0]\text{ 元}=1.729\text{ 元}$$

如果持有至9月22日执行,内在价值为

$$\max(Xe^{-r(T-t)}-(S-I),0)=\max[30e^{-3\%\times 22/365}-(28.5-0.28e^{-3\%\times 55/365}),0]\text{ 元}=1.725\text{ 元}$$

因此,此有收益美式看跌期权的内在价值为1.729元。

为了表达标的资产市价(S)与协议价格(X)的关系,定义期权的价值状态。

实值合约指行权价格低于合约标的市场价格的看涨期权,以及行权价格高于合约标的市场价格的看跌期权。

虚值合约指行权价格高于合约标的市场价格的看涨期权,以及行权价格低于合约标的市场价格的看跌期权。

平值合约指行权价格与合约标的市场价格一致的看涨期权和看跌期权。平价点是使得期权内在价值由正值变化到零的标的资产价格的零界点。

表7.10总结了各类期权的价值状态。

表7.10 实值期权、平值期权、虚值期权的价值状态

头寸	有/无收益	实值期权	平值期权	虚值期权
看涨期权				
欧式	无	$S>Xe^{-r(T-t)}$	$S=Xe^{-r(T-t)}$	$S<Xe^{-r(T-t)}$
	有	$S>I+Xe^{-r(T-t)}$	$S=I+Xe^{-r(T-t)}$	$S<I+Xe^{-r(T-t)}$
美式	无	$S>Xe^{-r(T-t)}$	$S=Xe^{-r(T-t)}$	$S<Xe^{-r(T-t)}$
	有	$S>\min(Xe^{-r_\tau(\tau-t)}, I+Xe^{-r(T-t)})$	$S=\min(Xe^{-r_\tau(\tau-t)}, I+Xe^{-r(T-t)})$	$S<\min(Xe^{-r_\tau(\tau-t)}, I+Xe^{-r(T-t)})$

续表

头寸	有/无收益	实值期权	平值期权	虚值期权
看跌期权				
欧式	无	$S < Xe^{-r(T-t)}$	$S = Xe^{-r(T-t)}$	$S > Xe^{-r(T-t)}$
	有	$S < I + Xe^{-r(T-t)}$	$S = I + Xe^{-r(T-t)}$	$S > I + Xe^{-r(T-t)}$
美式	无	$S < X$	$S = X$	$S > X$
	有	$S < \max(X, I + Xe^{-r_\tau(\tau-t)})$	$S = \max(X, I + Xe^{-r_\tau(\tau-t)})$	$S > \max(X, I + Xe^{-r_\tau(\tau-t)})$

(2) 期权的时间价值

期权的时间价值是指在期权尚未到期时,标的资产价格波动为期权持有者带来收益的可能性所隐含的价值。

期权的时间价值是基于期权多头的权利和义务不对称这一特性,在期权到期前,标的资产价格的变化可能给期权多头带来的收益的一种反映。显然,标的资产价格的波动率越高,期权的时间价值就越大。

此外,期权的时间价值还受期权内在价值的影响。以无收益资产看涨期权为例,当 $S = Xe^{-r(T-t)}$ 时,期权的时间价值最大。当 $S - Xe^{-r(T-t)}$ 的绝对值增大时,期权的时间价值是递减的,但时间价值恒大于0,即在期权平价点,时间价值达到最大,并随期权实值量和虚值量增加而递减,如图7.11(a)所示。

同样地,有收益资产欧式看涨期权的时间价值在 $S = I + Xe^{-r(T-t)}$ 点最大,而无收益资产欧式看跌期权的时间价值在 $S = Xe^{-r(T-t)}$ 点最大,有收益资产欧式看跌期权的时间价值在 $S = Xe^{-r(T-t)} + I$ 点最大,无收益资产美式看跌期权的时间价值在 $S = X$ 点最大。总之,虚值期权或实值期权的时间价值一定小于平价期权,时间价值随期权实值量和虚值量增加而递减。

期权合约剩余有效时间越长,即离到期日越远,期权的时间价值越大。期权时间价值的大小与期权的有效长度成正相关,且在其他条件不变下,期权临近到期日时,期权时间价值加速减小,到了到期日,期权时间价值减为0,如图7.11(b)所示。

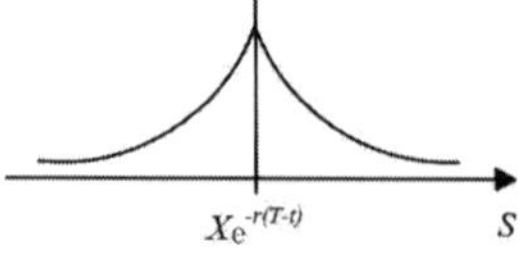

(a)无收益资产看涨期权时间价值与平价点的关系

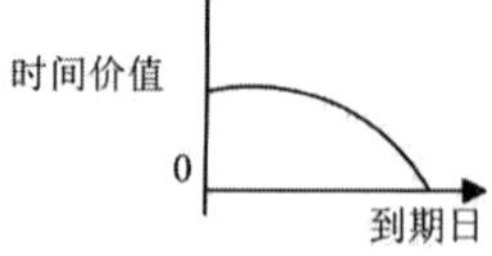

(b) 时间价值与时间的关系

图7.11　期权时间价值图

弄清楚时间价值与内在价值的关系,对于组建和分析期权差期组合和对角组合很重要。

2. 期权价格的影响因素

期权价格的影响因素主要有六个，它们通过影响期权的内在价值和时间价值来影响期权价格。

（1）标的资产的市场价格与期权的协议价格

以无收益资产欧式看涨期权为例，执行时收益为 $\max(S - Xe^{-r(T-t)}, 0)$。看涨期权的价格与标的资产的价格同向变动，与协议价格反向变动。类似可得，看跌期权的价格与标的资产的价格反向变动，与协议价格同向变动。

（2）期权的有效期

由于美式期权可以在有效期内任何时间执行，有效期越长，多头获利机会就越大，而且有效期长的期权包含了有效期短的期权的所有执行机会，因此有效期越长，期权价格越高。

对于欧式期权而言，由于它只能在期末执行，有效期长的期权不一定包含有效期短的期权的所有执行机会。这就使欧式期权的有效期与期权价格之间的关系较为复杂。例如，同一股票的两份欧式看涨期权，一个有效期1个月，另一个有效期2个月，假定在6周后标的股票将有大量红利支付，由于支付红利会使股价下降，有效期短的期权价格甚至会大于有效期长的期权。

在一般情况下（即剔除标的资产支付大量收益这一特殊情况），由于有效期越长，标的资产的风险越大，空头亏损的风险也越大，因此，即使是欧式期权，有效期越长，其期权价格也越高，即期权的边际时间价值为正值。

应注意到，随着时间的延长，期权时间价值的增幅是递减的。这就是期权的边际时间价值递减规律。换句话说，对于到期日确定的期权来说，在其他条件不变时，随着时间的流逝，其时间价值的减小是递增的。这意味着，当时间流逝同样长度，期限长的期权的时间价值减小幅度将小于期限短的期权时间价值的减小幅度。这一点对组建和分析期权差期组合和对角组合是很重要的。

（3）标的资产价格的波动率

标的资产价格的波动率（σ）是用来衡量标的资产未来价格变动不确定性的指标。σ 越小，说明市场对该股票价格的判断就越明确，市场上投资人相信其价格在未来不会出现大的波动，投资人根据当前市场上掌握的信息，可以比较容易地判断该股票未来价格走势，因而该股票未来价格的不确定性也就越低。σ 越大，说明市场对其价格的判断越困难，市场上投资人相信该股票在未来会出现剧烈的价格波动。投资人根据当前市场上掌握的信息，很难判断该股票未来价格走势，因而该股票未来价格的不确定性也就越高。

随着市场上信息的变化，股票期权的波动率 σ 也是在不断地变化的。由于期权多头的最大亏损额仅限于期权价格，而最大盈利额取决于执行期权时标的资产市场价格与协议价格的差额，因此波动率越大，说明市场对于该股票未来价格判断的不确定性越高，有可能出现很剧烈的价格变动，期权价格也应越高。

(4) 无风险利率

无风险利率对期权价格的影响可从两个角度来考察。

首先，从比较静态的角度考察，即比较不同利率水平下的两种均衡状态。如果无风险利率较高，则标的资产的预期收益率也应较高。这意味着，对应于标的资产现在特定的市价(S_0)，未来预期价格[$E(S_T)$]较高。同时，由于贴现率较高，未来同样预期盈利的现值就较低。这两种效应都将减少看跌期权的价值。对于看涨期权来说，前者将使期权价格上升，而后者将使期权价格下降。由于前者的效应大于后者，因此对应于较高无风险利率，看涨期权的价格也较高。

其次，可从动态的角度考察，即考察一个均衡被打破到另一个均衡的过程。在标的资产价格与利率呈负相关时(如股票、债券等)，当无风险利率提高时，原有均衡被打破，为了使标的资产预期收益率提高，均衡过程通常是同时降低标的资产的期初价格和预期未来价格，只是前者的降幅更大。同时，贴现率也随之上升。对于看涨期权来说，两种效应都将使期权价格下降；而对于看跌期权来说，前者效应为正，后者为负，由于前者效应通常大于后者，因此其净效应是看跌期权价格上升。

从两个角度得到的结论刚好相反，在具体运用时要注意区别分析的角度。

(5) 标的资产的收益

由于标的资产分红付息等将减少标的资产的价格，而协议价格并未进行相应调整，因此，在期权有效期内标的资产产生收益将使看涨期权价格下降，而使看跌期权价格上升。

影响期权价格的主要因素如表 7.11 所示。

表 7.11　影响期权价格的主要因素

变量	欧式看涨期权	欧式看跌期权	美式看涨期权	美式看跌期权
S_T	+	−	+	−
X	−	+	−	+
有效期	?	?	+	+
标的资产价格波动率	+	+	+	+
无风险利率 r	+	−	+	−
红利	−	+	−	+

表中“ + ”表示两者相关系数为正，“ − ”表示两者相关系数为负，“?”表示两者相关系数正负关系不一定。从表中可以发现，波动率与任何期权的价值相关系数均为正。也就是说，波动率越大，期权价值必然越大。

7.4.2　期权价格的上限和下限

为了推导出期权定价的精确公式，需要先找出期权价格的上、下限。

1. 期权价格的上限

(1) 看涨期权价格的上限

在任何情况下，期权的价值都不会超过标的资产的价格，否则，套利者就可以通过买入标的资产并卖出期权来获取无风险利润。因此，对于美式和欧式看跌期权来说，标的资产价格都是看涨期权价格的上限：

$$c \leqslant S,\ C \leqslant S \tag{7.4.1}$$

其中，c 为欧式看涨期权价格，C 为美式看涨期权价格，S 为标的资产价格。

(2) 看跌期权价格的上限

由于美式看跌期权的多头执行期权的最高价值为协议价格(X)，因此，美式看跌期权价格(P)的上限为 X：

$$P \leqslant X \tag{7.4.2}$$

由于欧式看跌期权只能在到期日(T 时刻)执行，在 T 时刻，其最高价值为 X，因此，欧式看跌期权价格(p)不能超过 X 的现值：

$$p \leqslant X\mathrm{e}^{-r(T-t)} \tag{7.4.3}$$

其中，r 代表 T 时刻到期的无风险利率，t 代表现在时刻。

2. 期权价格的下限

由于确定期权价格的下限较为复杂，这里先给出欧式期权价格的下限，并区分无收益与有收益标的资产两种情况。

(1) 欧式看涨期权价格的下限

① 无收益资产欧式看涨期权价格的下限

为了推导出期权价格下限，考虑两个组合。组合 A 由一份欧式看涨期权加上金额为 $X\mathrm{e}^{-r(T-t)}$ 的现金构成，组合 B 为一单位标的资产。

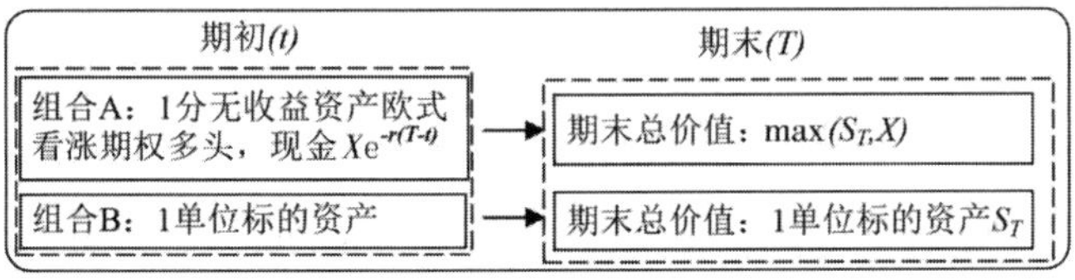

图 7.12　无收益资产欧式看涨期权价格的下限剖析图

由图 7.12 可知，在 T 时刻，由于 $\max(S_T, X) \geqslant S_T$，因此，在 t 时刻组合 A 的价值也应大于等于组合 B，即 $c + X\mathrm{e}^{-r(T-t)} \geqslant S$，则 $c \geqslant S - X\mathrm{e}^{-r(T-t)}$。由于期权的价值一定为正，因此无收益资产欧式看涨期权价格下限为：

$$c \geqslant \max[S - Xe^{-r(T-t)}, 0] \quad (7.4.4)$$

② 有收益资产欧式看涨期权价格的下限

将上述组合 A 的现金改为 $I + Xe^{-r(T-t)}$，其中 I 为期权有效期内资产收益的现值。经过类似推导，可得出有收益资产欧式看涨期权价格的下限为：

$$c \geqslant \max[S - I - Xe^{-r(T-t)}, 0] \quad (7.4.5)$$

（2）欧式看跌期权价格的下限

① 无收益资产欧式看跌期权价格的下限

考虑两种组合，组合 C 由一份欧式看跌期权加上一单位标的资产构成，组合 D 为金额为 $Xe^{-r(T-t)}$ 的现金。在 T 时刻，如果 $S_T < X$，期权将被执行，组合 C 价值为 X；如果 $S_T > X$，期权将不被执行，组合 C 价值为 S_T，即组合 C 的价值为 $\max(S_T, X)$。分析图如图 7.13 所示。

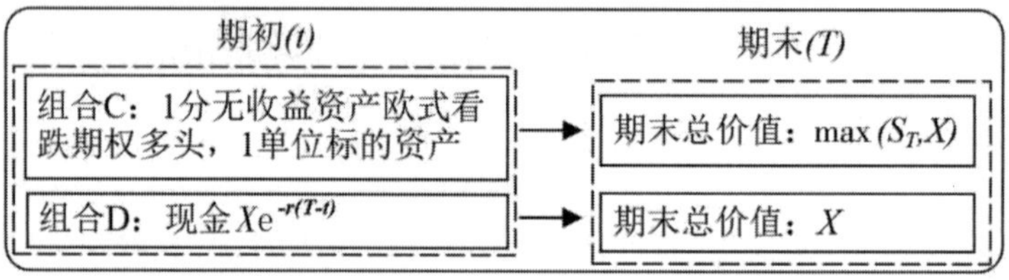

图 7.13　无收益资产欧式看涨期权价格的下限剖析图

由图 7.13 可知，组合 C 的价值在 T 时刻大于等于组合 D，因此组合 C 的价值在 t 时刻也应大于等于组合 D，即 $p + S \geqslant Xe^{-r(T-t)} \Rightarrow p \geqslant Xe^{-r(T-t)} - S$。由于期权价值一定为正，因此无收益资产欧式看跌期权价格下限为 $p \geqslant \max[Xe^{-r(T-t)} - S, 0]$。

② 有收益资产欧式看跌期权价格的下限

将上述组合 D 的现金改为 $I + Xe^{-r(T-t)}$，可得到有收益资产欧式看跌期权价格的下限为 $p \geqslant \max[I + Xe^{-r(T-t)} - S, 0]$。

3. 提前执行美式期权的合理性

美式期权与欧式期权的区别在于能否提前执行，如果可以证明提前执行美式期权是不合理的，那么美式期权定价就可以利用欧式期权定价理论。

考虑两个组合：组合 A 为一份美式看涨期权加上金额为 $Xe^{-r(T-t)}$ 的现金，组合 B 为一单位标的资产。

情形一：不提前执行。在到期时，组合 A 的价值为 $\max(S_T, X)$，组合 B 的价值为 S_T，这意味着，如果不提前执行，组合 A 的价值一定大于等于组合 B。

情形二：τ 时刻提前执行。组合 A 价值为 $S_\tau - X + Xe^{-\hat{r}(T-\tau)}$，组合 B 价值为 S_τ。由于 $T > \tau, \hat{r} > 0$，若提前执行，组合 A 的价值将小于组合 B。

提前执行无收益资产美式看涨期权是不明智的。因此，同一种无收益标的资产的美式看涨期权和欧式看涨期权的价值是相同的，即 $C = c$。

可以得到无收益资产美式看涨期权价格的下限：

$$C \geqslant \max(S - Xe^{-r(T-t)}, 0) \tag{7.4.6}$$

除无收益资产的美式看涨期权提前执行是不明智的之外，其他类型的美式期权都有提前执行的可能。

期权价格的上下限如表 7.12 所示，可以发现欧式期权的下限实际上就是其内在价值。

表 7.12　期权价格的上下限

头寸		标的资产	上限	下限
欧式	看涨	无收益	S	$\max(S - Xe^{-r(T-t)}, 0)$
		有收益	$S - I$	$\max(S - I - Xe^{-r(T-t)}, 0)$
	看跌	无收益	$Xe^{-r(T-t)}$	$\max(Xe^{-r(T-t)} - S, 0)$
		有收益	$Xe^{-r(T-t)}$	$\max(Xe^{-r(T-t)} - (S - I), 0)$
美式	看涨	无收益	S	$\max(S - Xe^{-r(T-t)}, 0)$
		有收益	S	$\max(S - Xe^{-r_\tau(\tau-)t}, S - I - Xe^{-r(T-t)}, 0)$
	看跌	无收益	X	$\max(X - S, 0)$
		有收益	X	$\max(X - S, Xe^{-r_\tau(\tau-t)} - (S - I), 0)$

7.4.3　期权价格曲线形状

弄清楚了期权价格影响因素和期权价格上、下限后，就可以初步推出期权价格曲线的形状。

1. 看涨期权价格曲线

从构成要素讲，期权价格等于内在价值加上时间价值。内在价值主要取决于 S 和 X，而时间价值则取决于内在价值、利率 r、波动率等因素。

先看无收益资产的情况。看涨期权价格的上限为 S，下限为 $\max(S - Xe^{-r(T-t)}, 0)$。期权价格下限就是期权的内在价值。当内在价值等于 0 时，期权价格就等于时间价值。时间价值在 $S = Xe^{-r(T-t)}$ 时最大；当 S 趋于 0 和 ∞ 时，时间价值也趋于 0，此时看涨期权价值分别趋于 0 和 $S - Xe^{-r(T-t)}$。特别地，当 $S = 0$ 时，$C = c = 0$。

此外，r 越高、期权期限越长、标的资产价格波动率越大，则期权价格曲线以原点为中心越往左上方旋转，但基本形状不变，而且不会超过上限。看涨期权价格曲线如图 7.14 所示。

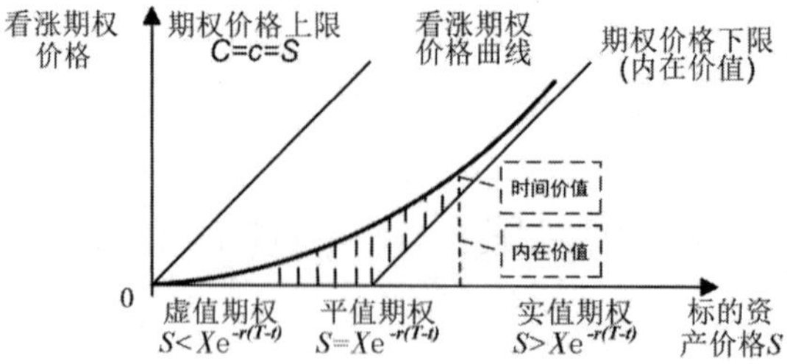

图 7.14　无收益资产看涨期权价格曲线

有收益资产看涨期权价格曲线与图 7.14 类似,只需要把 $Xe^{-r(T-t)}$ 换成 $Xe^{-r(T-t)}+I$。

2. 看跌期权价格曲线

(1) 欧式看跌期权价格曲线

先看无收益资产看跌期权的情形。欧式看跌期权的上限为 $Xe^{-r(T-t)}$, 下限为 $\max[Xe^{-r(T-t)}-S,0]$。当 $Xe^{-r(T-t)}-S>0$ 时,它就是欧式看跌期权的内在价值,也是其价格下限;当 $Xe^{-r(T-t)}-S<0$ 时,欧式看跌期权内在价值为0,其期权价格等于时间价值;当 $S=Xe^{-r(T-t)}$ 时,时间价值最大。当 S 趋于 0 和∞时,期权价格分别趋于 $Xe^{-r(T-t)}$ 和 0。特别地,当 $S=0$ 时,$p=Xe^{-r(T-t)}$。

利率 r 越低,期权期限越长,标的资产价格波动率越高,看跌期权价值以 M 为中心越往右上方旋转,但不能超过上限,如图 7.15(a) 所示。

有收益资产期权价格曲线与图 7.15(a) 相似,只是把 $Xe^{-r(T-t)}$ 换为 $I+Xe^{-r(T-t)}$。

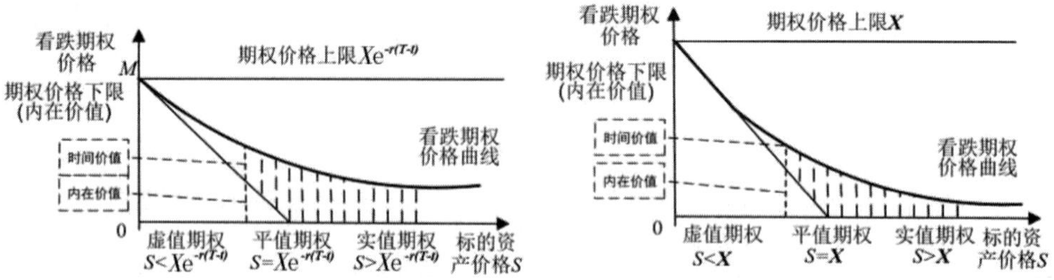

(a) 无收益资产欧式看跌期权　　(b) 无收益资产美式看跌期权

图 7.15　无收益资产看跌期权价格曲线

(2) 美式看跌期权价格曲线

对于无收益标的资产来说,美式看跌期权上限为 X,下限为 $X-S$。当标的资产价格足够低时,提前执行是明智的,此时期权的价值为 $X-S$。因此,当 S 较小时,看跌期权的曲线与其下限或者说内在价值 $X-S$ 是重合的。当 $S=X$ 时,期权时间价值最大。其他情况与欧式看跌期权类似,如图 7.15(b) 所示。

有收益美式看跌期权价格曲线与图 7.15(b) 相似,只是把上限改为 X,把平价点换成 $\max(X,Xe^{-r_\tau(\tau-t)}+I)$。

7.4.4　看涨期权与看跌期权之间平价关系

1. 欧式看涨期权与看跌期权之间的平价关系

(1) 无收益资产的欧式期权

在标的资产没有收益的情况下,为了推导 c 和 p 之间的关系,考虑如下两个组合:组合 A 由一份欧式看涨期权加上金额为 $Xe^{-r(T-t)}$ 的现金构成,组合 B 由一份有效期和协议价格与看涨期权相同的欧式看跌期权加上一单位标的资产构成。

在期权到期时,两个组合的价值均为 $\max(S_T,X)$。由于欧式期权不能提前执行,因此两组合在时刻 t 必须具有相等的价值,即

$$c + Xe^{-r(T-t)} = p + S \tag{7.4.7}$$

这就是无收益资产欧式看涨期权与看跌期权之间的平价关系,该平价关系也可以通过积木分析法快速获得。如果式(7.4.7) 不成立,则存在无风险套利机会,套利活动将最终促使式(7.4.7) 成立。它表明欧式看涨期权的价值可根据相同协议价格和到期日的欧式看跌期权的价值推导出来,反之亦然。

(2) 有收益资产欧式期权

在标的资产有收益的情况下,只要把前面的组合A中的现金改为 $I + Xe^{-r(T-t)}$,就可推导有收益资产欧式看涨期权和看跌期权的平价关系:

$$c + I + Xe^{-r(T-t)} = p + S \tag{7.4.8}$$

从看涨期权和看跌期权的平价关系中,可以对看涨期权和看跌期权的特性进行深入的了解。以看涨期权为例,有 $c = p + S - Xe^{-r(T-t)} - I$。也就是说,在其他条件相同的情况下,如果红利的现值 I 增加,那么期权的价值会下跌。在没有红利的条件下,有 $c = p + S - Xe^{-r(T-t)}$,因此看涨期权等价于借钱买入股票,并买入一个看跌期权来提供保险。和直接购买股票相比,看涨期权多头有两个优点:保险,可以利用杠杆效应。

对看跌期权也可以做类似的分析。

2. 美式看涨期权和看跌期权之间的关系

(1) 无收益资产美式期权

由于 $P > p$,可得 $P > c + Xe^{-r(T-t)} - S$。对于无收益资产看涨期权来说,由于 $c = C$,因此 $P > C + Xe^{-r(T-t)} - S$,即

$$C - P < S - Xe^{-r(T-t)} \tag{7.4.9}$$

进一步,考虑两个组合:组合 A 由一份欧式看涨期权加上金额为 X 的现金构成,组合 B 由一份美式看跌期权加上一单位标的资产组成。

如果美式期权没有提前执行,由图 7.16 易知,组合 A 的价值大于组合 B。

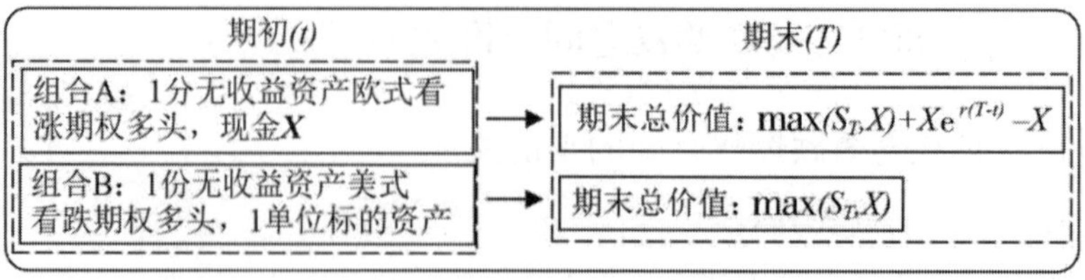

图 7.16　无收益资产美式看涨期权不提前执行剖析图

类似地,如果美式期权在 τ 时刻提前执行,则在 τ 时刻,组合 B 的价值为 X,组合 A 的价值大于等于 $Xe^{r(\tau-t)}$,因此组合 A 的价值也大于组合 B。

总之,无论组合是否提前执行,组合 A 的价值都高于组合 B,则在期初时刻,组合 A 的价值也应高于组合 B,即 $c + X > P + S$。由于 $c = C$,因此 $C - P > S - X$。可得:

$$S - X < C - P < S - Xe^{-r(T-t)} \tag{7.4.10}$$

由于美式期权可能提前执行,因此美式看涨期权和看跌期权没有精确的平价关系,但无收益美式期权必须满足不等式(7.4.10)。

(2) 有收益资产美式期权

把组合 A 的现金改为 $I + X$,可得到有收益资产美式期权必须遵守的不等式:

$$S - I - X < C - P < S - Xe^{-r(T-t)} \tag{7.4.11}$$

通过构造由 1 份欧式看涨期权加上金额为 I + X 的现金的组合 A,由 1 份美式看跌期权加上一单位标的资产的组合 B。类似证明可以得到不等式(7.4.11)的前半部分。对于不支付红利的标的资产,有 $C - P < S - Xe^{-r(T-t)}$。由于红利减少看涨期权的价值而增加看跌期权的价值。对于支付红利的期权,这一不等式也成立。这就证明了不等式(7.4.11)的后半部分。

■ 本章小结

1. 盈亏图与回报图是分析产品风险的常用工具,所有的衍生产品和衍生产品组合都可作出盈亏分布图和回报分布图。

2. 积木分析法主要以图形来分析收益/风险关系以及金融工具之间的组合/分解关系。利用积木分析法,通过将资产的多头或空头头寸与期权相应头寸相组合,可以得到各种可能的头寸及其等价物。

3. 看涨期权赋予其持有者以约定价格购买标的物的权利(而非义务),而看跌期权赋予其持有者以约定价格出售标的物的权利(而非义务)。看跌期权是对标的资产价格下跌的保险,而看涨期权是对标的资产价格上涨的保险。

4. 风险中性指的是这样一种状态:投资者并不需要额外的收益来吸引他们承担风险;所有现金流量都可以通过无风险利率进行贴现,求得现值。无套利定价法与风险中性定价法可谓殊途同归。

5. 期权价格的影响因素有:标的资产的市价、期权的协议价格、期权的有效期、标的资产价格的波动率、无风险利率、标的资产的收益。无风险利率对期权价格的影响较复杂,应具体问题具体分析。

6. 期权价值等于内在价值与时间价值之和。内在价值等于零和期权立即执行时所具有的价值这两者之中的较大值。期权时间价值在内在价值为零时最大,并随期权实值量和虚值量的增加而递减。随着时间的延长,期权时间价值是递增的,但增幅是递减的。标的资产价格波动率越高,时间价值越大。

7. 期权价格的上、下限。

8. 提前执行无收益资产看涨期权是不合理的,而提前执行看跌期权和有收益资产看涨期权,则有可能是合理的。

9. 看涨和看跌期权的平价关系是期权定价中最重要的关系之一。无收益资产欧式看涨期权和看跌期权的平价关系为 $c + Xe^{-r(T-t)} = p + S$,有收益资产欧式期权平价关系为 $c + I + Xe^{-r(T-t)} = p + S$。美式看涨期权与看跌期权之间不存在精确的平价关系。

■ 关键术语

期权,期权合约,看涨期权,看跌期权,欧式期权,美式期权,执行价格,结算准备金,维持保证金,开仓保证金,盈亏图,回报图,积木分析法,符号分析法,无套利定价法,风险中性定价原理,内在价值,时间价值,实值期权,平值期权,虚值期权。

■ 本章习题

1. 假设投资者甲购买了一份价格为 40 元、6 个月后到期的远期合约,若 6 个月后标的资产价格是 30 元、35 元、40 元、45 元和 50 元,甲的收益各是多少?假设投资者乙购买了一个 6 个月后到期、执行价格为 40 元、相同标的资产的看涨期权,则 6 个月乙的收益各是多少?比较甲和乙,远期多头和多头看涨期权哪个合约更贵?为什么?

2. 设 A 公司的股票不支付股息,即期价格为 60 元,1 年后交割的远期价格是 65 元,1 年的年利率为 3%。绘制远期价格为 100 元的 A 公司股票远期合约的盈亏图和回报图。投资该公司股票或远期合约能获得好处吗?假设 A 公司预计每年支付 2 元的股息,其他条件保持不变。那么,现在投资该公司的股票或远期合约能获得好处吗?为什么?

3. 试讨论以下观点是否正确:看涨期权空头可以被视为其他条件都相同的看跌期权空头与标的资产现货空头(其出售价格等于期权执行价格)的组合。

4. 为什么美式期权价格至少不低于同等条件下的欧式期权价格?

5. 为什么交易所向期权卖方收取保证金而不向买方收取保证金?

6."期权交易具有很高的杠杆,因此征收越高的保证金,期权交易的风险越低。"试评论这一观点。在期权交易中征收很高的保证金,可能会产生什么不利影响?

7.投资者A于2023年3月13号按每股0.080 0元的价格卖出一份3月到期、行权价为3.55元的50ETF看跌期权,共收入期权费900元。该期权合约的前结算价为0.093 8元,50ETF前收盘价为3.570元。请计算该投资者应缴纳的开仓保证金。3月13日,50ETF收盘价为3.620元,上述期权的结算价为0.097 7元,请计算该投资者的维持保证金。投资者当天浮动盈亏金额是多少?若开仓时该投资者账户上的资金刚好只够缴纳开仓保证金,那么该投资者还需补缴多少保证金?

8.简述期权和期货的区别与联系。

9.某投资者买进一份欧式看涨期权,同时卖出一份标的资产、期限和协议价格都相同的欧式看跌期权,请描述该投资者的盈亏状况,并揭示相关衍生产品之间的关系。

10.假设现在是3月份,A股票价格20元,期权价格为2元。甲卖出1份A股票的欧式看涨期权,9月份到期,协议价格为20元。如果期权到期时A股票价格为25元,请问甲在整个过程中的现金流状况如何?如果期权到期时A股票价格为15元,请问甲的现金流状况又如何?

11.某一协议价格为25元、有效期为6个月的欧式看涨期权价格为2元,标的股票价格为24元,该股票预计在2个月和5个月后各支付0.50元股息,所有期限的无风险连续复利年利率均为3%。请问该股票的协议价格为25元、有效期为6个月的欧式看跌期权价格等于多少?

12.标的股票价格为31元,执行价格为30元,无风险年利率为3%,3个月期的欧式看涨期权价格为3元,欧式看跌期权价格为2.25元,如何套利?

13.试述无套利定价原理和风险中性定价原理基本思想,并讨论两者间内在联系。

14.一份看涨期权执行价格112元、期限1年,标的股票价格100元,无风险利率0.08。假设1年后,股票价格要么上升为180元要么下跌为60元,求期权价值是多少?

15.某股票目前价格为40元,假设该股票1个月后的价格要么为42元,要么为38元。连续复利无风险年利率为3%。请问1个月期的协议价格等于39元的欧式看涨期权价格等于多少?

16.简述影响期权价格的因素有哪些,并说明如何影响。

17.设某一无红利支付股票的现货价格为30元,连续复利无风险年利率为3%,求该股票的协议价格为27元、有效期为3个月的看涨期权价格的上限和下限各是多少?

18.假设一个美式看涨期权的执行价格为26元,期限为6个月,期权价格为1.5元。假定当前股票价格为20元,无风险利率为年利率2.8%。请问具有相同执行价格和期限的美式看跌期权的上、下限分别为多少?

第三部分　应用篇

第 8 章　远期、期货和互换的应用

本章重点介绍衍生产品的三大应用:套期保值、套利和投机。介绍套期保值的定义、类型和应用以及基差的定义,分析基差变化对套期保值效果的影响,概述套利和投机业务需要注意的事项。

8.1　运用远期与期货进行套期保值

对冲风险是衍生产品的基本功能之一,一般通过套期保值操作来实现。套期保值是所有金融衍生产品产生的最主要动因之一,也是金融工程学主要应用领域之一。

风险对冲是指通过投资或购买与标的资产收益波动负相关的某种资产或衍生产品,来冲销标的资产潜在的风险损失的一种风险管理策略。

风险对冲是管理市场风险(利率风险、汇率风险、股权风险和商品价格风险)的一种非常有效的方法。与风险分散策略不同,风险对冲不仅可以管理系统性和非系统性风险,而且可以根据投资者的风险承受能力和风险偏好调整对冲比率(套期保值比率),将风险降至预期水平。风险对冲策略的关键是确定套期保值头寸和比率,它们直接影响风险管理的套期保值成本和效果。

套期保值是指已面临价格风险的主体,利用一种或几种套期保值产品,试图抵消其所冒风险的行为。

套期保值可分为静态套期保值和动态套期保值。静态套期保值是指一次交易之后直至到期都不再调整的套期保值交易,它是与需要不断调整头寸的动态套期保值相对而言的。

8.1.1　运用远期(期货)进行套期保值

1. 套期保值遵循的原则

为保证套期保值的效果,套期保值策略一般应遵循以下四个原则:

(1) 品质相同原则。投资者在进行套期保值操作时,所选择的期货品种与要进行套期保值的现货品种相同或尽可能相近,只有如此,才能最大限度地保证两者在现货市场和期货市场上价格走势的一致性。因此,应选择具有足够流动性且与被套期保值的现货资产相同或者高度相关的合约品种的衍生产品进行套期保值。

(2) 数量相等原则。所选用的期货品种合约上所载明的商品数量必须与现货市场上要保值的商品数量相等,只有如此,才能使一个市场上的盈利(亏损)与另一市场的亏损(盈利)相等或接近,从而提高套期保值的效果。

(3) 方向相反原则。在同一时刻,现货市场与衍生市场交易方向相反。由于同种(相近)商品在两个市场上的价格走势方向一致,因此必然会在一个市场盈利而在另外一个市场上亏损,盈亏相抵,从而达到保值的目的。

(4) 时间相同原则。期货与现货交易同步。应选择到期时间完全相同或尽可能一致的衍生产品种。当到期时间无法完全吻合时,通常选择比所需的套期保值月份略晚但尽量接近的衍生产品。

2. 运用远期(期货)进行套期保值的类型

(1) 多头套期保值

多头套期保值,即通过进入远期或期货市场的多头对现货市场进行套期保值,以避免未来标的资产价格上升而造成损失,其结果是将未来的价格固定在某一水平上。它适用于打算在未来筹资的公司,以及打算在未来某一时间出售现已持有的未到期长期债券的持有者。

【例题 8.1】 股指期货多头套期保值

2023 年 1 月,某保险公司计划 3 月份用 2 100 万元购买沪深 300 指数成份股,为防止股市上涨导致成本过高,该公司买入相同时期股指期货 IF2303 进行套期保值。

① 到期上涨

表 8.1 到期现货价格上涨时分析表

时间	现货市场	期货市场
1 月	目标成本 3 500 点	买入 3 月 IF2303 期货合约 20 份, $G_0 = 3\ 500$ 点
3 月	买入沪深 300 指数成份股,4 130.55 点	卖出 3 月 IF2303 期货合约 20 份, $G_1 = 4\ 130.55$ 点

现货市场亏损 3 500 点 − 4 130.55 点 = −630.55 点,期货市场盈利 4 130.55 点 − 3 500 点 = 630.55 点。期货市场盈利弥补了现货市场亏损。实际购买成本为 4 130.55 点 − 630.55 点 = 3 500 点。

② 到期下跌

表 8.2 到期现货价格下跌时分析表

时间	现货市场	期货市场
1 月	目标成本 3 500 点	买入 3 月 IF2303 期货合约 20 份, $G_0 = 3\ 500$ 点
3 月	买入沪深 300 指数成份股, $H_1 = 3\ 405$ 点	卖出 3 月 IF2303 期货合约 20 份, $G_1 = 3\ 405$ 点

现货市场盈利 3 500 点 - 3 405 点 =95 点，期货市场亏损 3 405 点 - 3 500 点 = -95 点。套期保值并不能保证一定盈利。实际购买成本为 3 405 点 + 95 点 =3 500 点。

运用期货或远期进行多头套期保值，虽消除了价格风险，但并不能保证一定盈利。

(2) 空头套期保值

空头套期保值也称卖出套期保值，即通过进入远期或期货市场的空头对现货市场进行套期保值。适用于打算在未来投资的投资者，或日后将卖出现货，又担心现货价格下跌的投资者。

【例题 8.2】　外汇远期套期保值

2022 年 5 月 26 日，假设国内某外资企业 A 向美国出售一批货物，计价单位为美元，已知 1 年后将收到 1 000 万美元，既定汇率为 1 美元 =6.784 人民币。汇率是时刻变化的，这说明它面临着风险。A 担心 1 年后美元贬值，可以通过持有汇率远期空头头寸来规避汇率风险。

首先，A 向中国某银行卖出 1 年的美元远期，即约好 1 年后以 1: 6.784 兑换人民币。这样，无论 1 年后的美元实际汇率如何，该企业的财务状况都不会受到影响。

① 美元贬值

表 8.3　美元贬值时分析表

时间	现货市场	远期市场
2022-5-26	目标汇率 678.4 人民币/100 美元	卖出 1 年美元远期，约定 1 年后以汇率 678.4 人民币/100 美元卖出 1 000 万美元
2023-5-28	收入 1 000 万美元，即期汇率 671.39 人民币/100 美元	以汇率 671.39 人民币/100 美元在现货市场买入，以汇率 678.4 人民币/100 美元卖出

其中，收入(678.4 -671.39)人民币/100 美元 ×1 000 万美元 =70.1 万人民币，实际汇率为[671.39 + (678.4 - 671.39)]人民币/100 美元 =678.4 人民币/100 美元。

② 美元升值

表 8.4　美元升值时分析表

时间	现货市场	远期市场
2022-5-26	目标汇率 678.4 人民币/100 美元	约定 1 年后以汇率 678.4 人民币/100 美元卖出 1 000 万美元
2023-5-28	收入 1 000 万美元，即期汇率 693.78 人民币/100 美元	以汇率 693.78 人民币/100 美元在现货市场买入，以汇率 678.4 人民币/100 美元卖出

其中，亏损(693.78 -678.4)人民币/100 美元 ×1 000 万美元 =153.8 万人民币，实际汇率为 [693.78 - (693.78 - 678.4)]人民币/100 美元 =678.4 人民币/100 美元。

从上述分析可知，如果半年后美元贬值(比如 1: 6.713 9)，则该企业通过买卖远期外汇避免了0.070 1人民币的损失。假如半年后美元升值(比如1∶6.937 8),该公司将少收了每美元0.153 8人民币的利润。直观上看,此时这笔外汇买卖是不合算的。但是考虑到风险转移的目标是用确定性代替不确定性,所以该企业在将潜在的损失转移出去后,也将潜在的利润转移出去了,这是转移风险所付出的代价。同时,该企业在外汇市场上的交易对手由于承担了相应的风险,就有可能获取利润。在现实中,人们对风险的态度是不一样的,既有风险厌恶者,也有风险偏好者和风险中性者。风险偏好者愿意承担一些风险以期赚取利润。从宏观看,风险从一部分人身上转移到另一部分人身上,在总体上并没有消除;从微观看,风险的转移意味着风险在市场交易者之间进行了合理配置,提高了市场参与者的总体效用,活跃了金融市场交易。

总之,套期保值的意义在于可以锁定成本,消除价格风险。套期保值的不足是失去了现货价格变动所带来的收益。

多头套期保值适用于日后将买入现货,又担心现货价格上涨的情况;空头套期保值适用于日后将卖出现货,又担心现货价格下跌的情况。

3. 完美与不完美的套期保值

在实际运用中,套期保值的效果可能由于以下原因而受到影响:首先,需要避险的资产与避险产品的标的资产不完全一致;其次,套期保值者可能并不能确切地知道未来拟出售或购买资产的时间;最后,需要避险的期限与避险产品的期限可能不一致。

所谓完美的套期保值是指能够完全消除价格风险的套期保值。不完美的套期保值是指不能够完全消除价格风险的套期保值。

现实中,不完美的套期保值是常态。在这些情况下,就必须考虑基差风险、合约的选择、套期保值比率等问题。实际上,远期和期货的套期保值原理是相同的,因此以下的分析也适用于远期。

(1) 基差风险

在第5章讨论远期和期货价格时,把基差定义为现货价格与期货价格之差,$b = H - G$。如果拟套期保值的资产与期货的标的资产一致,则在期货合约到期日基差应为零,而在到期日之前基差可能为正值或负值。如果拟套期保值的资产与期货的标的资产不一致,则不能保证期货到期日基差等于零。

当套期保值期限已到而基差不为零时,套期保值就存在基差风险。为进一步说明套期保值的基差风险,当前时刻,若令现货、期货价格分别为H_0、G_0,基差为b_0。若未来结束时,现货、期货价格分别为H_1、G_1,基差为b_1。当1单位现货空头用1单位期货多头进行套期保值时,套期保值结束时,期货标的资产的现货价格为S_1,则$b_1 = H_1 - G_1 = (S_1 - G_1) + (H_1 - S_1)$。

① 如果期货的标的资产与需要进行套期保值的现货是同一种资产,且期货到期日就

是投资者现货的交易日，则 $S_1 = H_1$。由于期货是零和博弈，则 $S_1 = G_1$，即 $b_1 = 0$，此时可以实现完美的套期保值。

② 若期货标的资产与需要套期保值的资产不是同一种资产，如石油与原油期货，就无法保证 $S_1 = H_1$，则 b_1 无法确定。无法实现完美的套期保值。

③ 若期货到期日与需要套期保值的日期不一致，也无法保证套期保值结束时期货价格与其标的物价格一定会收敛，即无法保证 $S_1 = H_1$，则 b_1 无法确定。无法实现完美套期保值。

由于 b_1 的不确定性产生的风险被称为基差风险。虽然通过不完美的套期保值，投资者依然可能面临着基差风险，但基差风险总小于标的资产现货价格的波动风险，因此能起到降低风险的作用。

（2）基差变化

期货价格收敛于现货市场的过程并不是一帆风顺的，也就是说，基差会随着期货价格和现货价格变动幅度的差距而变化。当现货价格的增长大于期货价格的增长时，称为基差增大。当期货价格的增长大于现货价格增长时，称为基差减小。

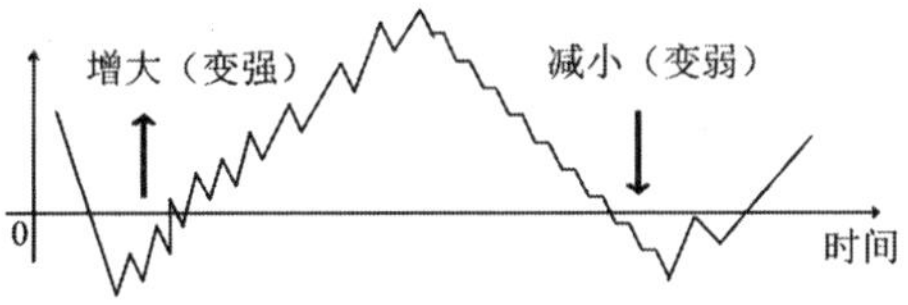

图 8.1 基差变化示意图

由基差的定义易知，导致基差减小的原因可能在于：现货价格的涨幅小于期货价格的涨幅，现货价格的跌幅大于期货价格的跌幅，或者现货价格下跌而期货价格上涨。导致基差增大的原因可能在于：现货价格的涨幅大于期货价格的涨幅，现货价格的跌幅小于期货价格的跌幅，或者现货价格上涨而期货价格下跌。

图 8.2 为 2023 年 3 月 3 日沪深 300 股指期货 IF2306 与现货价格走势图，从图中可以看出，基差是期货价格与现货价格之间实际运行变化的动态指标。

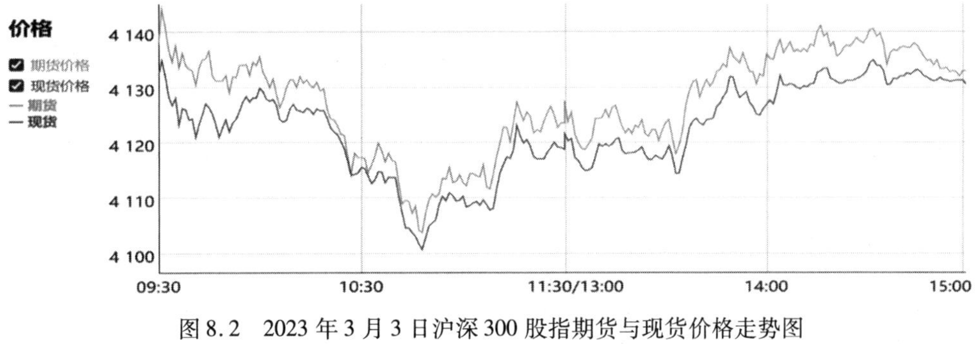

图 8.2 2023 年 3 月 3 日沪深 300 股指期货与现货价格走势图

如果被套期保值的风险不能被用于套期保值的衍生产品完全抵消，则会产生基差风险。下面分别使用衍生产品的两个著名案例说明控制基差风险的重要性。

【案例8.1】 美国西南航空公司套期保值成功

美国西南航空公司以对其喷气式飞机燃油的成本进行成功的套期保值而闻名。20世纪90年代,燃料成本占西南航空公司运营成本的10% ~15%。后来,燃料成本已达到其运营成本的25%。由于燃料成本在过去十年中不断增加,西南航空公司决定对其进行套期保值。

由于交易所没有可供交易的喷气式飞机燃油期货,西南航空公司采用交叉套期保值方式,主要是原油及其精炼产品,如民用燃油和无铅汽油。同时,该公司也对未来计划的大部分燃油需求进行了套期保值。该公司仅使用金融衍生产品来降低喷气式飞机燃油价格风险,不持有用于交易目的的金融衍生产品。

西南航空公司2005年套期保值收益占税后利润的114.51%,这意味着如果没有套期保值利润,该公司税后亏损。对喷气式飞机燃油进行套期保值已成为西南航空公司盈利的重要手段。

【案例8.2】 德国金属公司套期保值失败

1992年之前的10多年里,德国金属公司(MG)的美国子公司一直以固定价格向超过1.5%的客户供应石油产品,包括汽油、民用燃料和柴油。作为供应商,MG公司使用期货和互换来对冲由此产生的空头头寸风险。MG公司主要使用短期NYMEX原油和民用燃料进行对冲。因此,MG公司采用滚动套期保值策略,在每个月滚动操作。

然而,在1993年的大部分时间里,由于石油市场都是正向市场,MG公司在滚动操作过程中接连遭受亏损,必须不停地补足保证金以满足要求。1993年12月,MG公司的监管机构决定清算其供给合同和对这些合约进行套期保值的期货头寸。最后,MG公司在套期保值中共遭受2亿~13亿美元的损失。

尽管美国西南航空公司和德国金属公司的案例已经成为历史,但套期保值者仍将面临与案例相同的问题,基差风险不容忽视。

(3) 数量风险

数量风险是指投资者事先无法确知需要套期保值的标的资产规模或因为期货合约的标准数量规定无法完全对冲现货的价格风险。

通常认为,套期保值最重要的风险是基差风险,因此本书在讨论最优套期保值比率时,通常不考虑数量风险。

4. 远期(期货)套期保值策略

为了降低基差风险,要选择合适的期货合约,它包括四个方面:选择合适的标的资产、选择合约的交割月份、选择远期(期货)的头寸方向(即多头还是空头)以及确定远期(期货)合约的交易数量。

选择标的资产的标准是标的资产价格与保值资产价格的相关性。相关性越好，基差风险就越小。因此，选择标的资产时，最好选择保值资产本身，若保值资产没有期货合约，则选择与保值资产价格相关性最好的资产的期货合约。

选择合约的交割月份时，要考虑是否打算实物交割。对于大多数金融期货而言，实物交割的成本并不高，在这种情况下，通常应尽量选择与套期保值到期日相一致的交割月份，从而使基差风险最小。如果实物交割很不方便，那就应选择随后交割月份的期货合约。这是因为交割月份的期货价格常常很不稳定，在交割月份平仓常常要冒较大的基差风险。若套期保值者不能确切地知道套期保值到期日，则应选择稍后交割月份的期货合约。

选择头寸方向时，当价格上涨可能对投资者带来不利影响时，选择多头套期保值。当价格下跌可能对投资者带来不利影响时，选择空头套期保值。

5. 运用远期（期货）进行其他类型的套期保值

标的资产相同的现货与衍生产品之间都可以相互进行套期保值。先确定现货与衍生产品之间的最优套期保值比率，再确定衍生产品之间的最优套期保值比率。

8.1.2　最优套期保值比率的确定

1. 套期保值比率

套期保值比率指用于套期保值的资产（如远期或期货）头寸对被套期保值的资产头寸的比率。套期保值比率 n 表示 1 单位的现货头寸进行套期保值需要用 n 单位的套期保值产品。

最优套期保值比率能够最大程度地消除被保值对象价格变动风险。当存在基差风险时，最优套期保值比率很可能不为 1。

以 1 单位现货空头用 n 单位期货多头进行套期保值为例，整个组合价值的变动为 $\Delta\Pi = n(G_1 - G_0) - (H_1 - H_0)$。因为套期保值的目的是使组合价值变动对现货价格变化敏感性为零，则有

$$\frac{\partial(\Delta\Pi)}{\partial(\Delta H)} = \frac{\partial(n\Delta G - \Delta H)}{\partial(\Delta H)} = 0$$

进一步可得：$n = \frac{\partial(H_1)}{\partial(G_1)} = \frac{\partial_{r_H \times H_0}}{\partial_{r_G \times G_0}} = \frac{\partial_{r_H} \times H_0}{\partial_{r_G} \times G_0}$，其中 $r_H = \frac{\Delta H}{H_0}$，$r_G = \frac{\Delta G}{G_0}$。

需要套期保值交易的期货合约份数 N 是使得现货头寸总价值变动等于期货头寸总价值变动的数量。若 Q_H 表示现货头寸的数量，Q_G 表示每份期货合约的数量，需要 N 份期货合约，则

$$N = n \times \frac{Q_H}{Q_G} = \frac{\partial(\Delta H) \times Q_H}{\partial(\Delta G) \times Q_G} = \frac{\partial r_H \times H_0 \times Q_H}{\partial r_G \times G_0 \times Q_G} = \frac{\partial r_H \times V_H}{\partial r_G \times V_G}。$$

金融中常将风险定义为“方差”，因此最优套期保值比率可理解为最小方差套期保值比率。求最优套期保值比率的方法之一是通过计算最小方差套期保值比率得到。

最小方差套期保值比率指套期保值的目标是使得整个套期保值组合收益的波动最小，具体体现为套期保值收益的方差最小。

为了推导出套期保值比率（n）与相关系数(ρ)之间的关系，令ΔG和ΔF代表套期保值期内保值资产现货价格的变化和期货价格的变化，σ_G代表ΔG的标准差，σ_F代表ΔF的标准差，σ_Π代表套期保值组合的标准差，Π表示组合未来的价值，则$\Delta\Pi = n\Delta G - \Delta H$。而

$$\sigma_\Pi^2 = D(\Delta H - n\cdot\Delta G) = \sigma_H^2 + n^2\sigma_G^2 - 2n\rho_{HG}\sigma_H\sigma_G \tag{8.1.1}$$

为使组合Π方差最小，需要满足一阶条件$\frac{\partial\sigma_\Pi^2}{\partial n} = 2n\sigma_G^2 - 2\rho_{HG}\sigma_H\sigma_G = 0$和二阶条件$\frac{\partial^2\sigma_\Pi^2}{\partial n^2} = 2\sigma_G^2 > 0$，可得最小方差套期保值比率为

$$n = \rho_{HG}\frac{\sigma_H}{\sigma_G} = \frac{\mathrm{Cov}(\Delta H,\Delta G)}{\mathrm{Var}(\Delta G)} \tag{8.1.2}$$

上式表明，相关系数ρ_{HG}越接近1，套期保值效果越好，这与套期保值原则的第一条品质相同原则相一致。

【例题8.3】 最小方差套期保值比率的计算

假设某投资者A持有某种价值100万元的现货资产，目前现货价格为100元。运用某种标的资产与该资产相似的期货合约进行3个月期的套期保值。如果该现货资产价格季度变化的标准差为0.65元，该期货价格季度变化的标准差为0.81元，两个价格变化的相关系数为0.8，每份期货合约规模为100 000元，期货价格为50元。请问三个月期货合约的最优套期保值比率是多少?应如何进行套期保值操作?

解:最优套期保值比率为$n = \rho_{HG}\frac{\sigma_H}{\sigma_G} = 0.8\times 0.65/0.81 = 0.64$。

因此，投资者A应持有的期货合约份数为$N = n\times\frac{Q_H}{Q_G} = n\times\frac{1\,000\,000/100}{100\,000/50}$份$= 3.2$份。

所以，该投资者应持有3份期货空头以实现套期保值。

最小方差套期保值比率也适用于股指期货，CAPM衡量股票系统性风险的β系数可近似地看成最优套期保值比率n。即用股价指数期货为股票组合套期保值时，最佳的套期比率为$n = \beta$。

【例题8.4】 沪深300股指期货套期保值

假设某投资经理管理着一个总价值为7 000万元的多样化股票投资组合并长期看好该组合，该组合相对于沪深300指数的β系数为1.2。2023年2月14日，该投资经理认为短期内大盘有下跌的风险，可能会使投资组合遭受损失，决定进行套期保值。

假定用2023年3月到期的沪深300股指期货来为该投资组合未来一个月的价值变动进行套期保值。2023年3月2日该股指期货价格为4 126.60点。如果运用最小方差套期保值比率并以该投资组合的β系数作为近似，则

$$N=\beta\frac{Q_H}{Q_G}=\left(\frac{70\ 000\ 000}{4\ 126.6\times 300}\right)\times 1.2\text{ 份}=67.85\text{ 份}\approx 68\text{ 份}$$

即该投资经理需要卖出沪深300股指期货合约68份以进行套期保值。

2. 最优套期保值比率的估计

(1) 最小方差套期保值比率的 OLS 估计

估计最小方差套期保值比率的方法有最小二乘回归(OLS)，只要有必需的价格时间序列数据，就可以得到相应的一元线性回归方程。

方法 I　作线性回归方程$\Delta H = a + b\Delta G + \varepsilon$。OLS 回归方程中的回归系数$b$定义为$b = \frac{\mathrm{Cov}(\Delta H,\Delta G)}{\mathrm{Var}(\Delta G)}$。经典假设下，$b$与前述最小方差套期保值比率一致。因此，套期保值期货合约份数为$N = b \times Q_H/Q_G$。

OLS 回归省去了直接估计式(8.1.2)中计算期货和现货价格的标准差和相关系数的麻烦，而且回归结果中的R^2能够反映套期保值的有效性。回归时应注意ΔH与ΔG的时间应与实际套期保值期长度相同，且时间不宜重合。

方法 II　利用收益率作线性回归方程$r_H = a + b'r_G + \varepsilon$，则$N = b'V_H/V_G$。

用上述方法进行回归时，一般情况下可得数据较少，而且最小二乘回归要求因变量服从对称分布。在时间序列平稳的情况下，日收益与更长时间收益的统计性质是一致的。虽然$\Delta H(r_H)$和$\Delta G(r_G)$不服从对称分布，但其对数收益率却满足条件。因此实际操作中往往用现货和期货价格的每日收益率对数数据进行回归。

(2) 最小方差套期保值比率的有效性

可以用风险降低的百分比e^*来衡量套期保值的效果。由式(8.1.1)，定义风险降低的百分比e^*为：

$$e^* = \frac{\sigma_H^2 - \sigma_\Pi^2}{\sigma_H^2} = 1 - \frac{\sigma_\Pi^2}{\sigma_H^2} = \rho^2$$

回归方法结果中的R^2能够反映保值的有效性。未保值资产的价格风险为σ_H^2，卖出n单位的期货对应R^2中的$n^2\sigma_G^2$。因此R^2说明了未保值资产价格变化的总风险中可保值的比例，即

$$R^2 = \frac{n^2\sigma_G^2}{\sigma_H^2} = \frac{\text{可保值的风险}}{\text{未保值风险}} = \rho^2$$

因此100%的e^*意味着现货资产价格风险可以得到完全保值，而0%的e^*意味着无法进行保值。

3. 投资组合系统性风险的改变

投资者可根据套期保值策略调整股票组合的系统性风险与预期收益。例如,假设股票组合的现在风险为β,目标风险为β^*,则套期保值比率就应该为$\beta^* - \beta$,需要交易的股指期货份数为$(\beta^* - \beta) V_H/V_G$。

当$\beta^* > \beta$时,意味着投资者希望提高所承担的系统性风险,获取更高的风险收益,由$\beta^* - \beta > 0$,应进行多头套期保值;反之,当$\beta^* < \beta$时,表示投资者希望降低风险,由$\beta^* - \beta < 0$,应进行空头套期保值。特别地,目标$\beta^* = 0$表示投资者希望将风险降为零。

8.2 运用远期与期货进行套利与投机

1. 运用远期(期货)进行套利

套利是保证各种金融产品(如现货、远期、期权和互换)、各种期限结构(如即期利率期限结构、远期利率期限结构、附息票债券到期收益率期限结构、远期汇率期限结构等)、各地金融市场保持高度相关性的重要途径,是效率市场的必要条件,也是金融工程学的另一重要运用领域。

套利是指利用一个或多个市场存在的各种价格差异,在不冒任何损失风险且无需投资者自有资金的情况下有可能赚取利润的交易策略(或行为)。

由此可见,判断一个交易策略是不是严格的套利策略,有三个标准:首先,没有自有资金投入,所需资金通过借款或卖空获得;其次,没有损失风险,最糟糕的情况是终点又回到起点,套利者的最终收益(已扣掉借款利息)还是零;最后,存在正的赚钱概率。这意味着套利的最终结果可能没赚钱,但只要事前存在赚钱的概率且不存在亏钱的概率就可以了。

套利是利用资产定价的错误、价格联系的失常,以及市场缺乏有效性的其他机会,通过买进价格被低估的资产,同时卖出价格被高估的资产来获取无风险利润的交易策略。套利是市场无效率的产物,而套利的结果促使市场效率提高,因此套利的正面效应远超过负面效应,应予充分鼓励和肯定。

期货价格收敛于标的资产现货价格正是由套利行为决定的。假定交割期间期货价格高于标的资产的现货价格,套利者就可以通过买入标的资产、卖出期货合约并进行交割来获利,从而促使现货价格上升,期货价格下跌。相反,如果交割期间现货价格高于期货价格,那么打算买入标的资产的人就会发现,买入期货合约等待空头交割比直接买入现货更合算,从而促使期货价格上升。

2. 运用远期(期货)进行投机

因为远期(期货)与其标的资产价格变动的风险源是相同的,因此远期(期货)与其标的资产之间往往存在着良好的替代关系，投机者通过承担价格变动的风险获取收益，既可以通过远期（期货）实现，也可以通过现货实现。

运用远期（期货）进行投机的优点是进入成本低、具有高杠杆效应。高杠杆可能会使得一个小比例的价格变化带来放大的收益，但也可能导致一个小比例的价格变化带来放大的亏损。适度投机可起到提高流动性的作用。远期（期货）投机者不仅承担价格变动的市场风险，也承担流动性风险，以获取风险收益。

【例题 8.5】　沪深 300 指数期货交易杠杆效应

假设投资者 A 于 2022 年 9 月 5 日进入中国金融期货交易所的沪深 300 指数期货 IF2209 交易，按开盘价 2 792.8 点买入 1 手 IF2209 。假设经纪公司要求的初始保证金和维持保证金比例均为 15% ，则需提交保证金 2 792.8 ×300 × 15% 元 = 125 676 元，在接下来的两个交易日内，其损益状况如表 8.5 所示。

表 8.5　投资者 A 两个交易日内的损益状况

日期	结算价格/元	保证金账户余额/元	追加保证金/元	指数日收益率	投资者在期货头寸上的日收益率
2022-09-05	2 753.0	113 736	10 149	-1.43%	-9.5%
2022-09-06	2 726.6	115 965	6 732	-0.96%	-6.39%
2022-09-07	2 774.0	136 917	0	1.74%	11.58%

由表中结果可以看出，期货在放大收益的同时也可能放大亏损，所以远期（期货）投机具有高杠杆效应，投资需谨慎。

虽然期货具有杠杆效应，但使用的效果取决于投资者的分析。

【案例 8.3】　中国远洋远期运费协议

中国远洋的衍生交易损失源自远期运费合约（FFA）。FFA 是买卖双方基于运费价格签订的远期合约，其中规定了具体的航线、价格、数量、价格日期、交割价格计算方法等，到期市场价格通常以交割日波罗的海官方运费指数价格（BDI）为准。FFA 合约的履行方式为买卖双方约定在未来某一时点，收取或支付 BDI 指数与 FFA 约定的运费价格或租金之间的差额。

FFA 是国际航运领域规避运费市场风险的重要工具，其参与者主要包括航运商、贸易商、生产商等，以及各种投资银行、期货公司等，如德意志银行、法国兴业银行、高盛、摩根士丹利等纷纷涉足此领域。中国远洋 2005 年开始参与 FFA 交易，主要目的是对冲租人船风险，因为公司运力的 60% 以上靠租人船队，租船成本对公司利润影响较大。在 2008 年上半年，中国远洋早早锁定了近 80% 运营天数的运价。此时波罗的海官方运费指数正处于历史高位,人们普遍预计未来航运市场的需求依然会继续增加,运价仍有大幅上涨的可能。基于此预期,中国远洋买入了相当数量的 FFA,以对冲未来租船的成本。有些合约的履行期迟至 2010 年。

然而,受金融海啸影响,BDI 指数在 2008 年 5 月 20 日创下了 11 793 点的历史最高位后开始剧烈波动,9 月后进入暴跌,2008 年底跌至 744 点,跌幅达 93% 以上。中国远洋在 FFA 上的多头策略显示出巨大的风险,最终浮亏达 52 亿元,冲抵掉 2008 上半年已结算的 FFA 合约实现的 11 亿元盈利,最终 FFA 合约的公允价值变动损失达 41 亿元。

中国远洋签订 FFA 交易的初衷是做套期保值,但公司在 BDI 指数高位时还做多,且头寸如此之大,已蜕变为投机。公司 2008 年年报显示,公司有效套期部分的损失仅为 3.6亿元,无效套期保值部分比例高达 90% 以上。

虽然中国远洋的投机造成了巨大的损失,但是适度投机可起到积极作用。下面是一个成功投机的案例。

【案例 8.4】 利用铜期货投机案例

在 1999 年一季度后,国内铜价跌破某铜业公司的最低成本线,国际铜价也跌破了人们公认的社会平均成本价,在这样的市况面前,该公司判断国际上大规模的限产活动必将导致铜价的大幅上扬。基于这种判断,该公司为减少亏损,决定采用“限售存库”的营销策略。2 个月后,该公司的库存已接近 2 万吨,而铜价并没有出现他们所期盼的大幅上升。在这种背景条件下,公司的流动资金越来越少。于是公司进一步采取了风险保值策略。公司在现货市场上开始加大销售库存的力度,并每日在期货市场上买入与现货市场上所销售库存数量相等的期货合约,以保持其资源保有量不变。

几个月后,当期货市场价格达到其预设的目标销售价时,该公司立即将其买入的期货合约全部平掉,从而使该公司有效地摆脱了亏损困境。

一般来说,套期保值在衍生市场上是单边交易。虽然部分投机者也是单边交易,但套期保值已经在现货市场上有头寸,通过套期保值对风险进行了规避。投机者原来没有风险,投机后就要承担未来价格波动的风险。

总之,套利与投机对于衍生产品市场是非常重要的。以期货市场为例,一方面,因为期货和标的现货市场之间可以套利,期货才不会脱离现货价格而出现非常离谱的价格。期现套利使价格更合理,更能反映现货市场的走势。另一方面,套利和投机行为有助于提高期货市场的流动性。套利和投机行为的存在不仅增加了期货市场的交易量,也增加了现货市场的交易量。市场流动性的提高,有利于投资者的正常交易和套期保值操作的顺利实施。

8.3 互换的应用

互换主要被用于套利、风险管理与合成新金融产品。无论何种用途,其最终目的都是降低交易成本、提高收益与规避风险。互换的这些重要运用促进了互换市场的迅速发展。

8.3.1 运用互换进行套利

通过金融互换在全球各市场之间进行套利,一方面能够降低筹资者的融资成本或提高投资者的资产收益,另一方面促进了全球金融市场的一体化。

根据套利收益来源的不同,互换套利可大致分为信用套利、税收与监管套利两种,本书以信用套利为例。

1. 利率互换

双方进行利率互换的主要原因是双方在固定利率和浮动利率市场上具有比较优势。

【例题 8.6】 运用利率互换进行信用套利

假设两家公司 AAA 与 BBB 均想借入 5 年期的 1 000 万元借款,AAA 公司想借入与 6 个月期 Shibor 有关的浮动利率借款,BBB 公司想借入固定利率借款。但两家公司信用等级不同,故市场向它们提供的利率也不同,如表 8.6 所示。

表 8.6 市场提供给 AAA、BBB 两公司的借款利率

公司	固定利率	浮动利率
AAA 公司	6.00%	6 个月期 Shibor − 0.20%
BBB 公司	7.20%	6 个月期 Shibor + 0.60%

注:表中的利率均为一年计一次复利的年利率。

(1)试简要叙述并画图说明两公司应如何运用利率互换进行信用套利。

(2)设中介机构手续费为 0.04%,且由双方平分,则操作流程图又如何画呢?

解:① 互换条件分析。从表 8.6 可以看出,AAA 公司的借款利率均比 BBB 公司低,即 AAA 公司在两个市场都具有绝对优势。但在固定利率市场上,AAA 公司比 BBB 公司的绝对优势为 1.2%,而在浮动利率市场上,AAA 公司比 BBB 公司的绝对优势为0.8%。因此,AAA 公司在固定利率市场上有比较优势,而 BBB 公司在浮动利率市场上有比较优势。其次,AAA 公司想借浮动利率借款。BBB 公司在浮动利率市场上劣势较小,但 BBB 公司想借固定利率借款。这样,双方就可利用各自的比较优势为对方借款,然后互换,从而达到共同降低筹资成本的目的。

② 方案设计。由 AAA 公司以 6% 的固定利率借入 1 000 万元，而 BBB 公司以 Shibor +0.6% 的浮动利率借入 1 000 万元。由于本金相同，故双方不必交换本金，而只互换利息的现金流。即 AAA 公司向 BBB 公司支付浮动利息，BBB 公司向 AAA 公司支付固定利息。

③ 效益分析。通过发挥各自的比较优势并互换，双方总的筹资成本降低了 0.4%，即(Shibor −0.2% +7.2%) −(Shibor +0.6% +6%) =0.4%，这就是互换利益。互换利益是双方合作的结果，理应由双方分享。具体分享比例可由双方谈判决定。假定双方各分享一半，则双方都将使筹资成本降低 0.2%。

④ 分配方案。双方最终实际筹资成本分别为 AAA 公司实际支付浮动利率为 Shibor −0.2% −0.2% =Shibor −0.4%，BBB 公司实际支付固定利率为 7.2% −0.2% = 7.0%。

⑤ 具体实施。双方可以根据借款成本与实际筹资成本的差异计算各自向对方支付的现金流。即 AAA 公司向 BBB 公司支付按 Shibor 计算的利息，BBB 公司向 AAA 公司支付按 6.4% 计算的利息。画出此笔利率互换流程图，如图 8.3 所示。

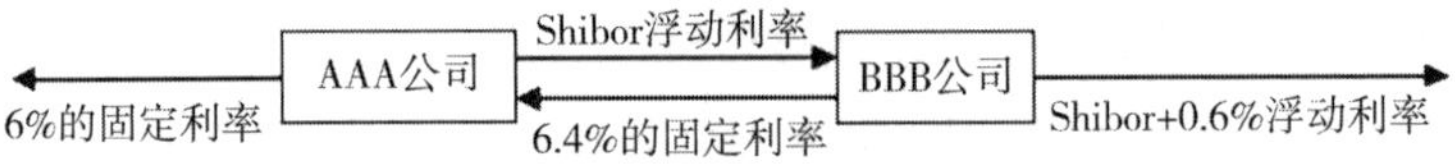

图 8.3　未考虑中介机构的利率互换流程图

在上述互换中，每隔 6 个月为利息支付日，因此互换协议的条款应规定每 6 个月一方向另一方支付固定利率与浮动利率的差额。假定某一支付日的 Shibor 为 7.00%，则 AAA 公司应付给 BBB 公司 1 000 ×0.5 ×(7.00% −6.4%)万元 =3 万元。

考虑中介机构之后的操作流程图如图 8.4 所示。

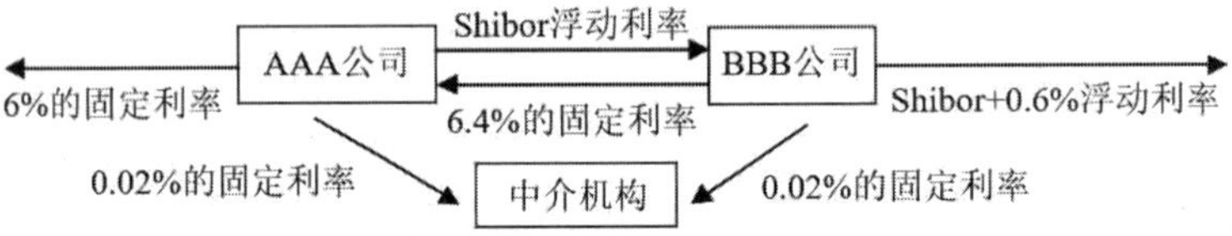

图 8.4　考虑中介机构的利率互换流程图

由于利率互换只交换利息差额，因此信用风险很小。

练一练　假定甲、乙公司都想借入 1 年期的 800 万元借款，甲想借入与 1 年期相关的浮动利率借款，乙想借入固定利率借款。但两家公司信用等级不同，故市场向它们提供的利率也不同，如表 8.7 所示。请画出此互换的流程图。假设中介机构手续费为 0.04%，且甲、乙手续费支付比率分别为 40% 和 60%，则操作流程图又如何画呢？

表8.7　A、B两公司的借贷成本

利率水平	甲公司	乙公司
借入固定利率	5.8%	7%
借入浮动利率	Shibor +0.25%	Shibor +0.65%

2. 货币互换

货币互换的主要原因是双方在各自国家中的金融市场上具有比较优势。

【例题8.7】　运用货币互换进行套利

假定人民币和美元汇率为1人民币=0.150 0美元。AAA公司想借入2年期的1 000万人民币借款，BBB公司想借入2年期的150万美元借款。但由于AAA公司的信用等级高于BBB公司，两国金融市场对AAA、BBB两公司的熟悉状况不同，因此市场向它们提供的固定利率也不同，如表8.8所示。试简要叙述并画图说明两公司应如何运用货币互换进行信用套利。

表8.8　市场向AAA、BBB公司提供的借款利率

公司	美元	人民币
AAA公司	1.2%	2.6%
BBB公司	2.0%	3.0%

注：此表中的利率均为一年计一次复利的年利率。

解：① 互换条件分析。从表可以看出，AAA公司在美元市场和人民币市场的借款利率均比BBB公司低，即AAA公司在两个市场都具有绝对优势，但绝对优势大小不同。AAA公司在美元市场上的绝对优势为0.8%，在人民币市场上的绝对优势只有0.4%。这就是说，AAA公司在美元市场上有比较优势，而BBB公司在人民币市场上有比较优势。AAA公司想借人民币借款，BBB公司在人民币市场劣势较小，但BBB公司想借美元借款。这样，双方就可利用各自的比较优势借款，然后通过互换得到自己想要的资金，并通过分享互换收益降低筹资成本。

② 方案设计。由AAA公司以1.2%的利率借入2年期的150万美元借款，BBB公司以3.0%利率借入2年期的1 000万人民币借款。然后，双方先进行本金的交换，即AAA公司向BBB公司支付150万美元，BBB公司向AAA公司支付1 000万人民币。每期互换利息的现金流，即AAA公司向BBB公司支付人民币固定利息，BBB公司向AAA公司支付美元固定利息。

③ 效益分析。通过发挥各自的比较优势并互换，双方总的筹资成本降低了0.4%，即(2.6% +2.0%) -(1.2% +3.0%) =0.4%，这就是互换利益。互换利益是双方合作的结果，理应由双方分享。具体分享比例可由双方谈判决定。假定双方各分享一半，则

双方都将使筹资成本降低0.2%。

④ 分配方案。经过互换后，AAA公司的最终实际筹资成本降为2.6% - 0.2% = 2.4%人民币借款利率。BBB公司最终实际筹资成本变为1.2%美元借款利息加0.6%人民币借款利息。若汇率水平不变的话，而BBB公司的最终实际筹资成本变为2.0% - 0.2% = 1.8%美元借款利率。若担心未来汇率水平变动，BBB公司可以通过购买美元远期或期货来规避汇率风险。

⑤ 具体实施。双方可根据借款成本与实际筹资成本的差异计算各自向对方支付的现金流，进行利息互换。即AAA公司向BBB公司支付2.4%的人民币借款的利息，计24万人民币，BBB公司向AAA公司支付1.2%的美元借款的利息，计1.8万美元。在贷款期满后，双方要再次进行借款本金的互换，即AAA公司向BBB公司支付1 000万人民币，BBB公司向AAA公司支付150万美元。到此，货币互换结束。若不考虑本金问题，上述货币互换的流程图如图8.5所示。

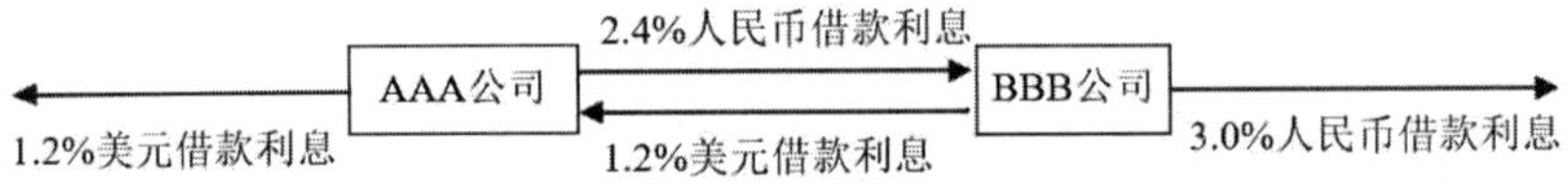

图8.5　货币互换流程图

由于货币互换涉及本金互换，因此当汇率变动很大时，双方将面临一定的信用风险。当然，这种风险仍比单纯的贷款风险小得多。

练一练　假定人民币和美元汇率为1人民币=0.150 0美元。A公司想借入3年期的1 000万人民币借款，B公司想借入3年期的150万美元借款。A公司的信用等级高于B公司，但两国金融市场对A、B两公司的熟悉状况不同，因此市场向它们提供的固定利率也不同。如表8.9所示。试简要叙述并画图说明两公司应如何运用货币互换进行信用套利。

表8.9　市场提供给A、B两公司的借款利率

公司	美元	人民币
A公司	4%	5%
B公司	6%	5.4%

8.3.2　运用互换进行风险管理

与金融互换相联系的风险主要包括信用风险和市场风险。将互换合约的信用风险和市场风险区分开来是十分重要的。对于利率互换来说，主要的市场风险是利率风险；对于货币互换来说，面临的市场风险包括利率风险和汇率风险。利用金融互换可以规避资产组合中的利率风险和汇率风险等市场风险，而信用风险则比较难以规避。

互换可以用来转换资产与负债的利率和货币属性。通过利率互换，浮动利率资产（负债）可以和固定利率资产（负债）相互转换，从而进行利率风险管理。通过货币互换，不同货币的资产（负债）也可以相互转换，进行汇率风险管理。

1. 运用利率互换转换资产的利率属性

假设交易者A拥有一份5年期的本金为10亿元（与互换的名义本金相同）、固定利率为3.7%的固定利率资产，则交易者A可以运用利率互换将一笔固定利率资产转换成浮动利率资产。在签订了这笔利率互换合约以后，交易者A面临3个利息现金流：固定利率3.7%的利息收入、根据互换获得浮动利率Shibor的浮动利息收入、根据互换支付固定利率4%的固定利息。这样，交易者A的利息净现金流变成了收入浮动利率Shibor－0.3%的利息。对于交易者A来说，运用互换交易将其利率为3.7%的固定利率资产转换成利率为Shibor－0.3%的浮动利率资产。

同理，对互换对手交易者B而言，他运用该笔利率互换将一笔浮动利率资产转换成固定利率资产。假设交易者B有一笔5年期的本金为10亿元（与互换的名义本金相同）、利率为Shibor－0.3%的浮动利率投资。在签订了这笔利率互换合约以后，交易者B面临3个利息现金流：从投资中获得Shibor－0.3%的浮动利息收益、根据互换支付浮动利率Shibor的利息、根据互换收入固定利率4%的利息。这样，交易者B的利息净现金流变成了收入固定利率3.7%的利息。运用利率互换，交易者B将一笔利率为Shibor－0.3%的浮动利率投资转换成利率为3.7%的固定利率投资。

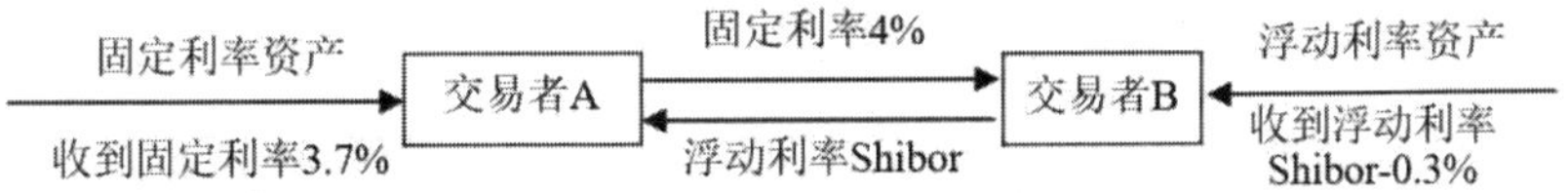

图8.6　运用利率互换转换资产的利率属性

2. 运用利率互换转换负债的利率属性

假设交易者C借入了一笔5年期的本金为10亿元（与互换的名义本金相同）、利率为Shibor＋0.8%的浮动利率借款，则交易者C可运用利率互换将一笔浮动利率借款转换成固定利率借款。在签订了这笔利率互换合约以后，交易者C面临3个利息现金流：支付浮动利率Shibor＋0.8%的利息给贷款人、根据互换获得浮动利率Shibor的利息、根据互换支付固定利率3%的利息。这样，交易者C的利息净现金流变成了支付固定利率3.8%的利息。运用互换，交易者C将一笔利率为Shibor＋0.8%的浮动利率负债转换成利率为3.8%的固定利率负债。

同理，对互换对手交易者D而言，他运用该笔利率互换将一笔固定利率借款转换成浮动利率借款。假设交易者D借入了一笔5年期的本金为10亿元（与互换的名义本金相同）、利率为3.2%的固定利率借款。在签订了这笔利率互换合约以后，交易者D面临

3 个利息现金流:支付固定利率 3.2% 的利息给贷款人、根据互换支付浮动利率 Shibor 的利息、根据互换获得固定利率 3% 的利息。这样,互换对手 D 的利息净现金流变成了支付浮动利率 Shibor +0.2% 的利息。运用利率互换,交易者 D 将一笔利率为 3.2% 的固定利率负债转换成利率为 Shibor +0.2% 的浮动利率负债。

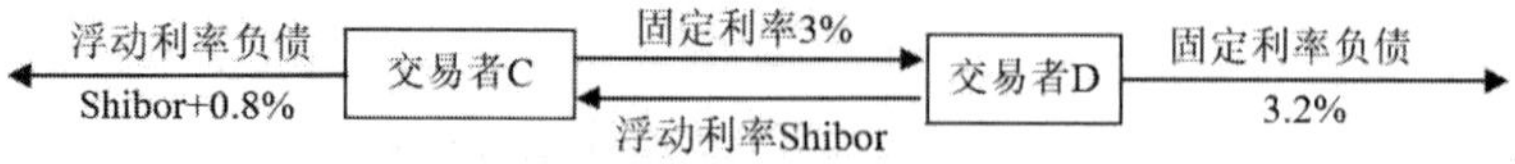

图 8.7　运用利率互换转换负债的利率属性

3. 运用货币互换转换资产的货币属性

货币互换也可以用来转换资产的货币属性。假设公司 E 有一笔 10 年期的年收益率为 4%、本金为 1 000 万美元的投资。公司 E 觉得人民币相对于美元会走强,通过货币互换,这笔投资转换成了 7 300 万人民币、年收益率为 2.75% 的人民币投资。在签订了这笔货币互换合约以后,E 公司面临 3 个利息现金流:收入固定美元利率 4% 的利息、根据互换支出 4% 的美元利息、根据互换收入固定利率 2.75% 的人民币利息。这样,E 公司的利息净现金流变成了收入固定利率 2.75% 的人民币利息。运用此货币互换,E 公司将一笔美元资产转换成人民币资产。

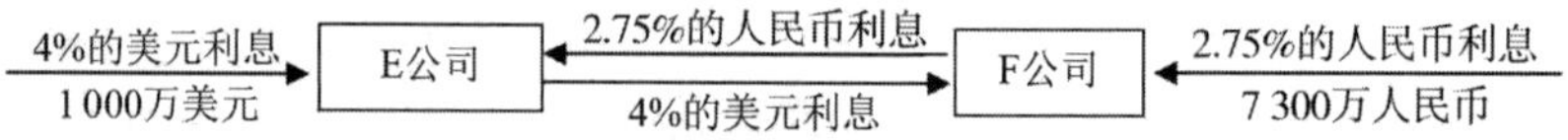

图 8.8　运用货币互换转换资产属性

4. 运用货币互换转换负债的货币属性

货币互换可以用来转换负债的货币属性。以图 8.9 中的货币互换为例,设 G 公司发行了 1 000 万美元 10 年期的票面利率为 4% 的美元债券,则签订了该笔货币互换以后,G 公司的美元负债就转换成了人民币负债。在签订了这笔货币互换合约以后,G 公司面临 3 个利息现金流:支付固定美元利率 4% 的利息给债权人、根据互换收入 4% 的美元利息、根据互换支付固定利率 2.75% 的人民币利息。这样,G 公司的利息净现金流变成了支付固定利率 2.75% 的人民币利息。运用此货币互换,G 公司将一笔美元负债转换成人民币负债。

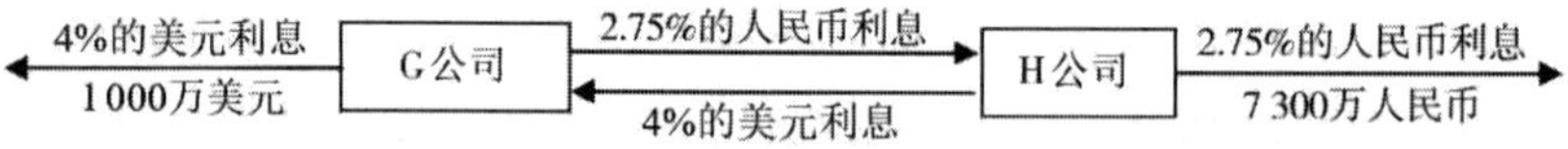

图 8.9　运用货币互换转换负债属性

一般认为,风险管理是互换最重要、最基本的功能与运用领域。互换种类不同,其管理的风险也是各不相同的。例如,利率互换主要用于管理利率风险,货币互换主要用于管理汇率风险,股票互换主要针对股票价格风险,总收益互换和信用违约互换主要针对信用风险,等等。下面以一个案例说明如何应用货币互换管理汇率风险。

【案例 8.5】　运用货币互换管理汇率风险

一个英国的国际债券投资组合管理者手中持有大量以欧元标价的法国国债，剩余期限 10 年，年利率 3.2%，每年支付一次利息。债券的价格为 2 260 万欧元。如果以当时的汇率(1 英镑 = 1.13 欧元)计算，该债券价格等于 2 000 万英镑。该管理者打算将手中的这些法国国债转换为英镑标价的固定利率投资，除了直接出售这笔法国国债，将之投资于英镑固定利率债券之外，该组合管理者还有其他的选择，比如该组合管理者可以通过英镑与欧元的货币互换实现这笔资产货币属性的转换。假设当时组合管理者在货币互换市场上可以得到的英镑固定利率为 2.9%，而欧元固定利率则为 3.7%。具体操作过程为：首先，该管理者继续持有法国国债头寸，未来 10 年内每年定期获取 3.2% 的欧元利息。然后，在货币互换市场签订一份支付名义本金为 2 260 万欧元的欧元利息和收到名义本金为 2 000 万英镑的利息的货币互换合约，利息交换日期和到期日与原国债投资相匹配。

货币互换协议初始，该组合管理者应得到 2 000 万英镑，支付 2 260 万欧元，因其相互抵消，没有实际现金流动。每年利息交换日，支付 3.7% 的欧元利息，得到 2.9% 的英镑利息，与国债利息收入相抵消后，该管理者的真实现金流为每年支付 2 260 万欧元的 0.5% 欧元利息，得到 2 000 万英镑的 2.9% 英镑利息。在到期日，法国国债投资收回 2 260万欧元本金，在互换协议中 2 260 万欧元与 2 000 万英镑互换，最终获得 2 000 万英镑本金。

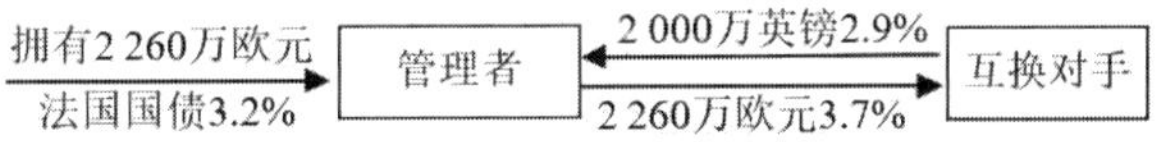

图 8.10　运用货币互换转换资产属性案例分析

8.3.3　运用互换创造新产品

由于利率互换既可以分解为债券头寸的组合，也可以拆为远期协议的组合，在现实中，随实际市场状况、投资者预期与需要的不同，它与其他金融资产可以再组合，构造出符合投资者需要的新金融产品，这也成为互换的一个运用领域。

例如，一笔固定利率的英国国债投资加上一份支付英镑固定利息、收入法国欧元固定利息的高信用等级货币互换，可以构造出一个近似的法国国债投资头寸。不仅可以利用互换转换货币属性的特性，创造新产品，还可以构造出逆向浮动利率债券。

【案例 8.6】　运用利率互换构造逆向浮动利率债券

假设乙公司拥有一份 1 年期的本金为 A、利率为 3 个月 Shibor 的浮动利率资产(为简要起见，这里设定浮动期限为 3 个月)。现在乙公司签订一份名义本金为 $2A$ 的 1 年期利率互换，支付浮动利率 Shibor 的利息，收到固定年利率 r 的利息，利息 3 个月交换一次，如

图 8.11 所示。

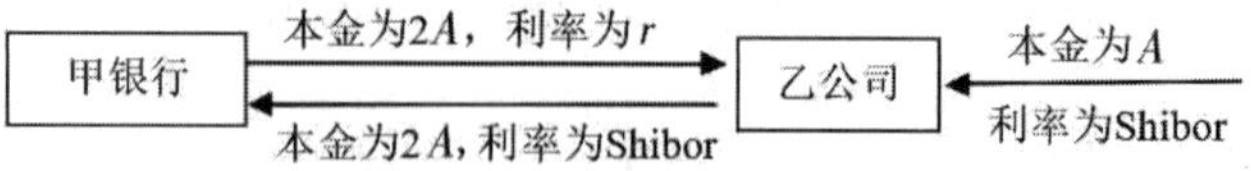

图 8.11 运用利率互换构造逆向浮动利率债券

在签订了此笔利率互换协议后，乙公司面临 3 个利息现金流：从资产中获得浮动利率 Shibor 的浮动利息收入、从互换中收入固定利率 r 的固定利息、在互换中支付浮动利率 Shibor 的利息。

这样，乙公司的利息现金流就转化为浮动利率计算的利息 $A(2r-\text{Shibor})$。也就是说，当市场利率 Shibor 上升的时候，该资产的利息收入下降，这样的资产被称为逆向浮动利率债券。因此，一笔名义本金为 A 的浮动利率资产与一份名义本金为 $2A$ 的利率互换空头组合在一起，将构造出一份合成的逆向浮动利率债券。

金融互换除本节所述应用之外，还可以用于逃避外汇管制、利率管制及税收限制等。

■ 本章小结

1. 套期保值是指已经面临价格风险的主体利用一种或几种套期保值产品，试图抵消其所冒风险的行为。套期保值所能消除的风险仅限于利率风险、汇率风险和证券价格风险。

2. 套期保值的效率指的是套期保值目标与实际结果之间的差距，它与套期保值的盈亏是不同的概念。

3. 基于衍生产品的套期保值都有多头和空头套期保值之分。前者指运用多头进行套期保值，后者指运用空头进行套期保值。

4. 当避险标的与避险产品不一致，或者避险期限与避险产品的期限不一致，或者避险者并不能确切知道避险期限时，避险者就得考虑基差风险、合约的选择、套期保值比率等问题。

5. 最佳的套期保值比率的计算。

6. 衍生产品使用的成功案例（西南航空公司）和失败案例（德国金属公司）说明了控制基差风险的重要性。

7. 套利是指利用一个或多个市场存在的各种价格差异，在不冒任何损失风险且无需投资者自有资金的情况下有可能赚取利润的交易策略（或行为）。

8. 套利可在同种资产或相关资产的现货、远期、期货、期权之间进行，其形式可谓五花八门，读者可以触类旁通，充分利用市场定价不合理的各种机会，构建套利组合。一方面可赚取无风险或较低风险利润，另一方面可促进市场效率的提高。

9. 通过利率互换，浮动利率资产（负债）可以和固定利率资产（负债）相互转换。通过货币互换，不同货币的资产（负债）也可以相互转换。

■ 关键术语

风险对冲，套期保值，多头套期保值，空头套期保值，基差风险，数量风险，套期保值比率，最优套期保值比率，最小方差套期保值比率，套利，转换利率属性，转换资产属性，完美套期保值，逆向浮动利率债券。

■ 本章习题

1. 简述利率互换在风险管理上有哪些应用。

2. 假设 A 公司有一笔 5 年期的年收益率为 3%、本金为 100 万英镑的投资。如果 A 公司觉得人民币相对于英镑会走强，简要说明 A 公司在互换市场上应如何进行操作。

3. 在什么情况下进行多头套期保值或空头套期保值是合适的？

4. 请解释完美套期保值的含义。完美套期保值的结果一定比不完美套期保值好吗？

5. 假设某投资公司有 1 000 万元的股票组合，它想运用沪深 300 指数期货合约来套期保值。设目前指数为 4 080.00 点，股票组合价格波动的月标准差为 1.6，沪深 300 指数期货价格波动的月标准差为 0.8，两者间的相关系数为 0.7。如何进行套期保值操作？

6. 如果投机者的行为被禁止，将会对衍生产品市场的套期保值交易产生怎样的影响？

7. 设投资者 A 于 8 月 9 日进入中国金融期货交易所的沪深 300 指数期货仿真交易，开仓买进 9 月沪深 300 指数期货合约 2 手，均价 4 200.00 点（每点 300 元）。依据交易所规定，初始保证金和维持保证金比例均为 10%。该投资者需要提交多少保证金？若 10 日结算价为 4 195.00 点，8 月 11 日结算价将为 4 150.00 点，请计算该投资者在这两天内的损益状况，并完成表 8.10。

表 8.10　两个交易日内其损益状况表

日期	结算价格	保证金账户余额	维持保证金	追加保证金	指数日收益率	期货头寸上的日收益率
8 月 9 日	4 200.00 点					
8 月 10 日	4 195.00 点					
8 月 11 日	4 150.00 点					

8. 请收集资料，任选远期、期货、互换产品之一，列举并简述该产品的正面和负面案例各一个，并分析负面案例的本质原因。

9. 公司 A 是一家中国制造商，想要以固定利率借美元。公司 B 是一家美国跨国公司，想要以固定利率借人民币。做了必要的税务调整后，他们可获得如表 8.11 所示的年利率报价。试设计一个互换，银行为中介，使得互换收益的分配在公司 A、公司 B 和银行间的比例分别为 40%、40%、20%。

表 8.11　年利率报价

公司	人民币	美元
公司 A	11.0%	7.0%
公司 B	10.6%	6.2%

10. 某公司拥有一个 β 系数为 1.2，价值为 2 000 万元的投资组合，当时沪深 300 指数为 4 530.00 点，该公司应如何应用沪深 300 指数期货为投资组合套期保值？

11. 假设某基金公司拥有一个系数为 2.2，价值为 1 亿元的 A 股投资组合，1 个月期的沪深 300 指数期货价格为 2 500.00 点，请问该公司应如何应用沪深 300 指数期货为投资组合进行套期保值？如果该基金公司希望将系统性风险降为原来的一半，只通过期货交易应如何操作？

12. 假设沪深 300 指数为 4 200.00 点，能以 6% 的利率贷款和以 7% 的利率借款，分别考虑 1 个月、3 个月、6 个月和 1 年后到期的远期价格。远期价格低于多少时存在套利机会？如何套利？远期价格高于多少时存在套利机会？如何套利？

第 9 章　期权交易策略及其应用

期权是另一类有趣的金融衍生产品。与远期、期货、互换等合约不同的是，期权合约的购买者只拥有购买或出售某种标的资产的权利，而没有任何义务。期权也是复杂的，它不仅可以建立在股票、债券、货币以及商品等几乎任何标的资产之上，甚至还可以建立在远期或期货等衍生产品之上。

9.1　期权交易组合策略

期权交易的精妙之处在于可以通过不同的期权品种构成众多具有不同盈亏分布特征的组合。投资者可以根据各自对未来标的资产现货价格概率分布的预期，以及各自的风险-收益偏好，选择最适合自己的期权组合，如标的资产与期权的组合、期权与期权的组合，以及不同期权协议价格、期限的组合。在以下的分析中，同组合中的期权标的资产均相同。

1. 差价组合

差价组合是指持有相同期限、不同协议价格的两个或多个同种期权头寸组合（即同是看涨期权，或者同是看跌期权）。其主要类型有牛市差价组合、熊市差价组合、蝶式差价组合等。

(1) 牛市差价组合

牛市差价组合是由一份看涨期权多头与一份同一期限较高协议价格的看涨期权空头组成的。

由于协议价格越高，期权价格越低，因此构建这个组合需要初始投资。其结果可用图 9.1 表示，从图中可以看出，到期日现货价格升高对组合持有者较有利，故称牛市差价组合。

通过比较标的资产现价与协议价格的关系，可以把牛市差价期权分为三类：第一类，两虚值期权组合，指两个协议价格均比现货价格高；第二类，多头实值期权加空头虚值期权组合，指多头期权的协议价格比现货价格低，而空头期权的协议价格比现货价格高；第三类,两实值期权组合,指两个协议价格均比现货价格低。

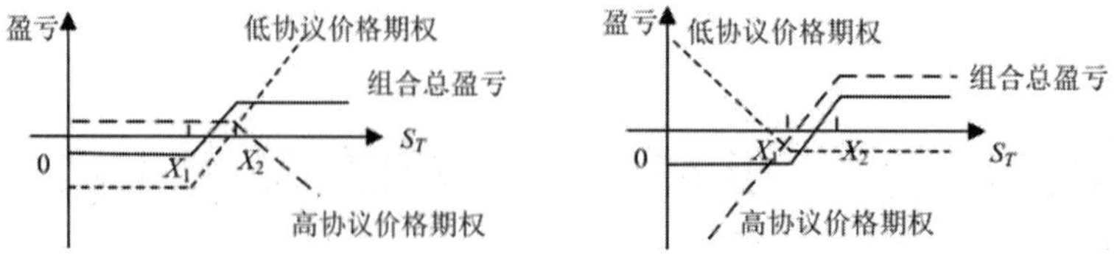

(a)看涨期权的牛市差价组合　　(b)看跌期权的牛市差价组合

图 9.1　牛市差价组合

此外,一份看跌期权多头与一份同一期限、较高协议价格的看跌期权空头组合也是牛市差价组合。比较看涨期权的牛市差价组合与看跌期权的牛市差价组合可以看出,前者期初现金流为负,后者为正,但前者的最终收益可能大于后者。

(2) 熊市差价组合

熊市差价组合跟牛市差价组合相反,它可以由一份看涨期权多头和一份相同期限、协议价格较低的看涨期权空头组成。如图 9.2(a)所示;也可以由一份看跌期权多头和一份相同期限、协议价格较低的看跌期权空头组成,如图 9.2(b)所示。

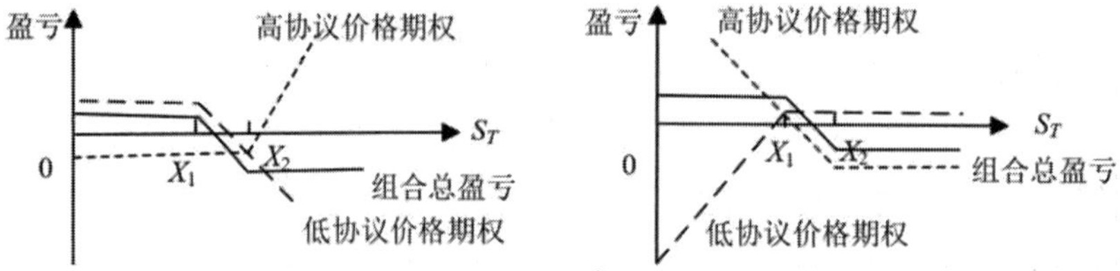

(a)看涨期权的熊市差价组合　　(b)看跌期权的熊市差价组合

图 9.2　熊市差价组合

看涨期权的熊市差价组合和看跌期权的熊市差价组合的差别在于,前者在期初有正的现金流,后者在期初则有负的现金流,但后者的最终收益可能大于前者。

通过对比牛市差价组合和熊市差价组合可知,两者的图形刚好以横轴对称,并且对于同类期权,凡"买低卖高"的即为牛市差价策略,而"买高卖低"的即为熊市差价策略,这里的"低"和"高"是指协议价格。

(3) 蝶式差价组合

蝶式差价组合是由 4 份具有相同期限、不同协议价格的同种期权头寸组成的。如果 $X_1 < X_2 < X_3$,且 $X_2 = (X_1 + X_3)/2$,则蝶式差价组合有 4 种,如表 9.1 所示。

表 9.1　蝶式差价组合

类型	组合
看涨期权的正向蝶式差价组合	由协议价格分别为 X_1 和 X_3 的看涨期权多头和两份协议价格为 X_2 的看涨期权空头组成,盈亏分布图如图 9.3(a)所示

续表

类型	组合
看涨期权的反向蝶式差价组合	由协议价格分别为 X_1 和 X_3 的看涨期权空头和两份协议价格为 X_2 的看涨期权多头组成，盈亏图刚好与图9.3(a)相反
看跌期权的正向蝶式差价组合	由协议价格分别为 X_1 和 X_3 的看跌期权多头和两份协议价格为 X_2 的看跌期权空头组成，盈亏图如图9.3(b)所示
看跌期权的反向蝶式差价组合	由协议价格分别为 X_1 和 X_3 的看跌期权空头和两份协议价格为 X_2 的看跌期权多头组成，盈亏图刚好与图9.3(b)相反

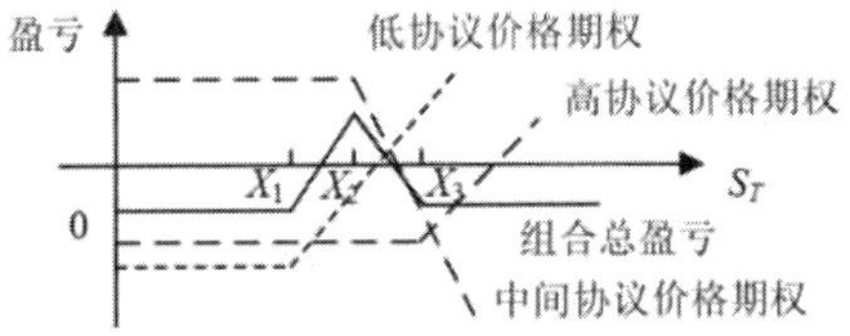

(a)看涨期权的正向蝶式差价组合

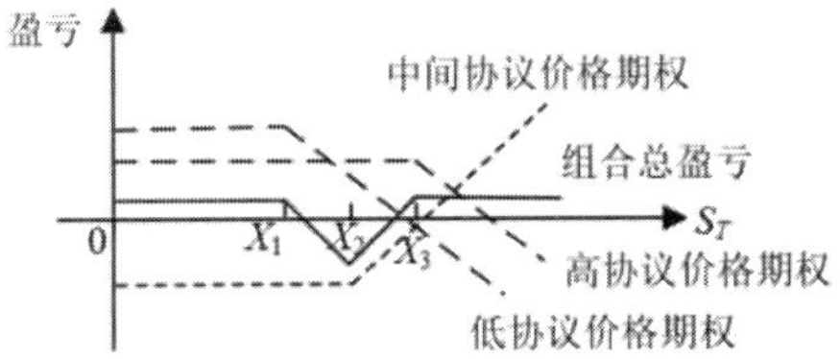

(b)看跌期权的正向蝶式差价组合

图9.3　蝶式差价组合

2. 差期组合

差期组合是由两份相同协议价格、不同期限的同种期权的不同头寸组成的组合。它有4种类型，如表9.2所示。

表9.2　差期组合

类型	组合
看涨期权的正向差期组合	一份看涨期权多头与一份期限较短的看涨期权空头
看涨期权的反向差期组合	一份看涨期权多头与一份期限较长的看涨期权空头
看跌期权的正向差期组合	一份看跌期权多头与一份期限较短的看跌期权空头
看跌期权的反向差期组合	一份看跌期权多头与一份期限较长的看跌期权空头

看涨期权正向差期组合的盈亏分布图如图9.4(a)所示。看涨期权反向差期组合的盈亏分布图与图9.4(a)相反。

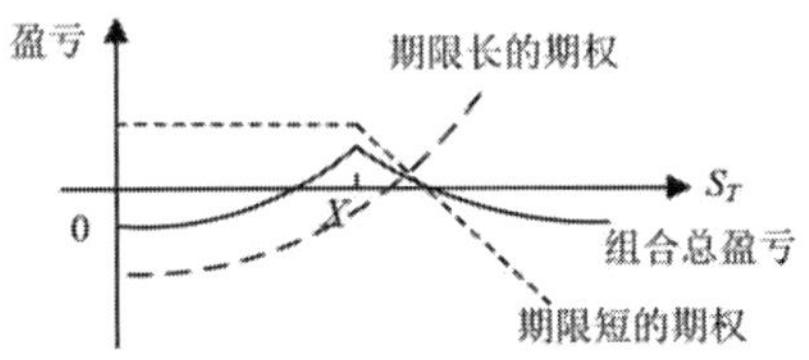

(a)看涨期权的正向差期组合

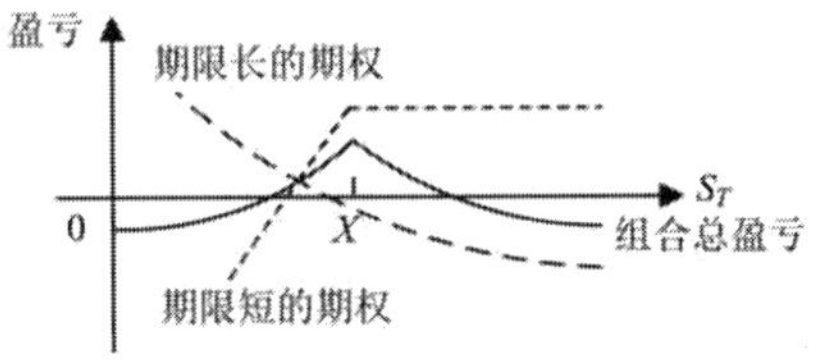

(b)看跌期权的正向差期组合

图9.4　差期组合

用同样的分析法可以画出看跌期权正向差期组合的盈亏分布图，如图9.4(b)所示。看跌期权反向差期组合的盈亏分布图与图9.4(b)相反。

3. 对角组合

对角组合由两份协议价格不同(X_1 和 X_2,且 $X_1 < X_2$)、期限也不同(T 和 T^*,并且 $T < T^*$)的同种期权的不同头寸组成。它有八种类型,如表 9.3 所示。

表 9.3 对角组合

类型	组合
看涨期权的牛市正向对角组合	由看涨期权的(X_1,T^*)多头加(X_2,T)空头组合组成,盈亏分布图如图 9.5(a)所示
看涨期权的熊市反向对角组合	由看涨期权的(X_1,T^*)空头加(X_2,T)多头组成的组合。其盈亏图与图 9.5(a)刚好相反
看涨期权的熊市正向对角组合	由看涨期权的(X_2,T^*)多头加(X_1,T)空头组成的组合。用同样的办法可以画出该组合的盈亏分布图,如图 9.5(b)所示
看涨期权的牛市反向对角组合	由看涨期权的(X_2,T^*)空头加(X_1,T)多头组成的组合,其盈亏图与图 9.5(b)刚好相反
看跌期权的牛市正向对角组合	由看跌期权的(X_1,T^*)多头加(X_2,T)空头组成的组合,其盈亏图如图 9.5(c)所示
看跌期权的熊市反向对角组合	由看跌期权的(X_1,T^*)空头加(X_2,T)多头组成的组合,其盈亏图与图 9.5(c)刚好相反
看跌期权的熊市正向对角组合	由看跌期权的(X_2,T^*)多头加(X_1,T)空头组成的组合,其盈亏图如图 9.5(d)所示
看跌期权的牛市反向对角组合	是由看跌期权的(X_2,T^*)空头加(X_1,T)多头组成的组合,其盈亏图与图 9.5(d)刚好相反

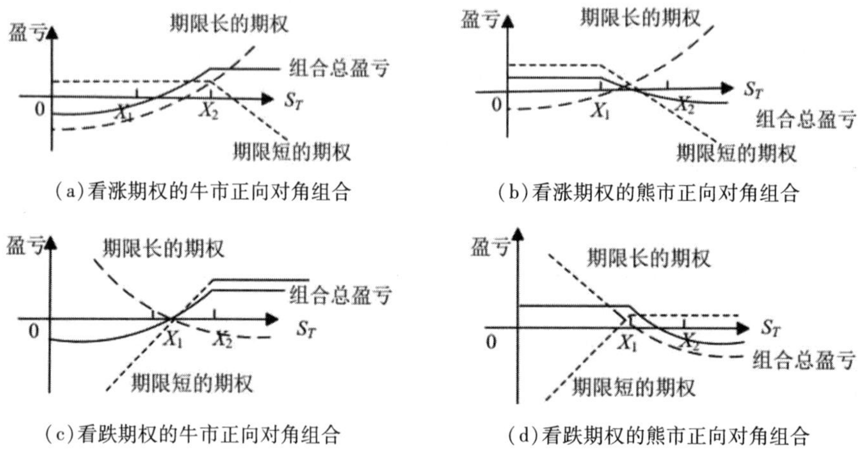

(a)看涨期权的牛市正向对角组合　(b)看涨期权的熊市正向对角组合

(c)看跌期权的牛市正向对角组合　(d)看跌期权的熊市正向对角组合

图 9.5 对角组合

4. 混合期权

混合组合是由看涨期权和看跌期权构成的组合,其形式多样,这里仅介绍最简单的几种，如表9.4所示。

表9.4　混合期权

类型	组合
跨式组合	相同协议价格、相同期限的一份看涨期权和一份看跌期权
条式组合	相同协议价格、相同期限的一份看涨期权和两份看跌期权
带式组合	相同协议价格、相同期限的两份看涨期权和一份看跌期权
宽跨式组合	相同到期日但协议价格不同的一份看涨期权和一份看跌期权，其中看涨期权的协议价格高于看跌期权

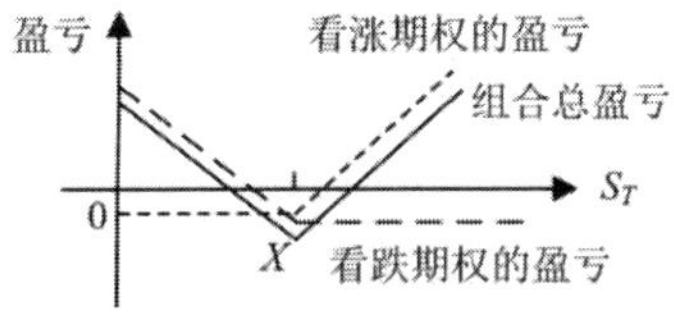

(a)底部跨式组合

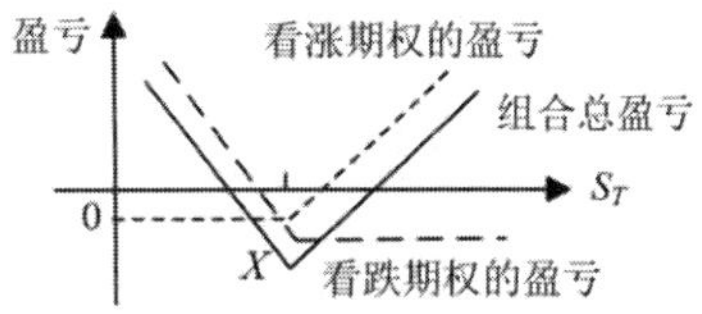

(b)底部条式组合

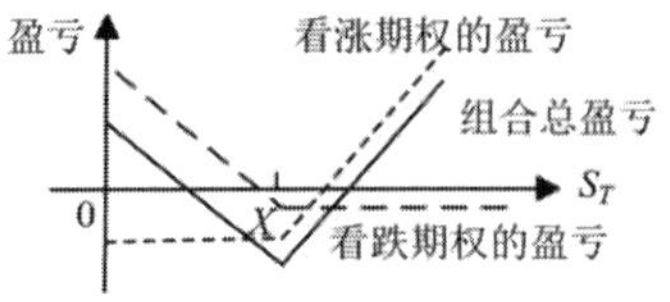

(c)底部带式组合

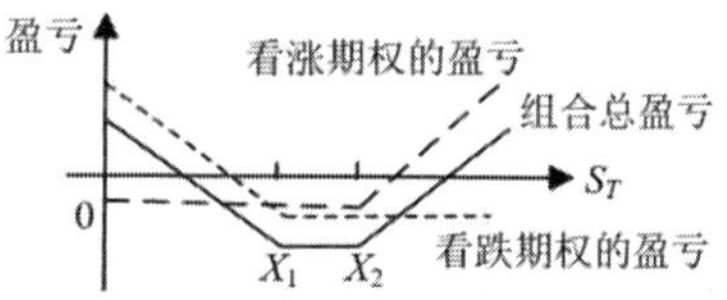

(d)底部宽跨式组合

图9.6　混合组合

总之，混合期权策略适合预期标的资产价格有大幅波动但不能确定方向的投资者。跨式组合是对称的，条式和带式分别适合有一定预期偏好的投资者；相比跨式组合，宽跨式组合只有在股价有更大幅度波动时才可能获利，但其初始成本也相对较低，其收益特征取决于两个执行价格的接近程度。

金融产品的拆分和组合可以创造无数新产品。从理论上讲，只要期权协议价格足够多、期限足够多，期权的组合种类是无限的。

9.2　运用期权进行套期保值、套利及投机

投资者可以根据自己对未来价格的判断、套期保值和套利的不同需要，以及自己的风险和收益偏好，自由地组建不同的期权组合，甚至构建新的金融品种。

1. 利用期权套期保值

期权在风险转移中为人们提供了多种选择。例如，交易者可以运用期权进行套期保值，将全部风险转移出去，也可以根据自己的交易技巧和偏好，对风险和收益做出调整。

运用期权对其他资产进行静态套期保值一般是通过进入期权多头实现的。

【案例 9.1】 利用期权管理风险

2022 年 5 月 26 日,国内某外资企业 A 向美国出售一批货物,计价单位为美元,已知 1 年后将收到 1 000 万美元,既定汇率为 1 美元 = 6.784 人民币。汇率是时刻变化的。A 担心 1 年后美元贬值,通过持有汇率远期空头头寸来规避汇率风险(见例题 8.2),企业通过远期外汇买卖把每美元 0.070 1 人民币的风险转移出去(当然也就把潜在的利润也转移出去)。但在现实中,有些企业并不想把全部不确定性排除掉,根据其长年的交易经验和对市场的判断,这些企业愿意保留一部分不确定性,以期获取风险利润。

因此,企业还可以购买一份期权,约定 1 年后以 1∶ 6.784 兑换人民币,期权费为0.02 人民币。这种方法既避免了风险,又保留了潜在利润。期权合约赋予企业 1 年后可以按照 1∶ 6.78 4 的价格卖出美元的权利,但企业没有义务必须卖出。作为获取这个权利的代价,企业需要支付期权卖方每美元 0.02 人民币。1 年后,当美元贬值为 1∶ 6.713 9 时,该企业行使期权,按外汇汇率 1∶ 6.78 4 把美元卖出,扣除 0.02 人民币期权费后,可以按照1∶ 6.76 4的汇率确定收益;当美元升值到 1∶ 6.937 8 时,企业可以放弃期权,按照该价格接受美元,在扣除了 0.02 人民币的期权费后,可以按照 1∶ 6.917 8 的价格确定收益。

通过与远期外汇交易进行比较,该例中企业期权交易的目的同样是防范汇率风险。所不同的是,该企业通过期权交易,在支付了一笔费用的条件下,把对自己不利的价格变动带来的损失限制在一定的范围内,把对自己有利的价格变动保留下来。

总之,不同的衍生产品在规避风险中各有优势。在期货交易中,一个经过精心计算的期货交易头寸能够以较少的资金支出来抵消基础交易的风险;利率互换则使交易双方利用对方的比较优势来降低成本,同时又不影响与原有客户的关系,真正达到双赢。许多金融机构还为客户构建了更多、更方便的衍生产品,它们在规避风险中各有巧妙的功用,满足了不同的客户需要。

练一练 2023 年 3 月 10 日,中国 A 公司向英国 B 公司出口一批货物,预计 6 月 15 日可收回货款 100 万英镑。当日,6 月份到期英镑期货合同执行价为 1 人民币 = 0.121 3 英镑。A 公司为了避免英镑汇率下降,可以购买什么期权合约?期权费为每英镑 0.001 人民币,试分析当 6 月份合同到期市场汇率为 0.119 3、0.121 3、0.123 3 时,A 公司如何做出选择?其结果如何?

2. 利用期权套利

理论上,盈亏曲线在横轴上方的部分与下方的部分在概率上应该是平衡的,即各组合的净现值应等于零。但在现实生活中,由于各种期权价格分别由各自的供求决定,所以常常出现不平衡的情况。有时盈亏曲线甚至完全位于横轴的上方或下方,这时就出现了无风险套利的大好机会。

3. 利用期权投机

对于不进行相应风险管理而纯粹进行投机的期权空头，如果未来标的资产价格发生不利的变化，多头执行期权，空头面临巨大乃至无限的亏损；如果未来标的资产价格的变化方向与空头预期一致，就可以投机获利。

4. 期权的创新设计

期权是人们运用工程方法解决实际问题而创造的典型金融衍生产品。下面案例说明了如何创造性地开发设计期权产品，并将期权的创新性应用于实际中。

【案例9.2】　法国 Rhone-Poulenc 公司的员工持股计划

1993 年 1 月，法国最大的化学公司 Rhone-Poulenc 公司试图推行公司部分私有化。当时，法国政府给予员工 10% 的折扣来购买公司的股票，公司除了允许在 12 个月内付款之外，还额外给予 15% 的折扣，尽管如此，但仍只有 20% 的员工购买了公司股票。尽管随后法国政府和公司考虑了折扣、送股和无息贷款等更有力的传统激励方式，然而，这些措施并未解决员工持股难题中的关键性问题：他们不愿将鸡蛋放在一个篮子里，承担过高的风险。

此时，第三方美国信孚银行提供了一个金融工程方案：除了继续给予折扣和无息贷款之外，员工持股者在未来的 4.5 年内获得 25% 的最低收益保证加上 2/3 的股票超额收益；在此期间持股者不可出售股票，但拥有投票权，4.5 年后可自由处置股票。收益为 $25\% + 2/3\max(R_{4.5} - 25\%, 0)$。其中 $R_{4.5}$ 为未来 4.5 年内的股票收益率。作为方案设计者，信孚银行向公司收取一定的费用，并有权获得股票 1/3 的超额收益。

信孚银行提供的方案，显然彻底解决了员工的担忧；对政府和公司来说，由于总费用不高于原先计划承担的成本，这是一个可以接受的方案，提高了员工工作的积极性，解决了公司员工的激励问题和信息不对称问题；对员工而言，增加了额外收益的可能；对银行来说，若股票价格上涨，公司可以获得员工持股部分 1/3 的溢价，而如果市场境况不好，则银行不需承担风险，因此，其收益大于对冲风险所需的成本。金融工程为解决 Rhone-Poulenc 公司员工持股难题提供了三赢方案。

【案例9.3】　内嵌期权

所谓内嵌期权，是指普通的金融产品中，加上一个具有期权性质的条款，使得该产品成为普通金融产品和期权的一个组合。例如，可转债/可赎回债/可回售债等产品内嵌权利。其中，可赎回债券是一个普通债券加上一个特殊条款，发行人有权力在债券到期前某个事先约定的时间按事先约定的价格将债券购回。表 9.5 为一个可赎回债券内嵌期权。

表 9.5 可赎回债券内嵌期权

合约条款	条款明细		
债券代码	12 国开 06	发行人	国家开发银行
期限	10 年期	起息日	2012 年 6 月 16 日
面额	100 元	发行规模	100 亿
利率	每年付息一次,前五年(2012 年 6 月 16 日—2017 年 6 月 15 日)票息 2.146 6%,后五年(2017 年 6 月 16 日—2022 年 6 月 16 日)票息 3.346 6%		
特殊赎回条款	本期债券仅设定一次发行人选择提前赎回的权利,即发行人可选择在 2017 年 6 月 16 日以面值全部赎回债券,发行人选择赎回前,将至少提前一个月,即于 2017 年 5 月 16 日之前告知全体债券持有人,同时通知中央国债登记结算有限责任公司		

若到时市场上银行利率高于票面利率 2.146 6%,发行人不会执行这个权力;意味着发行人以较低的票面利率融资。如果到时银行利率低于票面利率(即债券价格高于面值),发行人会执行这个权力,以较低的面值赎回债券。意味着发行人可以较低的银行利率融资。可赎回债券意味着发行人可以更低的利率在市场上发行同样面值的债券融资。

生活必需品(如生鲜、农产品、房屋)和大宗商品(钢材、铝、铜)等任何一个传统商品市场都面临着产品价格波动的风险,可以应用期权等衍生产品进行交易创新设计,克服传统订单交易模式的缺陷。将期权思想嵌入其中即为实物期权。

实物期权是以实物资产作为标的物的未来选择权。实物期权考虑了对未来经营决策修正能力的投资决策的分析。只要是一项未来以一定价格出售或购入某种资产的选择权,都可运用实物期权的思想加以分析。实物期权和金融期权的关系如表 9.6 所示。

表 9.6 实物期权和金融期权的关系

变量	S	X	r	σ	I	T
金融期权	当前产品价格	执行价格	无风险利率	标的物波动率	收益率	期权时效
实物期权	预期未来某资产价格	将来获得该资产成本	无风险利率	该资产波动率	同期维护该资产费用	期权时效

实物期权包括时间选择(决定何时进行投资的能力)、关闭选择(停止生产以避免损失的能力),后期的投资决策取决于前期的投资结果的序列投资(通常用于研究中)和自然资源提取。在某些情况下,最佳决策等价于何时对美式期权行权的问题。

【案例 9.4】 实物期权案例:油气开采权

一些国家政府通常将本国海上油田的开采权租给石油公司,期限一般为 10 ~ 15 年,获得开采权的石油公司可在此期间的任意时间开始开采石油。那么租金应如何确定呢?石油公司又如何确定这个项目是否值得投资呢?事实上,可以应用期权原理加以解决。

在传统的净现值分析法下,决策者计算出未来投资的可能收益加以贴现,并据此决定此项目的价值以及是否值得投资，但这种分析方法忽略了油气开采权中的隐含权利。

假设石油公司付出一笔租金获得15年开采权后，在这15年内，其决策条件可以简化表示为 $\max(S_T - X, 0)$，即根据石油价格 S_T 是否大于勘探开采和提炼成本 X 以及大多少，来决定是否开采以及何时开采。若 S_T 大于 X 的程度高于预期要求的收益，公司决定开采，则回报为 $S_T - X$；若 S_T 小于 X，公司决定不开采，则回报为 0 。

无论如何，公司要损失预先支付的租金。石油开采权实际上相当于一份以石油价格为标的、以开采期限为到期日、以勘探开采和提炼成本为执行价格的美式期权，所支付的租金即期权费。因此，租金的确定和投资决策均可以运用期权定价的原理进行分析。

在进行开采之后，石油公司在开采过程还可以选择放弃开采、追加投资、紧缩投资，以及延长油田的租期等，这些决策实际上又可以分别视为放弃投资权、追加投资权、紧缩投资权和延期期权等。

【案例9.5】　实物期权案例：公司投资决策

假设A公司实收资本1亿元，经营状况良好，没有负债。目前面临一个投资机会。A公司有选择一个且只有一个投资项目的权利，这种权利可视为期权。因此应估计出未来各种投资机会的概率分布，并据此计算出该期权的价值。在面临某个投资机会时，按传统方法计算出该项目的净现值。若该项目的净现值大于该期权价值，就决定投资，否则就放弃。

其决策条件可以简化表示为 $\max(S_T - X, 0)$ ，即根据投资收入 S_T 是否大于投资成本 X 以及大多少，来决定是否投资。若净现值 $\max(S_T - X, 0)$ 高于期权价值，公司决定投资；若净现值 $\max(S_T - X, 0)$ 小于期权价值，公司决定不投资。

只要某项资产的价格受某特定因素的不确定性的影响，就可以应用实物期权对这项资产进行定价。

【案例9.6】　实物期权案例：海南省鲜花期权

目前，我国一些公司对农产品期权交易进行了实践探索。例如，海南是我国特色花卉种植基地，然而受环境、气候等影响，鲜花的产量具有不确定性，造成价格大幅波动。海南省保亭黎族苗族自治县的几家花卉公司创先引入鲜花实物期权。

公司在每个季节种植花卉之前发布鲜花期权，所有客户只需支付一定的费用（期权费），就可以选择在公司以合约约定价格购买鲜花。公司也可以根据期权的购买数量开展有计划种植；农民是鲜花的种植者，在种植之前，农民会获得一笔期权补贴，再按照合约约定的数量和质量种植花卉。在种植期间，花卉公司向农民提供花卉技术支持和幼苗培育，并通过技术手段调整每个农民的花卉销售时间，以便在期权合同中约定的时间上市足够的花卉。这些花卉公司实际上是中介机构。鲜花上市后，所有客户可以选择以期权合同中约定的价格购买，也可以不购买。

■ 本章小结

1. 针对不同的头寸方向、不同期限、不同执行价格等,有许多种期权组合策略。本章概括了这些策略中的一部分。

2. 基础产品、远期、期权等衍生产品是构建新型金融产品的基石。许多新的期权合约不断地被引入市场,如内嵌期权、鲜花期权、基于平均日温度的天气期权等。

3. 实物期权是考虑了对未来经营决策修正能力的投资决策的分析。只要是一项未来以一定价格出售或购入某种资产的选择权,都可运用实物期权的思想加以分析。

■ 关键术语

差价组合,差期组合,对角组合,跨式组合,条式组合,带式组合,实物期权,内嵌期权。

■ 本章习题

1. 一个投资者购买了一份执行价格为 X 的看涨期权,同时出售了一份同样执行价格和到期时间的看跌期权,请描述这个投资者的头寸情况。

2. 假设你是一家负债率很高的公司的唯一股东。该公司的所有债务在 1 年后到期。若到时公司的价值高于债务,你将偿还债务;否则,你将宣布破产并让债权人接管公司。请将你的股权表示为公司价值的期权。请将债权人的债权表示为公司价值的期权。你有什么办法来提高股权的价值?

3. 什么样的交易策略可以构造出反向的差期组合?

4. 试证明:用看涨期权构造的牛市差价组合期初现金流为负,用看跌期权构造的牛市差价组合期初现金流为正,但前者的最终收益大于后者。

5. 试证明:无论用看涨期权还是看跌期权构造,正向和反向蝶式差价组合最终收益都相同,并且初始投资也相同。

6. 简述你对金融工程在风险管理中的应用与作用的理解?

7. 请收集资料,列举并分析期权产品应用的正面和负面案例各一个,并分析负面案例的本质原因。

8. 试述什么情况下对牛市差价组合持有者有利,什么情况下对熊市差价组合持有者有利,什么情况下对看涨期权的正向蝶式差价组合有利,看涨期权的正向差期组合适合于什么情况,底部跨式组合适合于什么情况。

9. 分别画一画看涨期权的反向蝶式差价组合的盈亏图、看涨期权的熊市反向对角组合的盈亏图,以及顶部跨式和条式组合的盈亏图。

第四部分　高级篇

第 10 章　期权定价的解析法

期权是以股票为标的资产的衍生产品，要研究期权的价格，必须先研究股票价格的变化规律。在了解了股票价格遵循的随机过程后，再通过股票来复制期权，并以此为依据给期权定价。本章将按此思路用数学的语言来描述这种定价的思想。

10.1　股票价格的变化过程

10.1.1　布朗运动

布朗运动以英国生物学家罗伯特·布朗命名。布朗通过显微镜观察完全浸没于液体或气体中的小粒子的运动，发现微小颗粒受到分子间的碰撞会朝随机的方向运动。然而，真正给出布朗运动的随机过程定义的是维纳，因此布朗运动也称为维纳过程。

1. 标准布朗运动

（1）离散时间下标准布朗运动

随机过程 $\{w_t\}$ 是标准布朗运动，需满足以下两个特征：

特征一：在很小的时间段 Δt 内，令随机变量的变动 $\Delta w_t = w_t - w_{t-1}$，$\varepsilon$ 代表服从标准正态分布（$\varepsilon \sim N(0,1)$）的一个随机值，则 Δw_t 满足：

$$\Delta w_t = \varepsilon_t \sqrt{\Delta t} \tag{10.1.1}$$

特征二：对于任何不同时间段 Δw 的值相互独立。如对于不同时间段 Δt 和 Δs，增量 Δw_t 和 Δw_s 是相互独立的，即 $\text{cov}(\Delta w_t, \Delta w_s) = 0$，其中 $\Delta w_t = w_t - w_{t-1}$，$\Delta w_s = w_s - w_{s-1}$。

数学上可以证明，具备特征一和特征二的维纳过程是一个马尔可夫随机过程，与弱式有效市场假设相符。

服从一般布朗运动的随机变量 w_t 的瞬时变量 Δw_t 的概率分布性质：$E(\Delta w_t) = 0$，且 $\text{var}(\Delta w_t) = \text{var}(\varepsilon_t \sqrt{\Delta t}) = \Delta t$。进一步，将时间长度推广至 T 时刻。瞬时变量 Δw_t 均值 $E(\Delta w_T) = 0$，方差 $\text{var}(\Delta w_T) = T$。总之，在任意长度的时间间隔 T 中，遵循标准布朗运动

的变量的变化值服从均值为0、标准差为$\sqrt{T}$的正态分布。对于相互独立的正态分布,方差具有可加性,而标准差不具有可加性。

(2) 连续时间下标准布朗运动

连续时间下标准布朗运动满足以下两个特征:

$$dw_t = \varepsilon_t \sqrt{dt}, \quad \mathrm{cov}(dw_t, dw_s) = 0$$

2. 普通布朗运动

首先引入漂移率和方差率两个概念。漂移率是指单位时间内变量均值的变化值,用a表示。标准布朗运动的漂移率为0。方差率是指单位时间内变量的方差,用b^2表示。标准布朗运动的方差率为1.0。

随机变量增量的期望不是0,方差不是1,这样的随机过程称为普通布朗运动。其数学方程是:

$$dx_t = a\,dt + b\,dw_t \tag{10.1.2}$$

其中,dx_t表示随机变量x_t的瞬间变量,a和b均为常数,a表示随机变量x_t的瞬间(Δt时间内)变量的期望,b表示随机变量x_t的瞬间(Δt时间内)变量的标准差,dw_t遵循标准布朗运动。这个过程表明随机变量x_t是关于时间t和dw_t的动态过程。$a\,dt$为确定项,它意味着x_t的期望漂移率是每单位时间为a。$b\,dw_t$是随机项,它表明对x的动态过程添加的噪声。

服从一般布朗运动的随机变量x_t的瞬时变量dx_t概率分布性质:$E(dx_t) = a\,dt$且$\mathrm{var}(dx_t) = b^2 dt$。因此,$dx_t$也具有正态分布特征,即$dx_t \sim N(a\,dt, b^2 dt)$。

布朗运动刻画的粒子的运动轨迹是连续的曲线,但却是处处不可微的曲线。

3. 伊藤过程

若x_t是一个随机过程,令$f_t = f(x_t, t)$,则利用Itô公式可求出df_t,即Itô公式是随机分析中的复合函数求微分的法则。

普通布朗运动中漂移率和方差率为常数时,若把变量x_t的漂移率和方差率当作变量x_t和时间t的函数,得到的过程称为伊藤过程,即伊藤过程满足

$$dx_t = a_t(x_t, t)\,dt + b_t(x_t, t)\,dw_t \tag{10.1.3}$$

伊藤过程的漂移率为a_t,方差率为b_t^2,且a_t、b_t都是变量x_t和t的函数。

由伊藤过程进一步推导出Itô公式。若随机变量x_t遵循伊藤过程,$f_t = f(x_t, t)$,则Itô公式为

$$df_t = \left(\frac{\partial f}{\partial x}a_t + \frac{\partial f}{\partial t} + \frac{1}{2}\frac{\partial^2 f}{\partial x^2}b_t^2\right)dt + \frac{\partial f}{\partial x}b_t\,dw_t \tag{10.1.4}$$

其中,dw_t是一个标准布朗运动。公式(10.1.4)也称为伊藤引理,是一种被广泛应用于金融领域的方法。

证明:由 Taylor 展开式 $df = \frac{\partial f}{\partial t}dt + \frac{\partial f}{\partial x}dx + \frac{1}{2}\frac{\partial^2 f}{\partial x^2}(dx)^2 + o(dtdx)$,根据伊藤过程(10.1.3)有 $(dx_t)^2 = b_t^2(dw_t)^2 + 2a_tb_tdtdw_t + a_t^2dt^2 = b_t^2dt + o(dt)$,将此式带入 Taylor 展开式即可。

值得注意的是,式(10.1.4)中 dt 和 dw_t 前的系数都是 x_t 和 t 的函数,因此函数 f 也遵循伊藤过程,它的漂移率为 $\frac{\partial f}{\partial x}a_t + \frac{\partial f}{\partial t} + \frac{1}{2}\frac{\partial^2 f}{\partial x^2}b_t^2$,方差率为 $\left(\frac{\partial f}{\partial x}\right)^2 b_t^2$。

如果知道随机变量 x_t 遵循的伊藤过程,通过伊藤引理可以推导出 $f(x_t,t)$ 遵循的随机过程。例如,由于衍生产品价格是标的资产价格和时间的函数,利用伊藤引理就可以推导衍生产品的价格,因此伊藤引理在衍生产品分析中扮演着重要的角色。

10.1.2　股票价格遵循的过程

1. 几何布朗运动

一般用几何布朗运动来描述股票价格的随机过程。假设股票价格遵循伊藤过程:

$$dS_t = \mu S_t dt + \sigma S_t dw_t \tag{10.1.5}$$

两边同除以 S_t 得:

$$dS_t/S_t = \mu dt + \sigma dw_t \tag{10.1.6}$$

若 dw_t 表示标准布朗运动,则公式(10.1.6)被称为几何布朗运动。其中,μ 和 σ 为常数,其大小取决于时间的计量单位。若无特别申明,通常以年为计量单位。漂移率 μ 代表着股票预期收益率,即 $S_t = S_0e^{\mu t}$。μ 的大小取决于股票的系统性风险、无风险利率水平以及市场的风险收益偏好等,但后面会证明,衍生产品的价格与标的物的预期收益率 μ 是无关的。方差率 σ 代表着股票价格的波动率,用股票收益率单位时间的标准差表示。σ 会随时间的变化而变化,且衍生产品的价格与标的物的方差率 σ 是有关的。

用几何布朗运动描述股票价格的随机过程可以避免股票价格为负从而与有限责任相矛盾的问题;几何布朗运动意味着股票连续复利收益率服从正态分布,这与实际较为吻合;几何布朗运动是 Itô 过程的一个特例,股票价格若遵循 Itô 过程,则其任何衍生产品都遵循 Itô 过程。

【例题 10.1】　未来股票价格变化值的概率分布计算

假设一种不付红利股票遵循几何布朗运动,其波动率为每年 18%,预期收益率以连续复利计为每年 20%,其目前的市价为 100 元,求一周后该股票价格变化值的概率分布。

解:由已知条件可知,$\mu = 0.20$,$\sigma = 0.18$。由几何布朗运动可得,其股价过程为 $dS_t/S_t = 0.20dt + 0.18dw_t$。

在随后短时间时间间隔后的股价变化为 $\Delta S_t/S_t = 0.20\Delta t + 0.18\varepsilon_t\sqrt{\Delta t}$。由于 1 周等

于0.019 2 年，因此 $\Delta S_t = 100(0.003\,84 + 0.024\,9\varepsilon_t) = 0.384 + 2.49\varepsilon_t$，即一周后股价的增加值随机变量 ΔS_t 满足均值为 0.384 元，标准差为 2.49 元的正态分布的随机抽样值。

应该注意的是，比例变化不具有可加性。例如，股价先增长 10%，再增长 15%，其总增长幅度不是 25%，而应该是 26.5%。因此，不能推导出在任意时间长度 T 后证券价格比例变化的标准差为 $\sigma\sqrt{T}$。

2. 股票价格对数 $\ln S_t$ 所遵循的随机过程

令衍生产品价格 $G_t = G(S_t, t)$，则由 Itô 公式，衍生产品价格 G_t 遵循如下过程：

$$dG_t = \left(\frac{\partial G}{\partial S}\mu S_t + \frac{\partial G}{\partial t} + \frac{1}{2}\frac{\partial^2 G}{\partial S^2}\sigma^2 S_t^2\right)dt + \frac{\partial G}{\partial S}\sigma S_t dw_t \tag{10.1.7}$$

衍生产品价格 G_t 和股票价格 S_t 受到同一个不确定性来源 dw_t 的影响，后面将消除此风险源。

特别地，令 $G_t = \ln S_t$，则 $\frac{\partial G}{\partial S} = \frac{1}{S_t}, \frac{\partial^2 G}{\partial S^2} = -\frac{1}{S_t^2}, \frac{\partial G}{\partial t} = 0$，即可以得到股票价格对数 $\ln S_t$ 所遵循的随机过程：

$$dG_t = \left(\mu - \frac{\sigma^2}{2}\right)dt + \sigma dw_t \tag{10.1.8}$$

股票价格对数 $\ln S_t$ 满足如下性质：

性质一：股票价格对数 $\ln S_t$ 遵循普通布朗运动，漂移率为 $\mu - \sigma^2/2$，方差率为 σ^2。

性质二：股票价格 S_T 服从对数正态分布。股票价格对数的概率分布满足：

$$\ln S_T \sim \varphi\left[\ln S_t + \left(\mu - \frac{\sigma^2}{2}\right)(T - t), \sigma^2(T - t)\right] \tag{10.1.9}$$

即股票价格对数的变化呈正态分布。股票价格对数 $\ln S_t$ 要求股票价格 S_t 不为负，这与有限责任下股票价格不可能为负是一致的。

当一个变量的自然对数服从正态分布，则称该变量服从对数正态分布，所以股票价格 S_T 服从对数正态分布。

由性质二可知，S_T 的期望（均值）和方差分别为

$$E(S_T) = S_t e^{\mu(T-t)}, \quad \mathrm{var}(S_T) = S_t^2 e^{2\mu(T-t)}\left[e^{\sigma^2(T-t)} - 1\right] \tag{10.1.10}$$

值得注意的是，几何布朗运动只意味着短时间内的股票价格百分比收益率服从正态分布，长期间内股票价格百分比收益率正态分布的性质不再存在，但连续复利收益率始终服从正态分布。

【例题 10.2】 几何布朗运动下股票价格的概率分布

假设有一只不支付红利的股票，当前价格为40元，股票预期收益率为每年16%，波动率为每年20%，设股票价格遵循几何布朗运动。请问：该股票 6 个月后的价格 S_T 的概率分布、均值和方差各是多少？

解:先求置信区间,6个月后 $\ln S_T$ 的概率分布为:

$\ln S_T \sim \varphi[\ln 40+(0.16-0.04/2)\times 0.5, 0.2^2\times 0.5]$,计算可得 $\ln S_T \sim \varphi(3.759, 0.02)$。

由于一个正态分布变量取值落在与均值的距离小于1.96倍的标准差范围内的概率为95%,这时标准差为 $\sqrt{0.02}=0.141$,因此,置信度为95%时:

$$3.759-1.96\times 0.141<\ln S_T<3.759+1.96\times 0.141$$

则 $32.55<S_T<56.56$。因此,6个月后股票价格落在32.55元到56.56元之间的概率为95%。

6个月后股票价格的均值和方差分别为:

$$E(S_T)=40\mathrm{e}^{0.16\times 0.5}=43.33,\quad \mathrm{var}(S_T)=40^2\mathrm{e}^{2\times 0.16\times 0.5}\times(\mathrm{e}^{0.04\times 0.5}-1)=37.93$$

6个月后,该股票价格的期望值为43.33元,方差为37.93。

练一练 假设某只不支付已知收益率股票的当前价格为30元,预期收益率为每年6%,波动率为每年10%。假设该股票价格遵循几何布朗运动且该股票在6个月内不付红利。请问:该股票6个月后的价格 S_T 的概率分布如何?该股票在6个月后股票价格的期望值和标准差分别是多少?

股票连续复利收益率服从正态分布。例如,假设 η_t 是 Δt 时间内股票价格百分比的年化预期收益率,则 $T-t$ 期间年化的连续复利收益率可以表示为 $\eta_t=\dfrac{\ln S_T-\ln S_t}{T-t}$,易知随机变量 η_t 服从正态分布 $\eta_t\sim\varphi\left[\left(\mu-\dfrac{\sigma^2}{2}\right),\dfrac{\sigma}{\sqrt{T-t}}\right]$。其中,$\mu$ 为 Δt 时间内股票的年化百分比期望收益率,股票的连续复利收益率为 $\mu-\dfrac{\sigma^2}{2}$。根据资本资产定价原理,μ 取决于该证券的系统性风险、无风险利率水平以及市场的风险收益偏好。由于后者涉及主观因素,因此其决 定本身就较复杂。在无套利条件下,衍生产品的定价与标的资产的预期收益率是无关的。σ 是股票价格对数收益率的年化标准差,也称为股票价格对数的波动率。常常从历史的证券价格数据中计算出样本对数收益率的标准差,再对时间标准化,得到年标准差,即为波动率的估计值。在计算时,时间距离越近越好,但时间窗口也不宜太短。一般采用交易天数计算波动率而不采用日历天数。若 A 为交易天数,可采用公式 $\sigma_{\text{day}}=\dfrac{\sigma_{\text{year}}}{\sqrt{A}}$,$\sigma_{10\text{-day}}=\sqrt{10}\sigma_{\text{day}}$,进行波动率的换算。

3. 衍生产品所遵循的随机过程

当股票价格 S_t 服从几何布朗运动 $\mathrm{d}S_t=\mu S_t\mathrm{d}t+\sigma S_t\mathrm{d}w_t$,根据伊藤引理,衍生产品的价格 f_t 应遵循如下过程:

$$\mathrm{d}f_t=\left(\frac{\partial f}{\partial S}\mu S_t+\frac{\partial f}{\partial t}+\frac{1}{2}\frac{\partial^2 f}{\partial S^2}\sigma^2 S_t^2\right)\mathrm{d}t+\frac{\partial f}{\partial S}\sigma S_t\mathrm{d}w_t \tag{10.1.11}$$

衍生产品价格 f_t 和股票价格 S_t 都受同一个不确定性来源 dw_t 的影响，这对于下文推导衍生产品的定价公式至关重要。

【例题 10.3】　无收益资产远期价格遵循的随机过程

假设标的资产价格 S_t 服从几何布朗运动，满足 $dS_t = \mu S_t dt + \sigma S_t dw_t$，由于无收益资产远期价格 $F_t = S_t e^{r(T-t)}$，则 $\frac{\partial F}{\partial S} = e^{r(T-1)}$，$\frac{\partial^2 F}{\partial S^2} = 0$，$\frac{\partial F}{\partial t} = -rF_t$。运用伊藤引理可得 $dF_t = (\mu - r)F_t dt + \sigma F_t dw_t$，即为无收益资产远期价格应遵循的随机过程。

对比发现，远期（期货）价格的漂移率比标的资产小了 r。

10.2　Black-Scholes 期权定价模型

最常见的期权定价问题就是无股息支付股票期权的定价，这也是 Black 和 Scholes(1973) 解决的定价问题。下面将利用前面随机过程的有关知识推导著名的 Black-Scholes 微分方程及欧式期权定价公式。

1. Black-Scholes 微分方程

已知股票价格 S_t 遵循几何布朗运动 $dS_t = \mu S_t dt + \sigma S_t dw_t$，由 Itô 公式，衍生产品价格 $f_t = f(x_t, t)$ 满足(10.1.11)式。不论是股票价格 S_t 还是衍生产品价格 f_t 都含有同一种不确定风险源 dw_t。若构造组合恰当的话，就可以消除该风险源，使得组合是无风险的，即组合的收益率等于无风险利率。

(1) 假设条件

Black-Scholes 微分方程是建立在有关经济环境的假设和有关股票价格分布的假设两类前提性假设之上的。

关于经济环境的假设包括：

假设 1：在衍生产品有效期内，无风险利率 r 已知并且为常数，对所有到期日都相同，投资者可以此利率无限制地存款或贷款。

假设 2：没有交易费用和税收，所有证券都是完全可分的。

假设 3：允许无成本的卖空标的资产。

假设 4：不存在无风险套利机会。

关于股票价格分布的假设包括：

假设 5：股票价格遵循几何布朗运动，即 μ 和 σ 为常数。

假设 6：股票交易是连续的，价格变动也是连续的，股票价格不存在“跳跃”。

假设 7：在衍生产品有效期内标的资产没有现金收益支付。

假设 8：连续复合回报的波动率是已知的并且为常数。

这些假设中的许多限制条件是可以放松的。在实际应用与研究中,关于股票价格分布的假设最为关键。大多数关于期权定价的学术和实践研究都侧重于放宽这些假设。

(2) 构造组合

Black 和 Scholes 建立组合 Π:一单位衍生产品空头和$\frac{\partial f}{\partial S}$单位股票多头。组合价值为 $\Pi = -f_t + \frac{\partial f}{\partial x}S_t$,经过 Δt 时间后,该组合价值增量为 $\Delta\Pi = -\Delta f_t + \frac{\partial f}{\partial S}\Delta S_t$。

将 $\Delta S_t = \mu S_t \mathrm{d}t + \sigma S_t \Delta w_t$ 和 $\Delta f_t = \left(\frac{\partial f}{\partial S}\mu S_t + \frac{\partial f}{\partial t} + \frac{1}{2}\frac{\partial^2 f}{\partial S^2}\sigma^2 S_t^2\right)\Delta t + \frac{\partial f}{\partial S}\sigma S_t \Delta w_t$ 代入 $\Delta\Pi$ 公式,化简可得:

$$\Delta\Pi = \left(-\frac{\partial f}{\partial t} - \frac{1}{2}\frac{\partial^2 f}{\partial S^2}\sigma^2 S_t^2\right)\Delta t \tag{10.2.1}$$

式(10.2.1)中不再含有风险源 Δw_t,这意味着该组合在很短的时间间隔 Δt 的价值变化无风险,即在时间区间 Δt 内的收益率等于 Δt 内的无风险收益率 r,即 $\Delta\Pi = r\Pi\Delta t$。化简为:

$$\frac{\partial f}{\partial t} + rS_t\frac{\partial f}{\partial S} + \frac{1}{2}\sigma^2 S_t^2\frac{\partial^2 f}{\partial S^2} = rf_t \tag{10.2.2}$$

这就是著名的 Black-Scholes 微分分程。它适用于所有取决于标的物价格的衍生产品的定价,如远期、期货等。

该组合仅在一个很短时间间隔 Δt 中才是无风险的。因为当 S_t 和 t 变化时,$\frac{\partial f}{\partial S}$ 也发生变化,则在较长时间中要保持组合无风险需不断调整标的数量$\frac{\partial f}{\partial S}$。

从式(10.2.2)可以看出,衍生产品的价值只取决于标的物当前价格 S_t、时间 t、标的物价格的波动率 σ 和无风险利率 r,而与风险收益偏好无关,因此可以大胆地假设:在对衍生产品定价时,所有投资者都是风险中性的,即标的物预期收益率μ等于无风险利率 r。这意味着,在风险中性条件下,所有现金流量都可用无风险利率 r 进行贴现。

【例题 10.4】 可交易资产应遵循的随机过程

假设股票价格遵循几何布朗运动,在风险中性世界中满足$\frac{\mathrm{d}S_t}{S_t} = \mu\mathrm{d}t + \sigma\mathrm{d}w_t$。以无收益资产远期合约为例,无收益资产远期合约价值满足 $f_t = S_t - X\mathrm{e}^{-r(T-t)}$,则$\frac{\partial f}{\partial S} = 1$,$\frac{\partial f}{\partial t} = -rX\mathrm{e}^{-r(T-t)}$,$\frac{\partial^2 f}{\partial S^2} = 0$,代入伊藤引理可得:

$$\mathrm{d}f_t = (rS_t - rX\mathrm{e}^{-r(T-t)})\mathrm{d}t + \sigma S_t\mathrm{d}w_t = r(S_t - X\mathrm{e}^{-r(T-t)})\mathrm{d}t + \sigma S_t\mathrm{d}w_t = rf_t\mathrm{d}t + \sigma S_t\mathrm{d}w_t$$

即$\frac{df_t}{f_t} = r dt + \frac{\sigma S_t}{f_t} dw_t$,因此在风险中性世界中,远期合约的漂移率是 r,满足在风险中性世界中所有可交易的资产漂移率都是 r。

2. Black-Scholes 期权定价公式

1973 年,Black 和 Scholes 求出了微分方程的解,从而得到了精确的欧式期权定价公式 Black-Scholes 期权定价公式。

$$c_t = S_t N(d_1) - X e^{-r(T-t)} N(d_2) \tag{10.2.3}$$

其中 $d_1 = \frac{\ln(S_t/X) + (r + \sigma^2/2)(T - t)}{\sigma \sqrt{T - t}}$,$d_2 = \frac{\ln(S_t/X) + (r - \sigma^2/2)(T - t)}{\sigma \sqrt{T - t}} = d_1 - \sigma \sqrt{T - t}$,$N(x)$ 为标准正态分布变量的累计概率分布函数(即这个变量小于 x 的概率)。这就是著名的无收益资产欧式看涨期权的定价公式。

推广:

(1) 无收益资产美式看涨期权提前执行是不明智的,因此(10.2.3) 式也是无收益资产美式看涨期权的价值,即 $C_t = S_t N(d_1) - X e^{-r(T-t)} N(d_2)$。

(2) 由欧式看涨/看跌期权平价公式,无收益资产欧式看跌期权的定价公式为:

$$p_t = X e^{-r(T-t)} N(-d_2) - S_t N(-d_1) \tag{10.2.4}$$

说明:

(1) 由于美式看跌/看涨期权之间不存在严密的平价关系,因此美式看跌期权的定价还没有得到一个精确的解析公式,但可以用蒙特卡罗模拟、二叉树、有限差分三种数值方法以及解析近似方法求出。

(2) Black-Scholes 公式的使用非常方便,可以利用 Excel 软件及 MATLAB 软件十分快捷地计算出相应期权的价格。

3. Black-Scholes 期权定价公式的理解及应用

可以从三个角度来理解这个公式的金融含义。

(1) $N(d_2)$ 表示在风险中性世界中 S_T 大于 X 的概率,即欧式看涨期权被执行的概率;$e^{-r(T-t)} X N(d_2)$ 是 $X N(d_2)$ 的风险中性期望值的现值,可看成预期执行期权所需支付的现值。$S_t N(d_1) = e^{-r(T-t)} S_T N(d_1)$ 是 $S_T N(d_1)$ 在风险中性世界中期望值的现值,表示在风险中性世界中如果 $S_T > X$ 就等于 S_T,否则就等于 0 的变量的期望值。$S_t N(d_1)$ 是贴现值,可看成期权持有者预期执行期权所得收入的现值。因此,整个看涨期权定价公式就是在风险中性世界中期权未来期望回报的现值。

(2) $\Delta = N(d_1)$ 是组合策略中股票的数量,是在以股票作为记账单位的风险中性世界中 S_T 大于 X 的概率。$S_t N(d_1)$ 可以看成期权持有者预期执行期权所得资产的现值,就是股票的市值。$- e^{-r(T-t)} X N(d_2)$ 则是组合策略中负债的价值。由于主要参数都是时变的,因此,这种复制策略是动态复制策略,需要不断调整相关头寸数量。

(3) 从公式分解来看,若 $S_tN(d_1)$ 表示资产或有价值看涨期权的价值, $-e^{-r(T-t)}XN(d_2)$ 表示 X 份现金或有价值看涨期权空头的价值。那么欧式看涨期权可以分拆成资产或有价值看涨期权多头和现金或有价值看涨期权空头。

【例题 10.5】 Black-Scholes 公式的应用

设有一只不支付红利的股票,当前价格为42元,无风险利率为每年10%,波动率为每年20%,执行价格为40元。请问:以该股票为标的6个月期的欧式看涨/看跌期权价格定为多少比较合适?股票价格为多少时,该欧式看涨/看跌期权的持有者才会行使权力?

解:求得 $d_1 = 0.769\ 3$, $d_2 = 0.627\ 8$。

该欧式看涨期权的价格为

$$c_t = [42N(0.769\ 3) - 40e^{-0.1(0.5)}N(0.627\ 8)]\text{元} = 4.76\text{元}$$

该欧式看跌期权的价格为

$$p_t = [40e^{-01(0.5)}N(-0.627\ 8) - 42N(-0.769\ 3)]\text{元} = 0.81\text{元}$$

股票至少涨至44.76元,才能使该欧式看涨期权投资者盈亏均衡。

股票至少跌至(40 - 0.81)元 = 39.19元,才能使该欧式看跌期权投资者盈亏均衡。

【例题 10.6】 股票期权的计算

设一只无红利支付股票的看涨期权,股票价格现在为49元,执行价格是50元,无风险利率是5%,有效时间为20周,设股票价格的波动率是20%,则该看涨期权的价格等于多少?

解:参数 $T - t = 20 \times 7/365 \approx 0.384\ 6$, $d_1 = 0.054\ 2$, $d_2 = -0.069\ 993$,则$N(d_1) = 0.522$, $N(d_2) = 0.472$。根据无收益资产欧式看涨期权的定价公式可得:

$$c_t = S_tN(d_1) - Xe^{-r(T-t)}N(d_2) = [49 \times 0.522 - 50e^{-0.05\times0.385\ 6} \times 0.472]\text{元} = 2.428\ 65\text{元}$$

则该看涨期权的价格应为2.428 65元。

具有期权特征的投资决策问题可以通过 Black-Scholes 模型和二叉树等定价工具进行分析,应用金融期权定价法来测算实物期权的价格。虽然有些问题可能不能直接应用标准期权定价模型,但理解金融工程思想对投资和经营决策是很有帮助的。

【案例 10.1】 土地价值的确定

假设政府以招标形式转让土地的有偿使用权。某投资商甲想要购买一块荒地用于开发城市居民区。甲究竟应该投标多少金额呢?

甲估计要在这片荒地上投入10亿元进行基础设施开发,然后按照现有可比性的相同住宅的现价,估计2年以后基础设施建成,这片土地价值为15亿元。然后,甲测算出当前市场对未来土地价格预期的波动率是0.3,当期无风险利率是5%。

甲可以把投标想象成为一个实物期权的买权。这个期权允许甲在2年(T)之后,以

10 亿元(X)的代价,获得一片价值 15 亿元(S)的土地资产,其间的无风险利率(r)是 5%,波动率(σ)是 0.3。

甲可以应用 Black-Scholes 公式进行测算,得出该片土地的价值是 6.23 亿元,大于净现值法预测的结果,并按照这个价格进行投标。

10.3 有收益资产期权定价

Black-Scholes 期权定价公式是在假设期权的标的资产在期权有效期内为无收益资产前提下的,那么,对于有收益标的资产,其期权又如何定价呢?

1. 有收益资产欧式期权的定价公式

(1) 支付已知现金收益标的欧式期权的定价

在收益已知的情况下,可把标的证券的价格分解成期权有效期内已知收益的现值部分和有风险部分这两部分。在期权到期之前,收益现值部分将由于标的资产支付收益而消失。

因此,只要从标的证券当前价格中消去收益现值,即($S_t - I$),将剩下有风险部分的证券价格作为真正影响期权价值的标的资产价格,用 σ 表示证券价格中风险部分的波动率,就可直接利用公式分别计算出有收益资产的欧式看涨/看跌期权的价格。

【例题 10.7】 支付已知现金收益标的欧式期权的定价

设有一只股票在2个月和5个月后分别支付0.5元的红利,股票当前的价格为40元,无风险利率为每年9%,波动率为每年30%,执行价格为40元。请问:以该股票为标的6个月期的欧式看涨期权价格定为多少比较合适?

解:红利现值为 $I = (0.5e^{-0.09(2/12)} + 0.5e^{-0.09(5/12)})$ 元 $= 0.974\ 1$ 元,$d_1 = 0.210\ 7$,$d_2 = -0.014$,$S_t - I = (40 - 0.974\ 1)$ 元 $= 39.052\ 9$ 元。

该欧式看涨期权价格为

$$c_t = [39.052\ 9N(0.201\ 7) - 40e^{-0.09(0.5)}N(-0.010\ 4)] \text{ 元} = 3.67 \text{ 元}$$

因此,以该股票为标的6个月期的欧式看涨期权价格定为3.67元比较合适。

(2) 支付已知现金收益率标的欧式期权的定价

当标的证券的收益为按连续复利计算的固定收益率 q(单位为年)时,用 $S_t e^{-q(T-t)}$ 代替 Black-Scholes 公式中的 S_t 即可。标的股票支付连续红利的欧式看涨期权和看跌期权的价值分别为

$$c_t = S_t e^{-q(T-t)}N(d_1) - Xe^{-r(T-t)}N(d_2),\ p_t = Xe^{-r(T-t)}N(-d_2) - S_t e^{-q(T-t)}N(-d_1)$$

特别地,当 $q = 0$ 时,上式就转化为基本的 Black-Scholes 公式。

一般来说,期货期权、股指期权和外汇期权都可看作标的资产支付连续复利收益率

的期权，即 Black-Scholes 期权定价公式也适用欧式货币期权和股价指数期权的定价。其中，欧式期货期权可以看作一个支付连续红利率为 q 的资产的欧式期权；股指期权则是以市场平均股利支付率为收益率，虽然所有的股票都是离散支付红利，但当股票指数包含的股票数量足够多时，近似地假设股票指数支付连续的红利。即当 S_t 是股票指数价格，q 是股票指数近似连续支付的红利率，σ 是股指的波动率；外汇期权标的资产的连续红利率 q 为该外汇在所在国的无风险利率 r_f，S_t 是外汇汇率，σ 是外汇汇率的波动率。因此，外汇的欧式看涨／看跌期权的价值分别为：

$$c_t = S_t \mathrm{e}^{-r_f(T-t)}N(d_1) - X\mathrm{e}^{-r(T-t)}N(d_2), p_t = X\mathrm{e}^{-r(T-t)}N(-d_2) - S_t\mathrm{e}^{-r_f(T-t)}N(-d_1)$$

【例题 10.8】 欧式外汇期权的定价

假设当前英镑的即期汇率为 1 英镑 = 1.500 0 美元，美国的无风险连续复利年利率为 7%，英国的无风险连续复利年利率为 10%，英镑汇率遵循几何布朗运动，其波动率为 10%，求 6 个月期协议价格为 1.500 0 美元的英镑欧式看涨期权的价格。

解：由于英镑会产生无风险收益，现在的 1 英镑等于 6 个月后的 $\mathrm{e}^{0.1\times0.5}$ 英镑，而现在的$\mathrm{e}^{-0.1\times0.5}$ 英镑等于6个月后的1英镑，可令 $S_t = 1.500\,0\times\mathrm{e}^{-0.1\times0.5}$ 美元，计算得$d_1 = -0.017\,68$，$d_2 = -0.247\,5$，代入公式就可求出期权价格。

$$\begin{aligned} c_t &= [1.500\,0\times\mathrm{e}^{-0.1\times0.5}N(d_1) - 1.500\,0\mathrm{e}^{-0.07\times0.5}N(d_2)] \text{ 美元} \\ &= [1.426\,8N(d_1) - 1.448\,4N(d_2)] \text{ 美元} \end{aligned}$$

通过查累积正态分布函数 $N(x)$ 的数据表，可以得出：

$$c_t = (1.426\,8\times0.429\,8 - 1.448\,4\times0.402\,3) \text{ 美元} = 0.030\,5 \text{ 美元} = 3.05 \text{ 美分}$$

因此，6 个月期英镑欧式看涨期权价格为 3.05 美分。

对于欧式期货期权，当无收益标的资产服从几何布朗运动时，其期货价格 F_t 同样服从几何布朗运动 $\mathrm{d}F_t = (\mu - r)F_t\mathrm{d}t + \sigma F_t\mathrm{d}w_t$。Black 也给出了欧式期货看涨期权和欧式期货看跌期权定价公式如下：

$$c_t = \mathrm{e}^{-r(T-t)}[F_tN(d_1) - XN(d_2)],\ p_t = \mathrm{e}^{-r(T-t)}[XN(-d_2) - F_tN(-d_1)]$$

其中 $d_1 = \dfrac{\ln(F_t/X) + (\sigma^2/2)(T-t)}{\sigma\sqrt{T-t}}$，$d_2 = \dfrac{\ln(F_t/X) - (\sigma^2/2)(T-t)}{\sigma\sqrt{T-t}} = d_1 - \sigma\sqrt{T-t}$。

【案例 10.2】 宝洁应该购买哪个品牌？

宝洁公司(P&G) 是全球日用消费品行业的巨头，该公司旗下拥有诸多个人护理用品的品牌，其中大多数是通过收购的方式从其他公司手中买来的。

可以把一个洗发水品牌视作一个卖方期权。由于有了这个品牌，宝洁公司可以在某一个特定的市场范围内，以某一个价格，向市场卖出一定数量的洗发水。由于消费者普遍接受他们喜欢的品牌，因此他们可以被视作最终购买产品的人，也是买入了宝洁公司执行的卖方期权的买家。

选择一，该品牌可以使宝洁公司以 1 000 万欧元的成本，向目标市场出售价值1 500 万欧元的洗发水。宝洁公司每年要继续付出100 万欧元的广告费用，以便维护这个品牌在目标市场中的定位。

选择二，宝洁公司还在考虑另外一个品牌的洗发水。宝洁公司估计，拥有了这个品牌之后，宝洁公司每年用500 万欧元的成本，就可以向目标市场出售1 100 万欧元的产品，但是，宝洁公司要为这个品牌花费每年 200 万欧元的广告费。

知道了这些变量之后，可以套用 Black-Scholes 欧式有收益资产卖权的公式。预计以上两个品牌的寿命都是 10 年，无风险利率是 6. 5%，波动率为 0. 33。

可得出结论：该品牌的卖方期权价值是 4 830 万欧元；而另外一个品牌的期权价值是 4 033 万欧元。因此，宝洁公司应该购买该品牌。

2. 有收益资产美式期权的定价公式

（1） 美式看涨期权

当标的资产有收益时，美式看涨期权有可能提前执行，因此有收益资产美式期权的定价更加复杂。Black 提出了一种近似方法，即先确定提前执行美式看涨期权是否合理，若不合理，则按欧式期权处理；若在 t_n 时刻有可能提前执行，则比较到期 T 时刻和 t_n 时刻的欧式看涨期权的价格，取较大者作为美式期权的价格。在大多数情况下，这种近似效果都较好。

【例题 10. 9】　支付已知现金收益标的美式看涨期权的定价

设有一只股票，在 2 个月和 5 个月后分别支付 0. 5 元的红利，股票当前的价格为 40 元，无风险年利率为 9%，波动率为每年 30%，执行价格为 40 元。请问：以该股票为标的 6 个月期的美式看涨期权价格定为多少比较合适？

解：由例题 10. 7 知，6 个月的欧式看涨期权价格为 3. 67 元，再考虑提前执行是否合理。在$t_1 = 5/12$ 时刻到期的欧式期权，其间支付了一次红利，现值为 $I = 0.5e^{-0.09(2/12)}$ 元 $= 0.4926$元，计算相应参数 $S_t - I = (40 - 0.4926)$ 元 $= 39.5074$元，$d_1 = 0.226485$，$d_2 = 0.032835$，$t_1 = 5/12$ 时刻到期欧式看涨期权的价格为

$$c_t = [39.5074N(d_1) - 40e^{-0.09(5/12)}N(d_2)]\text{ 元} = 3.52\text{ 元}$$

该美式看涨期权的价格取两者较大者，则 $C_t = 3.67$ 元。

（2） 美式看跌期权

由于存在收益降低了美式看跌期权提前执行的可能性，但仍不排除有提前执行的可能，而且与其对应的看涨期权也不存在精确的平价关系，因此有收益美式看跌期权的价值不同于欧式看跌期权，只能通过较复杂的数值方法来计算。

3. Black-Scholes 期权定价公式的参数估计

Black-Scholes 期权定价公式中的期权价格取决于下列五个参数：标的资产市场价格 S_t、执行价格 X、到期期限 $T-t$、无风险利率 r 和标的资产价格波动率 σ。在这些参数当中，前三个都是很容易获得的确定数值。无风险利率和标的资产价格波动率则需要进行估计。在估计时要注意到期期限、无风险利率和波动率的时间单位必须相同（通常为年）。

估计无风险利率时使用连续复利的即期利率，例如，可以用银行存款利率、国债市场即期利率或7天回购利率，而且尽量选择距离期权到期日最近的利率。估计标的资产价格的波动率，将在后文详细阐述。

4. Black-Scholes 期权定价公式的精确度评价与拓展

Black-Scholes 期权定价公式是建立在众多假设基础之上的，因此与现实存在一定偏差。除此之外，造成 Black-Scholes 期权定价与市场价格存在差异的主要原因还有期权市场价格偏离均衡、使用错误的参数等。可以通过对无交易成本假设的放松、常数波动率假设的放松、参数假设的放松、资产价格连续变动假设的放松来完善期权的定价。

尽管 Black-Scholes 期权定价公式有许多局限性，但它依然是迄今为止解释期权价格动态的最佳模型之一，应用广泛。例如，将 Black-Scholes 定价公式应用于评估组合保险成本，因为期权费实际就是保费，所以要评估一个组合保险，可用期权定价；还可以给可转换债券定价，因为可转换债券是一种可由债券持有者转换成股票的债券，所以可转换债券相当于一份普通的公司债券和一份看涨期权的组合；还可以利用 Black-Scholes 期权定价公式为认股权证估值，因为认股权证相当于一份看涨期权。

■ 本章小结

1. 著名的 Black-Scholes 模型假设标的资产股票的价格服从几何布朗运动 $dS_t/S_t = \mu dt + \sigma dw_t$，该随机微分方程有很好的解析解。

2. 股票价格的变化过程可以用漂移率为 μS_t、方差率为 $\sigma^2 S_t^2$ 的伊藤过程 $dS_t = \mu S_t dt + \sigma S_t dw_t$ 来表示。

3. 若变量 x_t 遵循伊藤过程，则变量 x_t 和 t 的函数 f 将遵循如下过程：$df_t = \left(\frac{\partial f}{\partial x}a_t + \frac{\partial f}{\partial t} + \frac{1}{2}\frac{\partial^2 f}{\partial x^2}b_t^2\right)dt + \frac{\partial f}{\partial x}b_t dw_t$。

4. 股票价格对数呈正态分布：$\ln S_T \sim \phi[\ln S_t + (\mu - \frac{\sigma^2}{2})(T-t), \sigma^2(T-t)]$。

5. 为了给期权定价，假设期权标的资产遵循几何布朗运动，据此可以推导出著名的 Black-Scholes 微分方程 $\frac{\partial f}{\partial t} + rS_t\frac{\partial f}{\partial S} + \frac{1}{2}\sigma^2 S_t^2\frac{\partial^2 f}{\partial S^2} = rf_t$。

6. 衍生产品定价时,可假设所有投资者都是风险中性的,这就是风险中性定价原理。它可大大简化衍生产品的定价,得出的结论也适用于厌恶风险的情况。

7. Black-Scholes 定价公式可用于看跌期权和美式看涨期权定价。对美式看跌期权定价,只能用二叉树、蒙特卡罗模拟、有限差分以及解析近似方法。

8. 具有期权特征的投资决策可以应用金融期权定价法来测算实物期权的价格。理解金融工程思想对投资和经营决策是很有帮助的。

■ 关键术语

标准布朗运动,普通布朗运动,几何布朗运动,伊藤过程,伊藤公式。

■ 本章习题

1. 假设某种不支付红利股票的市价为 50 元,风险利率为 5%,该股票的年波动率为 20%,求该股票协议价格为 50 元、期限 3 个月的欧式看跌期权价格。

2. 某股票市价为 70 元,年波动率为 20%,该股票预计 3 个月和 6 个月后将分别支付 1 元股息,市场无风险利率为 3%。现考虑该股票的美式看涨期权,其协议价格为 65 元,有效期 8 个月。请证明在上述两个除息日提前执行该期权都不是最优的,并计算该期权价格。

3. 简述布朗运动、普通布朗运动、几何布朗运动、伊藤公式的定义和性质。

4. 请自行完整推导 Black-Scholes 期权定价公式。

5. 假设一种 1 年期的美式股票看涨期权,标的股票在 5 个月和 11 个月后各有一个除权日,每个除权日的红利期望值为 1.0 元,标的股票当前的市价为 50 元,期权协议价格为 50 元,标的股票波动率为每年 30%,无风险连续复利年利率为 10%,求该期权的价值。

6. 考虑两个欧式外汇看涨期权和两个欧式外汇看跌期权,执行价格分别为 0.90 元和 1.00 元,所有期权将在一年后到期,无风险利率是 6%,外汇利率是 5%,外汇的波动率是 30%,外汇现在的汇率是 0.8 元。运用 Black-Scholes 模型求解期权价格。

7. 假设期权价格目前等于 18 元,协议价格为 20 元,无风险连续复利年利率为 3%,期货价格的年波动率为 20%。请计算该期货的 6 个月期的欧式看跌期权价格。

8. 假设某股价指数目前为 2 500 点,该指数年连续复利红利率为 4%,无风险连续复利年利率为 5%,该指数的年波动率为 20%。请计算该指数 6 个月期协议价格为 2 460 元的欧式看涨期权价格。

9. 请用 MATLAB 软件编程计算例题 10.5 和例题 10.6。

第 11 章　期权定价的数值法

在比较严格的假设条件下，期权模型可以求得解析解，但很多复杂模型如美式期权、奇异期权、障碍期权无法找到解析解，只能近似求得数值解。本章介绍二叉树期权定价模型、蒙特卡罗模拟、有限差分方法等三种期权定价的常用的数值解法。

11.1　二叉树法

尽管 Black-Scholes 定价模型有许多优点，但它仍存在许多局限性。Cox, Ross 和 Rubinsein 于 1979 年在《金融经济学杂志》上的文章中提出了新的更简单的二叉树期权定价模型，因此二叉树期权定价模型也称为 Cox-Ross-Rubinstein 二叉期权定价模型，该方法虽然简单，但包含了许多衍生产品定价的基本原理和思想。二叉树非常容易计算，因此被广泛应用于金融市场，并且已经成为最重要的衍生产品定价工具之一。

11.1.1　二叉树模型

由于两期和多期二叉树定价模型之间没有显著差异，理解了两期二叉树定价原理，则很容易理解多期定价。下面将从两期二叉树的框架开始讨论衍生产品的定价。

1. 两期二叉树

两期二叉树是一个动态模型。该模型包括两个时期。例如，股票价格有上涨和下跌两种可能，假设每次股价都有机会达到原始价格 S 的 u 倍或 d 倍，由于股票价格是该模型中唯一的不确定性因素，因此可以使用股票价格水平来识别每个节点，如图 11.1 所示。由风险中性定价原理可知，真实世界的概率并不影响衍生产品的定价，因此不必假设每期股价上涨和下跌的概率，在每个分支处的风险中性概率都是一样的。

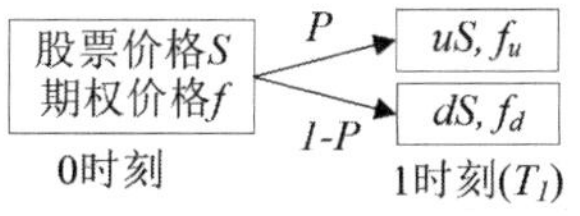

图 11.1　两期二叉树

二叉树虽然简单直观,但随着期数的增加,节点数将成指数增长。如果不关心中间过程,而只在乎最终结果,合并二叉树工具可以降低问题的复杂程度。例如,在现实世界中,资产价格时涨时跌,而投资者关心的是资产价格在某一特定时间是多少,而不关心它通过什么样的涨跌路径达到这样的价格。此时,就可以利用合并二叉树给资产定价。

如果二叉树的两个节点重叠,可将重叠的值相加作为节点合并后的新值,而不重叠非空的节点直接作为新二叉树的节点,得到的二叉树称为合并二叉树。合并二叉树可以大大简化分析过程。因此,如果某种资产的价格与路径无关,仅取决于最终标的资产的价格,则可以使用合并二叉树对其进行估值。要注意的是,某些资产的定价取决于路径,如奇异期权亚式期权的价格取决于在一定时期内标的资产的平均价格,即使标的资产的最终价格相同,只要其到达最终价格的路径不同,路径上的平均价格就可能不同,亚式期权的价格也会不同。对于这种依赖于路径的衍生产品,不能使用合并二叉树来定价,必须用原始二叉树跟踪标的资产价格的行为路径。

2. 多期二叉树

多期二叉树是许多两期二叉树的组合,是把期权的有效期分为很多很小的时间间隔 Δt,并假设在每一个时间间隔 Δt 内证券价格只有两种运动的可能:上升到原先的 u 倍,或下降到原先的 d 倍。例如,图 11.2 中的第二期三个节点可以用 $S\,uu$、$S\,ud$ 和 $S\,dd$ 来描述。它们分别表示股价在该节点已经上涨了两次(uu)、一次上涨和一次下跌(ud)、两次下跌(dd)。注意,因为这里使用了合并的二叉树,所以股价变化的路径信息不能在模型中表达。只能知道股价涨跌了多少次,但无法知道涨跌是如何安排的。

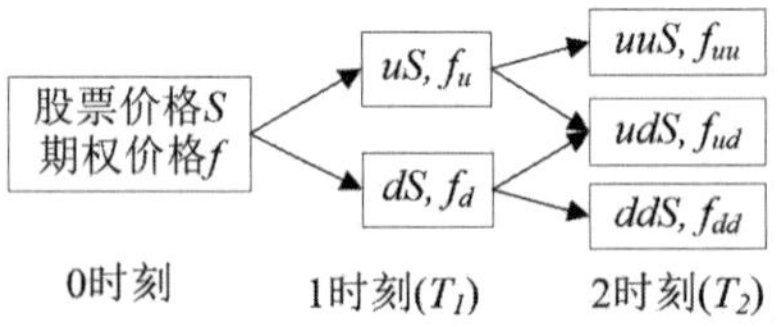

图 11.2　三期二叉树

二叉树模型的基本思想是用大量离散的小幅度二值运动来模拟连续的资产价格运动。例如,要求每期股价和无风险利率的变化是相同的,无风险资产的总回报率是 $e^{r(T-t)}$,若三期二叉树图中 2 时刻衍生产品的价格已知,则可计算

$$f_u = e^{-r(T_2-T_1)}[Pf_{uu} + (1-P)f_{ud}],\quad f_d = e^{-r(T_2-T_1)}[Pf_{ud} + (1-P)f_{dd}]$$

0 时刻的衍生产品价格应该等于在风险中性概率下,对 2 时刻衍生产品支付期望的折现。为计算简单,假设每个时刻间隔相等,则衍生产品在 0 时刻的价格应为

$$f = e^{-rT_1}[Pf_u + (1-P)f_d] = e^{-rT_2}[P^2 f_{uu} + 2P(1-P)f_{ud} + (1-P)^2 f_{dd}]$$

练一练　假设现在某只股票价格为 50 元。1 年后股价可能会上涨到 60 元,或者下跌至 40 元,无风险资产总回报为 1.25%。在 1 年后到期、执行价格为 50 元的欧式看涨

期权当前的价格是多少呢?

三期二叉树模型还可以扩展为多期二叉树模型。如果二叉树的每一时期长度趋向于无穷小,而时期数趋向于无穷大,则多期二叉树的定价公式收敛于连续时间下的 Black-Sholes 期权定价公式。这也是推导 Black-Sholes 公式的另一种方法。

11.1.2　二叉树定价模型的期权定价

任何与股票价格有关的衍生产品都可以在风险中性世界中定价,而二叉树模型的关键在于二叉树参数(P、u 和 d)的确定,以便模型能够刻画真实世界中无风险资产和股票的价格变动。由于无风险利率在现实世界中可以直接获取,参数确定的核心就在于 u 和 d 的确定。在确定 u 和 d 之后,可以通过公式计算风险中性概率 P。

本节将列举两种常用的参数确定方法,按照确定参数、画出二叉树、用倒推法计算期权价格三步骤来定价。为了在实践中应用二叉树模型,第一步是校准模型中的参数。

1. 参数确定方法一,令 $u = 1/d$

步骤一:确定参数 P、u 和 d。

在风险中性的条件下,标的资产的期望收益率等于无风险利率 r,若期初的股票价格为 S,则在每个很短的时间间隔 Δt 末,股票价格的期望值为 $Se^{r\Delta t}$。由风险中性定价法,化简得到:

$$e^{r\Delta t} = Pu + (1 - P)d \tag{11.1.1}$$

假设二叉树模型中股票价格也遵循几何布朗运动,根据第十章的讨论,股票收益率 R 在一个小时间段 Δt 内的方差是 $\sigma^2\Delta t$。又因为变量加上一个常数后方差不变,则 $\sigma^2\Delta t$ 也是 $1 + R$ 的方差。根据方差的定义,变量 $1 + R$ 的方差等于 $E[(1 + R)^2] - [E(1 + R)]^2$,若设 $1 + R$ 等于 u 的概率是 P,等于 d 的概率是$(1 - P)$,则 $S^2\sigma^2\Delta t = PS^2u^2 + (1 - P)S^2d^2 - S^2[Pu + (1 - P)d]^2$,化简为

$$\sigma^2\Delta t = Pu^2 + (1 - P)d^2 - [Pu + (1 - P)d]^2 \tag{11.1.2}$$

等号左边的 σ 是真实世界由股票价格历史数据估计出来的方差,等号右端是风险中性世界中的方差。等式成立的依据是哥萨诺夫定理。哥萨诺夫定理认为,在做概率测度变换(如从真实世界概率转换为风险中性概率)时,资产价格收益率的均值通常会发生变化,但其波动率不变。也就是说,无论使用何种概率度量,波动率都是相同的。因此,等式是正确的。

联合式(11.1.1)、式(11.1.2)和 $u = 1/d$ 三个等式,求解方程组得:

$$P = \frac{e^{r\Delta t} - d}{u - d},\quad u = e^{\sigma\sqrt{\Delta t}},\quad d = e^{-\sigma\sqrt{\Delta t}} \tag{11.1.3}$$

再由风险中性定价原理 $f = e^{-r\Delta t}[Pf_u + (1 - P)f_d]$,可得期权的价格。

步骤二：画出二叉树。

在 0 时刻股票价格为 S，时刻 Δt 股票的价格可能是 Su 或 Sd，时刻 $2\Delta t$ 股票的价格有三种可能 Su^2、Sud（即 S）和 Sd^2，以此类推，在 $i\Delta t$ 时刻，证券价格有 $i+1$ 种可能，用符号 $Su^j d^{i-j}$（其中 $j=0,1,\cdots,i$）表示。

步骤三：倒推定价法。

倒推定价法指的是由到期时刻（即二叉树的末端）的期权价格开始倒推出期权的价格的方法。

（1）对于欧式期权和没有被提前执行的美式期权

在风险中性条件下，对于欧式期权和没有被提前执行的美式期权，若把该期权有效期限划分成 N 个不同的时间区间，每一区间长度为 Δt，令 $f_{ij}(0\leqslant i\leqslant N,0\leqslant j\leqslant i)$ 表示在时间节点 (i,j) 处的期权价值，股票在时间节点 (i,j) 上的价格为 $Su^i d^{i-j}$。由于期权在到期 T 时刻的价值是已知的，如看涨期权价值为 $\max(S_T-X,0)$，看跌期权在到期时的价值是 $\max(X-S_T,0)$，在时刻 $T-\Delta t$ 的期权价值可通过将 T 时刻的期权价值的期望值以无风险利率 r 贴现求得。同理，在时刻 $T-2\Delta t$ 的期权价值也可以将 $T-\Delta t$ 时的期权价值期望值以无风险利率 r 贴现求得。依此类推，最终可以求出 0 时刻期权的价值。所以有：

$$f_{N,j}=\max(X-Su^j d^{N-j},0)\text{，其中 } j=0,1,\cdots,N$$

假设在每个节点股票价格上涨概率为 P，下跌概率为 $1-P$，由风险中性定价原理：

$$f_{ij}=e^{-r\Delta t}[Pf_{i+1,j+1}+(1-P)f_{i+1,j}]\text{，其中 } 0\leqslant i\leqslant N-1,0\leqslant j\leqslant i$$

（2）被提前执行的美式期权

对于可能被提前执行的美式期权，需要在二叉树型结构的每一个节点上，比较在本时刻提前执行期权和继续持有 Δt 时间到下一个时刻再执行期权的价值，选择较大者作为本节点的期权价值。如果考虑提前执行的可能性的话，式中的 f_{ij} 必须与期权的内在价值比较，由此可得：

$$f_{ij}=\max\{X-Su^j d^{i-j},\mathrm{e}^{-r\Delta t}[Pf_{i+1,j+1}+(1-P)f_{i+1,j}]\}$$

从到期时刻开始施行倒推法，当 $\Delta t\to 0$，即时间区间的分割趋于无穷大时，就可以求出美式看跌期权的真实价值。根据实践经验，一般 $N=30$ 时就可得到较为合理的价格。

【例题 11.1】 $u=1/d$ 二叉树对股票期权的定价

假设一个标的资产为不付红利股票的美式看跌期权，股票当前价格为 50 元，波动率为每年 40%，无风险连续复利年利率为 10%，该股票 5 个月期的美式看跌期权执行价格为 50 元，求该期权的价值。

解：步骤一：确定参数 P、u 和 d。设期权有效期分为 5 段，每段 1 个月（$\Delta t=1/12=0.083\ 3$）。可得：

$$u=\mathrm{e}^{\sigma\sqrt{\Delta t}}=1.122\ 4,\quad d=\mathrm{e}^{-\sigma\sqrt{\Delta t}}=0.890\ 9,$$

$$P = \frac{e^{r\Delta t} - d}{u - d} = 0.507\,6, \quad 1 - P = 0.492\,4$$

步骤二：画出二叉树，如图 11.3 所示。在每个结点处，上面数值表示股票价格，下面数值表示期权价值。设股价上涨概率总是等于 0.507 6，下降概率总是等于 0.492 4。

在 $i\Delta t$ 时刻，股票在第 j 个结点($j = 0,1,\cdots,i$)的价格等于 $Su^j d^{i-j}$。例如，F 结点($i = 4, j = 1$)的股价等于 $50 \times 1.122\,4 \times 0.890\,9^3$ 元 = 39.69 元。在到期 T 时刻结点处，期权的价值等于 $\max(X - S_T, 0)$。

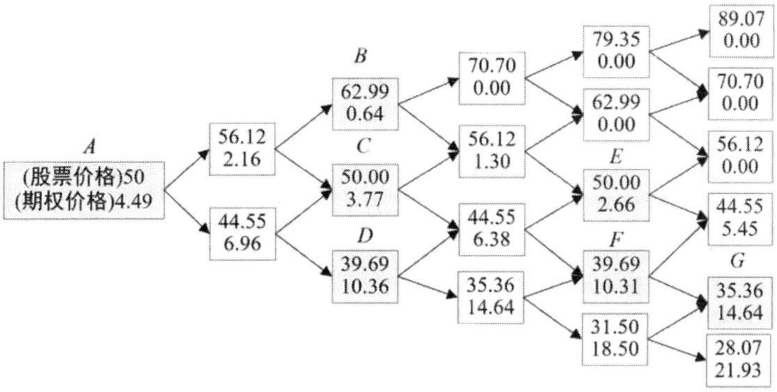

图 11.3　不付红利股票美式看跌期权二叉树

步骤三：倒推定价法。从最后一列结点期权的价值，由风险中性定价法可以倒推出倒数第二列结点的期权价值。如结点 $E(i = 4, j = 2)$ 处的期权价值等于$(0.507\,6 \times 0 + 0.492\,4 \times 5.45)e^{-0.1\times0.083\,3}$ 元 = 2.66 元。而结点 F 处的期权价值等于$(0.507\,6 \times 5.45 + 0.492\,4 \times 14.64)e^{-0.1\times0.083\,3}$ 元 = 9.90 元。

然后检查是否会提前执行此期权。在结点 E 处，提前执行将使期权价值为 0，因为股票市价和协议价格都等于 50 元，显然不应提前执行。因此，E 结点的期权价值应为 2.66 元。而在 F 结点，如果提前执行，期权价值等于(50.00 − 39.69)元，即 10.31 元，大于上述的 9.90 元。因此，若股价到达 F 结点，就应提前执行期权，从而 F 结点上的期权价值应为 10.31 元，而不是 9.90 元。以此类推，算出各结点处的期权价值，直至初始结点处的期权价值为 4.49 元，4.49 元就是对此期权当前价格的估计。

为提高精度，可把期权的有效期分割成更多小时段，结点数就会更多，得出的期权价值会更精确。事实上，当 Δt 非常小时，此期权价值将等于 4.29 元，但是这种方法的计算量非常大。

2. 参数确定方法二，取 $P = 0.5$

令 $u = 1/d$ 是最常用的条件，但并不是唯一的设定方法。也可以直接取 $P = 0.5$，当 Δt 很微小时，得到 $u = e^{\left(r-q-\frac{\sigma^2}{2}\right)\Delta t+\sigma^2\sqrt{\Delta t}}$，$d = e^{\left(r-q-\frac{\sigma^2}{2}\right)\Delta t-\sigma^2\sqrt{\Delta t}}$。

这种方法的优点在于无论 σ 和 Δt 如何改变，概率总是不变的，缺点在于二叉树图的中心线上的标的资产价格不会再和初始中心值相等，那么由这种方法算出的 Delta、Gamma 及 Theta 不如前面方法准确。

【例题 11.2】 $P=0.5$ **二叉树对外汇期权的定价**

一个 9 个月期限的加元汇率美式期权的执行价格为 0.795 美元，当前的汇率为 0.79 美元/加元，美国的无风险年利率为 6%，加拿大的无风险年利率为 10%，汇率的波动率为 4%，求此外汇期权的价值。

解：设期权有效期分为 3 段，每段 3 个月（$\Delta t=3/12=0.25$）。

步骤一：参数的确定。令 $P=0.5$，可得 $u=1.0098$，$d=0.9703$。

步骤二：画出二叉树，如图 11.4 所示。

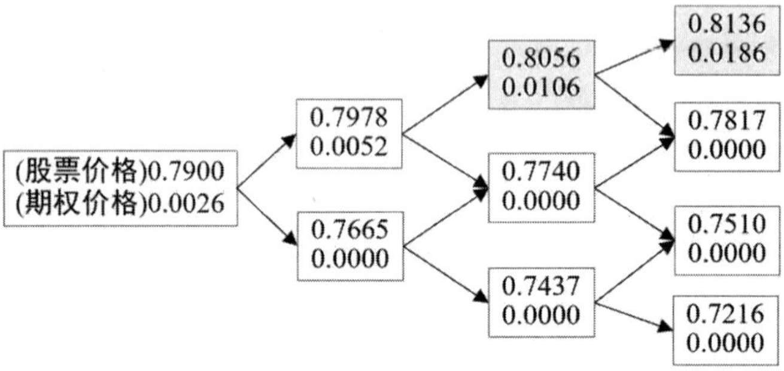

图 11.4 外汇期权二叉树示意图

步骤三：例推可以算出期权的价格为 0.0026。

练一练 假设标的资产为不付红利股票，其当前市场价为 50 元，波动率为每年 20%，无风险连续复利年利率为 3%，该股票 6 个月期的美式看跌期权协议价格为 50 元，试分别用两种常用参数确定方法计算该期权的价值。

11.1.3 有收益资产期权的二叉树定价

前面用二叉树法求解无收益资产为标的物的期权价格，现在更进一步地分析标的资产在有效期内有收益时，如何用二叉树法求解期权价格。

1. 二叉树求解支付连续收益标的资产的期权定价

若在有效期内，标的物会支付连续收益率 q。对于股价指数期权来说，q 为股票组合的收益率；对于外汇期权来说，q 为国外无风险利率。

在风险中性条件下，标的资产价格的增长率为 $r-q$，因此：

$$e^{(r-q)\Delta t}=Pu+(1-P)d$$

u 和 d 的计算公式仍然适用，P 变为：

$$P=\frac{e^{(r-q)\Delta t}-d}{u-d}$$

2. 二叉树求解支付离散收益标的资产的期权定价

(1) 支付已知离散收益率资产的期权定价

假设标的资产在未来某一确定时间将支付一定比例 δ(收益与资产价格之比,称为收益率) 的收益,二叉树的图形如图 11.5 所示,仍可按照前面的方法,只不过在除息日(结点上) 需要调整资产价格,就可算出期权价格。

如果 $i\Delta t$ 在除息日之前,相应节点上的价格为 $Su^j d^{i-j}, j = 0,1,\cdots,i$;如果时刻 $i\Delta t$ 在除息日之后,那么相应结点处资产价格应调整为:

$$S(1-\delta)u^j d^{i-j},\ j = 0,1,\cdots,i$$

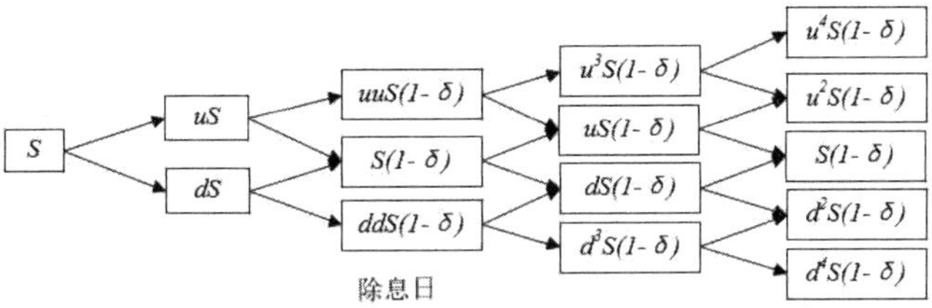

图 11.5　在某指定时刻支付一定股息收益率的股票的二叉树

推广:如果在期权有效期内有多个已知收益率 $\delta_k(k = 1,\cdots,K)$,则类似地在 $i\Delta t$ 时刻结点调整资产价格为 $S\prod_{k=1}^{K}(1-\delta_k)u^j d^{i-j}$。

(2) 支付已知现金收益资产的期权定价

对于已知支付的现金收益,假设标的资产在未来某一确定日期将支付一个确定数额的收益 I,则除息之后二叉树的分支将不再重合,这意味着标的资产多次支付收益的话,所要估算的结点的数量可能变得很大,情况将更为复杂,如图 11.6 所示。

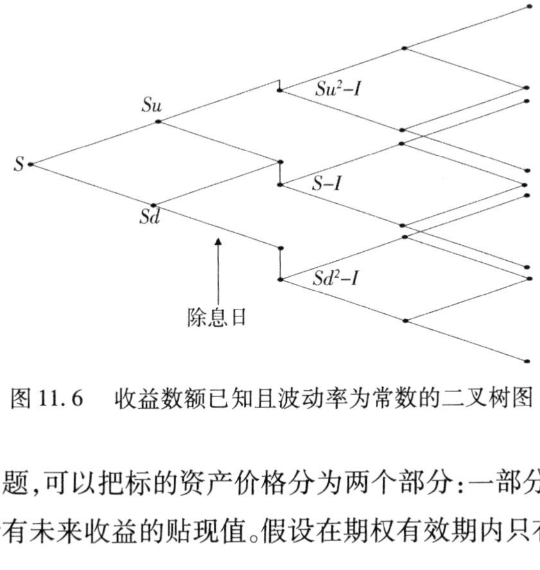

图 11.6　收益数额已知且波动率为常数的二叉树图

为了简化这个问题,可以把标的资产价格分为两个部分:一部分是不确定的,另一部分是期权有效期内所有未来收益的贴现值。假设在期权有效期内只有一次收益,除息日 τ

在 $k\Delta t$ 到 $(k+1)\Delta t$ 之间，则在 $i\Delta t$ 时刻不确定部分的价值 S^* 为：

$$\begin{cases} \text{当 } i\Delta t > \tau \text{ 时}, S_{i\Delta t}^* = S_{i\Delta t} \\ \text{当 } i\Delta t \leqslant \tau \text{ 时}, S_{i\Delta t}^* = S_{i\Delta t} - I\mathrm{e}^{-r(\tau - i\Delta t)} \end{cases} \tag{11.1.4}$$

其中：I 表示收益。设 σ^* 为 S^* 的标准差，假设 σ^* 是常数，用 σ^* 代替式(11.1.3)中的 σ 就可计算出参数 P、u 和 d，这样就可用通常的方法构造出 S^* 的二叉树了。应用式(11.1.4)把未来收益现值加在每个结点的证券价格上，就会使 S^* 的二叉树图转化为 S 的二叉树。假设零时刻 S^* 的值为 $S_0{}^*$，则在 $i\Delta t$ 时刻：当 $i\Delta t \leqslant \tau$ 时，这个树上每个结点对应的证券价格为 $S_0{}^* u^j d^{i-j} + I\mathrm{e}^{-r(\tau - i\Delta t)}$，$j = 0,1,\cdots,i$；当 $i\Delta t > \tau$ 时，这个树上每个结点对应的证券价格为 $S_0{}^* u^j d^{i-j}$，$j = 0,1,\cdots,i$。

这种方法和之前分析过的在已知收益数额的情况下应用 Black-Scholes 公式中所用的方法一致，通过这种分离，可以重新得到重合的分支，减少结点数量，简化了定价过程。同时，这种方法还可以推广到处理多个收益的情况。

【例题 11.3】 支付已知现金收益期权的二叉树

假设一只期限为 5 个月的股票美式看跌期权，预计在期权有效期内股票将支付 2.06 元的股息。股票初始价格为 52 元，执行价格是 50 元，无风险年利率为 10%，波动率为每年 40%，股票除息日在 3.5 个月后。请用二叉树法推算此期权的价格。

解：股息的贴现值是 $2.06\mathrm{e}^{-0.1\times\frac{3.5}{12}}$ 元 $= 2.00$ 元，则 $S^* = 50$ 元。与前面例题类似，二叉树上每个节点上涨的概率是 0.507 6，下跌的概率是 0.492 4。利用倒推法，可得期权的价格为 4.44 元。

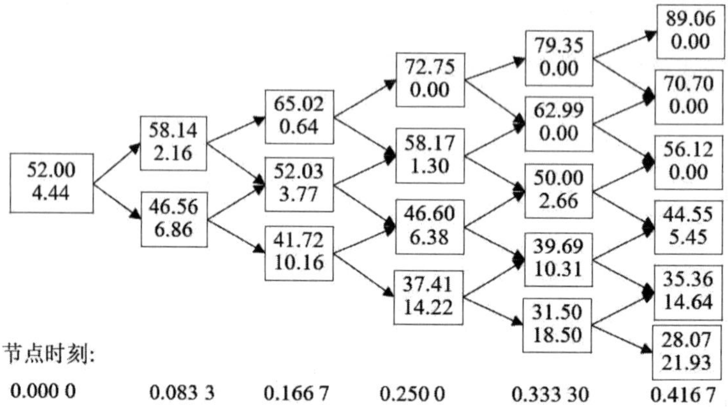

图 11.7 支付已知现金收益期权的二叉树示意图

3. 二叉树的推广

二叉树模型可以推广，构造三叉树模型。假设每一个时间间隔 Δt 内标的资产价格有三种运动可能：从开始的 S 上升到原先的 u 倍、保持不变、下降到原先的 d 倍，详见图 11.8

三叉树示意图。

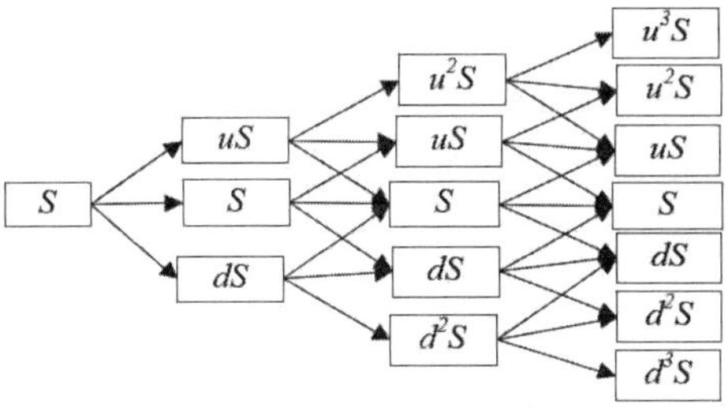

图 11.8　三叉树示意图

类似二叉树模型,得到模型参数

$$u = e^{\sigma\sqrt{3\Delta t}}, \quad d = 1/u$$

$$P_d = -\sqrt{\frac{\Delta t}{12\sigma^2}}\left(r - q - \frac{\sigma^2}{2}\right) + \frac{1}{6}, \quad P_u = \sqrt{\frac{\Delta t}{12\sigma^2}}\left(r - q - \frac{\sigma^2}{2}\right) + \frac{1}{6}, P_m = \frac{2}{3}$$

再应用倒推法,即可计算出衍生产品的价格。

11.2　蒙特卡罗模拟

蒙特卡罗模拟是通过模拟标的物价格的运动路径得到期权价值期望值的数值方法,结合二叉树与蒙特卡罗模拟法为期权定价也是一种应用十分广泛的期权定价方法。

1. 蒙特卡罗模拟的基本过程

(1) 在第一个节点,在 0 到 1 间随机抽样,如果随机数介于 0 到 P 间,即股票价格上涨;反之,若随机数介于 P 到 1 间,即股票价格下跌。以此类推,在每个节点都随机抽样,就可以得到一个股票价格的随机路径。

(2) 计算每一条路径到期时期权的收益,取所有期权收益的平均值。

(3) 期权收益平均值的贴现就是期权的近似价格。

值得注意的是,蒙特卡罗模拟法可用于欧式期权定价,但不适用于美式期权定价,因为在每一个节点上,不能判断期权是否提前执行。为取得更精确的结果,应采用更多的时间步数和更多次的模拟试验。

2. 蒙特卡罗模拟的基本思路

蒙特卡罗模拟要用到风险中性定价原理,其基本思路是:由于大部分期权价值实际上都可以归结为期权到期回报的期望值的贴现,因此,尽可能地模拟风险中性世界中标的资产价格的多种运动路径,计算每种路径结果下的期权回报均值,之后贴现就可以得到期权价值。

以一个简单的欧式期权$f_t(S_t,t)$(只有两个状态变量,即资产价格S_t和时间t,且利率为常数)为例,说明蒙特卡罗模拟的基本方法:

(1)从初始时刻的标的资产价格开始,直到到期为止,在风险中性世界中为S_t取跨越整个有效期的一条随机路径。

(2)计算出这条路径下期权的回报。

(3)重复第(1)步和第(2)步,得到许多样本结果,即风险中性世界中的期权回报的值。

(4)计算这些样本回报的均值,得到风险中性世界中预期的期权回报值。

(5)用无风险利率贴现,得到这个期权的估计价值。

【例题 11.4】 结合二叉树进行蒙特卡罗模拟

假定表 11.1 为进行了 10 次抽样的随机抽样路径,U表示价格上涨,D表示价格下跌,执行价格是 50 元,求期权的价格。

表 11.1 假设 10 次抽样的随机路径数据

抽样	路径	股票价格的平均值/元	期权收益/元
1	*UUUUD*	64.98	14.98
2	*UUUDD*	59.82	9.82
3	*DDDUU*	42.31	0
4	*UUUUU*	68.04	18.04
5	*UUDDU*	55.22	5.22
6	*UDUUD*	55.22	5.22
7	*DDUDD*	42.31	0
8	*UUDDU*	55.22	5.22
9	*UUUDU*	62.25	12.25
10	*DDUUD*	45.56	0
平均			7.08

因此,此期权的价格为:$c = 7.08e^{-0.1\times5/12}$ 元 $= 6.79$ 元。

3. 蒙特卡罗模拟的技术实现

(1)随机路径

风险中性世界中,标的资产价格S_t遵循过程$dS_t = (r-q)S_t dt + \sigma S_t dw_t$。在风险中性世界中和在现实世界中,资产的波动率$\sigma$是一样的,改变的只是资产的预期收益率,则上式也可以写作$d\ln S_t = (r-q-\sigma^2/2)dt + \sigma dw_t$。

假设 ε_t 是从标准正态分布中抽取的一个随机样本，为了模拟 S_t 的路径，把期权的有效期分为 N 个长度为 Δt 的时间段，则近似方程分别为

$$S_{t+\Delta t} - S_t = (r-q)S_t\Delta t + \sigma S_t\varepsilon_t\sqrt{\Delta t} \tag{11.2.1}$$

$$\ln S_{t+\Delta t} - \ln S_t = (r-q-\sigma^2/2)\Delta t + \sigma\varepsilon_t\sqrt{\Delta t} \tag{11.2.2}$$

式(11.2.2)还可写为

$$S_{t+\Delta t} = S_t\exp[(r-q-\sigma^2/2)\Delta t + \sigma\varepsilon_t\sqrt{\Delta t}] \tag{11.2.3}$$

因此，蒙特卡罗模拟就是离散地模拟资产价格的时间序列，这样，只要得知初始时刻的 S_0 值，随机抽取一个 ε_t，就能算出 Δt 时刻的 $S_{t+\Delta t}$ 值；接着，$2\Delta t$ 时的 $S_{t+2\Delta t}$ 值又能从 Δt 时的 $S_{t+\Delta t}$ 值计算得到。因此，通过 N 个正态分布的随机取样，就可以组建一个资产价格路径的蒙特卡罗模拟样本，并得到相应的回报值。重复以上的模拟至足够多的次数，计算回报值的平均值，折现后就得到了期权的期望值。另外，也可以得到所估计的期权价值的标准差。

在以上两种模拟路径中，用 $\ln S_t$ 比用 S_t 更准确。因此，用蒙特卡罗模拟为欧式期权定价时，由于期权回报只与期权到期时刻的股票价格有关，可令 $t+\Delta t=T$ 并直接利用 $\ln S_t$ 的随机过程公式求出 T 时刻的股票价格。使用式(11.2.1)模拟会存在 Δt 的高阶小项 $o(\Delta t)$ 的误差，仅仅在 $\Delta t\to 0$ 时是完全正确的。但是式(11.2.2)或式(11.2.3)却是精确的，因而对于所有的 Δt 都是正确的。

【例题 11.5】　蒙特卡罗模拟股票路径

假设某只无红利的股票价格运动遵从公式(11.2.1)，股票价格的初始值为 20 元，年预期收益率为 14%，收益波动率为每年 20%，时间步长为 0.01 年，请利用蒙特卡罗模拟该股票的路径。

解：根据式(11.2.1)有　$\Delta S_t = 0.14\times 0.01S_t + 0.2\sqrt{0.01}S_t\varepsilon_t$

通过不断从标准正态分布样本中抽取 ε_t 的值，代入上式，可以得到股票价格运动的一条路径。假设 ε_t 的第一个样本值为 0.52，则第一个时间步长结束后，

$$\Delta S_t = (0.0014\times 20 + 0.02\times 20\times 0.52)\text{ 元} = 0.236\text{ 元}$$

因此，第二步开始时的股票价格上升为 20.236 元，此次抽到的 ε_t 为 1.44，则

$$\Delta S_t = (0.0014\times 20.236 + 0.02\times 20.236\times 1.44)\text{ 元} = 0.611\text{ 元}$$

第三步开始时的股票价格变为 20.847 元。以此类推，最终可得到股票价格的一条模拟路径，其最后的价格 21.124 元可看成是 10 个时间步长或是 1/10 年末股票价格分布中的一个随机抽样值。表 11.2 显示了模拟的一条特殊路径，表格中股票价格精确到 0.001 元。

表 11.2 $r=0.14$，$\sigma=0.20$，$\Delta t=0.01$ 时的股票价格模拟

每步开始时的股票价格／元	ε_t 的随机抽样值	该时间步长中的股票价值变化／元
20.000	0.52	0.236
20.236	1.44	0.611
20.847	-0.86	-0.329
20.518	1.46	0.628
21.146	-0.69	-0.262
20.883	-0.74	-0.280
20.603	0.21	0.115
20.719	-1.10	-0.427
20.292	0.73	0.325
20.617	1.16	0.507
21.124	2.56	1.111

表11.2仅仅表示了股票价格运动的一种可能方式，不同的随机取样将会导致不同的结果。这样的模拟达到足够多次，就可以得到1/10年末股票价格的一个完整的概率分布。当然，由于采用的是式(11.2.1)，因此只有在 $\Delta t \to 0$ 时，这种模拟过程才是完全正确的。

(2) 单个变量和多个变量的蒙特卡罗模拟

蒙特卡罗模拟的优点之一在于无论回报结果依赖于标的变量 S_t 所遵循的路径，还是仅仅取决于 S_t 的最终价值，都可以使用这一方法。同时，这个过程也可以扩展到那些回报取决于多个标的市场变量的情况。

① 当回报仅仅取决于到期时标的资产的最终价值时

前面给出的蒙特卡罗方法可以模拟资产价格运动的整个路径，从而为那些价值可能依赖于路径发展过程的期权定价提供便利，如亚式期权(其期权价值依赖于有效期内的资产价格平均值)。如果期权价值仅仅取决于到期时标的最终价值 S_T，而与发展路径无关，如最简单的欧式期权，蒙特卡罗模拟可以非常方便迅速地进行处理。由于式(11.2.2)或式(11.2.3)对所有的 Δt 都是精确的，就可以直接用一个大步($T-0$)(假设初始时刻为零时刻)来多次模拟最终的资产价格，得到期权价值：

$$S_T = S_0 \exp\left[(r-q-\sigma^2/2)T + \sigma\varepsilon_T\sqrt{T}\right] \tag{11.2.4}$$

② 当回报依赖于多个市场变量时

当存在多个标的变量 $\theta^i(1 \leqslant i \leqslant n)$ 时，每次模拟运算中对每个变量的路径都必须进行抽样，从样本路径进行的模拟运算可以得出期权的终值。假设期权依赖于 n 个变量 $\theta^i(1 \leqslant i \leqslant n)$。定义 σ^i 为 θ^i 的波动率，$\hat{m}^i$ 为 θ^i 在风险中性世界中的期望增长率，ρ^{ik} 为 θ^i 和 θ^k 之间的瞬间相关系数(变量 σ^i、$\hat{m}^i$、ρ^{ik} 不一定是常数，可能取决于 θ^i)。与在单变量情况下一样，期权的有效期要分成 N 个长度为 Δt 的时间段，如果采用式(11.2.1)的形式，θ^i

的离散过程可以写为：

$$\theta_{t+\Delta t}^{i} - \theta_{t}^{i} = \hat{m}^{i}\theta_{t}^{i}\Delta t + \sigma^{i}\theta_{t}^{i}\varepsilon^{i}\sqrt{\Delta t} \tag{11.2.5}$$

其中，$\varepsilon^{i}(1 \leqslant i \leqslant n)$ 是从多元标准正态分布中抽取的一组随机样本，ε^{i} 和 ε^{k} 之间的相关系数是 $\rho^{ik}(1 \leqslant i,k \leqslant n)$，一次模拟运算包括从多元标准正态分布中获得 N 个 ε^{i} 的样本。把这些样本值代入式(11.2.5) 可产生每个 θ^{i} 的模拟路径，并由此计算出期权的一个样本值。

显然，如果各个变量在期权有效期内的不同时刻到期，蒙特卡罗模拟也可以反映和处理，而且可以应用于任何一种随机过程（但是所有的随机过程都必须是各变量在风险中性世界中所遵循的过程），这正是蒙特卡罗模拟适应性广泛的体现。

(3) 常数利率的蒙特卡罗模拟

对于一般的股票期权、股票指数期权、外汇期权和商品期权等，大多假设利率是常数。在风险中性世界中，标的资产的预期收益率是 $(r - q)$，折现使用的是无风险利率。假设到期时期权的回报为 f_T，则期权价值可以表示为（初始时刻设为 0）：$f = e^{-rT}\hat{E}[f_T]$，其中，$\hat{E}[\cdot]$ 表示风险中性世界中的期望。

(4) 随机样本的产生和模拟运算次数的确定

在介绍了蒙特卡罗模拟的主要过程和方法之后，下面来讨论两个细节问题：

① ε_t 的产生

如前所述，ε_t 是服从标准正态分布的一个随机数。大多数程序语言都为抽取 0 到 1 之间的随机数编制了程序。例如，MATLAB 软件中，代码 normcdf(randn( )) 可以生成标准正态分布的随机样本。如果只有一个单变量，则 ε_t 可以通过下式获得：

$$\varepsilon_t = \sum_{i=1}^{12} R_t^i - 6\text{，其中 } R_t^i (1 \leqslant i \leqslant 12)\text{是 0 到 1 的相互独立的随机数}$$

如果需要从二元标准正态分布中抽取样本，则可以用如下的方法：x_1 和 x_2 是用上述方法从单变量标准正态分布中抽取的独立样本，则 $\varepsilon_1 = x_1$，$\varepsilon_2 = \rho x_1 + x_2\sqrt{1 - \rho^2}$，其中 ρ 是相关系数。

如果从 n 元标准正态分布中取样，同样先从单变量标准正态分布中抽取 n 个独立变量 $x_i(1 \leqslant i \leqslant n)$，则 $\varepsilon_i = \sum_{k=1}^{i} \alpha_{ik}x_k$。为了使 ε_i 有正确的方差，并使 ε_i 与 ε_j 之间有正确的相关系数 $\rho_{ij}(1 \leqslant j < i)$，必须满足 $\sum_{k}^{i} \alpha_{ik}^2 = 1$ 且 $\sum_{k=1}^{j} \alpha_{ik}\alpha_{jk} = \rho_{i,j}$。

令第一个样本 ε_1 等于 x_1，就可以解出这些 α 的方程，通过 x_1 和 x_2 计算出 ε_2，再通过 x_1、x_2 和 x_3 计算出 ε_3，依次类推。

② 模拟运算次数的确定

蒙特卡罗过程是用随机数序列实现有限次数的模拟，进行模拟运算的次数取决于所要求的精度。在模拟运算得到期权价值均值的时候，也可以得到其标准差。设 M 是如上所述进行运算的个数，μ 为均值，ω 为标准差，则期权估计值的标准误差为 $\omega/\sqrt{M}$。如果对估计值要求 95% 的置信度，则期权价值应满足

$$\mu - 1.96\omega/\sqrt{M} < f < \mu + 1.96\omega/\sqrt{M}$$

可见，期权价值的不确定性与模拟运算次数的平方根 $\sqrt{M}$ 成反比。模拟路径越多，计算越精确。如果要将精确度提高为原来的 10 倍，则模拟运算次数应为原来的 100 倍。实际中常取 M 值是 10 万次。

4. 减少方差的技巧

如果蒙特卡罗模拟过程是按照上述的方法进行，M 需要取很大，才能使期权价值的估计值较为精确合理，从而使得计算效率很低，因此，人们运用多种方法来降低估计的方差，以大大减少实验次数，加快收敛。其中最常用的是对偶变量技术和控制方差技术。

（1）对偶变量技术。在一次模拟运算中，计算两个期权价值：用通常方法计算得到 f_1，改变计算 f_1 时所有的 ε 的符号得到 f_2，这条模拟路径得到的期权价值是 f_1 和 f_2 的平均值 $\bar{f}$，期权的最终估计值则是有限个 $\bar{f}$ 的均值。通过这种方法，当一次模拟中的一个 f 值高于真实值时，则另一个值必然偏低，反之亦然。人们发现，这种方法相当有效。如果 $\bar{\omega}$ 是 $\bar{f}$ 的标准差，M 是模拟运算的次数（每一次运算中计算两个 f 值），估计值的标准差就是 $\bar{\omega}/\sqrt{M}$，其通常大大小于运算 $2M$ 次得到的标准差。

（2）控制方差技术。蒙特卡罗模拟和二叉树模型中的控制方差技术是相同的，只是在蒙特卡罗模拟中，对于两个类似的期权，其中 A 是待求的期权，B 是与 A 类似但可得解析解的期权，必须使用相同的随机数流和相同的 Δt 平行地进行两次模拟。第 1 次模拟获得 A 的价值估计值 $f_A{}^*$，第 2 次模拟获得 B 的价值估计值 $f_B{}^*$，若 f_B 是 B 的已知真实值，则 A 的更好估计值为 $f_A = f_A{}^* - f_B{}^* + f_B$。

（3）重点抽样法。适合于那些大部分路径对定价意义不大的情形，比如一个深度虚值（深度虚值合约是指同一月份合约中，行权价格高于上一交易日合约标的指数收盘价的第十个及以上的看涨期权合约和行权价格低于上一交易日合约标的指数收盘价的第十个及以下的看跌期权合约）的看涨期权，大部分路径上的终值为零。这时只选取那些标的资产的到期日价值大于其执行价格的路径即重要路径为期权定价。这样相当于缩小了样本空间，从而加速了收敛。运用重点抽样法进行模拟时要注意，最后从重要路径中获得的贴现平均值还要乘以重要路径出现的概率，才能获得期权价值的最终估计值。

（4）间隔抽样法。将市场变量在未来时刻的基本概率分布分为多个区间，并根据它的概率从每个间隔中抽样。假设存在 10 个可能性基本相等的区间，那么抽样方案就可以设计为每个间隔中抽取的样本各占 10%。如果样本间隔的数量很多，就可以取每个区间内的均值或是中位数作为该区间的代表样本值。这样也可以提高模拟运算的效率。

(5) 样本矩匹配法。对从标准正态分布中抽取的样本进行调整，使其一阶矩、二阶矩甚至高阶矩都匹配。假设为了计算特定时间内某个特定变量的变化值而使用的正态分布样本，将其调整为均值为零、标准差为 1 的样本，其后所有的运算中都使用这个经调整的样本。样本矩匹配法可以节省计算时间，但是由于所有的抽样值都要保存到模拟运算结束，存储负担很重。样本矩匹配法有时也被叫作二次抽样法，常常与对偶变量技术结合使用，因为后者可以自动地匹配奇数阶矩，这样样本矩匹配法就只需要匹配二阶矩，或者再加上四阶矩。

除上述方法之外，还有准随机序列抽样法和树图取样法等方法。

5. 蒙特卡罗模拟的理解和应用

蒙特卡罗模拟的实质是模拟标的资产价格的随机运动，预测期权的平均回报，并由此得到期权价格的一个概率解。蒙特卡罗模拟的主要优点包括：

(1) 在大多数情况下，人们可以很直接地应用蒙特卡罗模拟方法，而无需对期权定价模型有深刻的理解；为了获得更精确的答案，只需要进行更多的模拟；无需太多工作就可以转换模型。以上这些优点使得蒙特卡罗模拟方法成为一个相当强大的期权定价方法。

(2) 蒙特卡罗模拟的适用情形相当广泛，包括：期权的回报仅仅取决于标的变量的最终价值的情况；期权的回报依赖于标的变量所遵循的路径，即路径依赖的情形；期权的回报取决于多个标的变量的情况，尤其当随机变量的数量增加时，蒙特卡罗模拟的运算时间近似为线性增长而不像其他方法那样以指数增长，因此该方法对依赖三种以上风险资产的多变量期权模型很有竞争力。

总之，蒙特卡罗模拟适用于复杂随机过程和复杂终值的计算，如奇异期权和路径依赖期权。同时，蒙特卡罗模拟还能给出估计值的标准误差，这也是该方法的优点之一。

蒙特卡罗模拟的缺点主要是：

(1) 只能为欧式期权定价，难以处理提前执行的情形。尝试使用蒙特卡罗模拟来为美式期权定价，成为近年来这个领域的发展方向之一。

(2) 为了达到一定的精确度，一般需要大量的模拟运算。尤其在处理三个以下的变量时，蒙特卡罗模拟相对于其他方法来说偏慢，如处理一些路径依赖期权时，人们常常用二叉树模型等来取代蒙特卡罗模拟，这是因为蒙特卡罗模拟的计算时间太多。而本节中那些减少方差的技巧，都是为了改进计算的效率而提出的。

11.3　有限差分方法

有限差分方法是最常用的数值求解方法。在金融界，这个方法也日益受到人们的重视，被越来越多地用在期权定价当中。其主要思想是应用有限差分方法将衍生产品所满足的偏微分方程：

$$\frac{\partial f}{\partial t}+rS_t\frac{\partial f}{\partial S}+\frac{1}{2}\sigma^2S_t^2\frac{\partial^2 f}{\partial S^2}=rf_t \tag{11.3.1}$$

转化为一系列近似的差分方程,即用离散算子逼近$\frac{\partial f}{\partial t}$、$\frac{\partial f}{\partial S}$和$\frac{\partial^2 f}{\partial S^2}$各项,之后用迭代法求解,得到期权价值。有限差分方法可以用横轴是时间 $t\in[0,T]$,纵轴是股票价格 $S_t\in[0,M]$的格点图形象表示。具体地说,有限差分方法就是用有限的离散区域来替代连续的时间和资产价格。

画格点图的方法:首先,分割时间横轴,把从零时刻(初始时刻设为零时刻)到到期日 T 时刻之间的时间分为有限个等间隔的小时间段,则 $\Delta t=T/N$,就有$(0,\Delta t,2\Delta t,\cdots,T)$共 $N+1$ 个时间段;其次,分割价格纵轴,把资产价格的变化也分成 M 个等间隔的小价格段,定义 $\Delta S=S_{\max}/M$,就得到 $M+1$ 个资产价格$(0,\Delta S,2\Delta S,\cdots,S_{\max})$。如果划分合理,初始的资产价格会落在零时刻的一个格点上。其中,Δt 和 ΔS 是相互独立的。这样就构造了有$(M+1)(N+1)$个格点的图,时间、资产价格和期权价值都仅在相应的格点处离散计算。点(i,j)对应 $i\Delta t$ 时刻和资产价格 $j\Delta S$,$f(i,j)$则表示(i,j)处的期权价值。

应用格点图上格点之间的关系和已知的边界条件,可以把连续偏微分方程转化为一系列的差分方程,逐次求解,就可以得到零时刻初始资产价格所对应格点的期权价值。

下面将具体介绍如何使用这些格点逼近微分,求出期权价值。可以用多种方法实现,其中包括隐式有限差分法、显式有限差分法和其他的一些方法。

1. 隐式有限差分法

为了将偏微分方程式(11.3.1)化为差分方程,需要应用离散算子分别逼近式中的偏微分。一种近似法是隐式有限差分法。

(1)偏微分的差分近似

① $\frac{\partial f}{\partial S}$的近似

对于坐标方格内部的点(i,j),期权价值对资产价格的一阶导数可以用三种差分来表示:$\frac{f_{i,j+1}-f_{i,j}}{\Delta S}$、$\frac{f_{i,j}-f_{i,j-1}}{\Delta S}$和$\frac{f_{i,j+1}-f_{i,j-1}}{2\Delta S}$,分别称为向前差分近似、向后差分近似和中心差分近似。可以看到,这三种方法是针对 $i\Delta t$ 时刻进行的差分近似,只是 Δf 的取值方向不同,中心差分是前两者的平均值。

应用Taylor展开式考察这三种近似方法的精确度,可以发现,前向和后向差分近似的误差均为 ΔS 的同阶小项 $O(\Delta S)$,而中心差分的误差则为 $O(\Delta S^2)$,精确度更高。这是因为这一近似方法关于 S 对称,使得一些误差项可以相互抵消。因此,大多数时候人们采用中心差分法来逼近,但有时也根据需要使用单向差分方法。

② $\frac{\partial f}{\partial t}$ 的近似

在点(i,j)处,一般采取前向差分近似以使 $i\Delta t$ 时刻的值和$(i+1)\Delta t$ 时刻的值相关联:$\frac{\partial f}{\partial t}=\frac{f_{i+1,j}-f_{i,j}}{\Delta t}$。这一近似的误差是 $O(\Delta t)$,可以进一步改进。

③ $\frac{\partial^2 f}{\partial S^2}$ 的近似

在点$(i,j+1)$处,应用后向差分近似,得到点(i,j)处期权价值对标的资产价格的二阶差分为$\frac{\partial^2 f}{\partial S^2}=\frac{\left(\frac{f_{i,j+1}-f_{i,j}}{\Delta S}-\frac{f_{i,j}-f_{i,j-1}}{\Delta S}\right)}{\Delta S}=\frac{f_{i,j+1}+f_{i,j-1}-2f_{i,j}}{\Delta S^2}$,这个二阶差分也是中心差分,其误差为 $O(\Delta S^2)$。

从以上三个近似可以发现,除了对时间的差分涉及 $i\Delta t$ 时刻和$(i+1)\Delta t$ 时刻的期权值,对资产价格 S 的一阶和二阶差分都只使用了 $i\Delta t$ 时刻的不同期权值。

(2) 差分方程

把以上三个近似代入 Black-Scholes 偏微分方程,整理得到:

$$a_j f_{i,j-1}+b_j f_{i,j}+c_j f_{i,j+1}=f_{i+1,j} \tag{11.3.2}$$

其中,$a_j=\frac{1}{2}rj\Delta t-\frac{1}{2}\sigma^2 j^2\Delta t$, $b_j=1+\sigma^2 j^2\Delta t+r\Delta t$, $c_j=-\frac{1}{2}rj\Delta t-\frac{1}{2}\sigma^2 j^2\Delta t$,由于使用中心差分,整个方程的误差为 $O(\Delta t,\Delta S^2)$。

式(11.3.2)与$(1+r\Delta t)\cdot\left[\frac{a_j}{1+r\Delta t}f_{ij-1}+\frac{b_j}{1+r\Delta t}f_{ij}+\frac{c_j}{1+r\Delta t}f_{ij+1}\right]$等价,这与风险中性定价原理中按无风险利率 r 求终值思想一致。即某一时刻某格点的期权价值等于相邻三个格点的期权价值风险中性期望值的现值。

(3) 边界条件

从到期时刻的期权回报值可以得到边界 $t=T$ 上所有格点的期权价值。T 时刻看跌期权的价值为 $f_{N,j}=\max[X-S_T,0]$,其中 $S_T=j\Delta S,j=0,1,\cdots,M$。

特别地,当股票价格为零时,看跌期权的价值为 X,由此可以得到下方边界 $S=0$ 上所有格点的期权价值 $f_{i,0}=X(i=0,1,\cdots,N)$。

当股票价格趋于无穷时,看跌期权的价值趋于零。可以近似认为上方边界 $S=S_{\max}$,$f_{i,M}=0(i=0,1,\cdots,N)$。

(4) 求解期权价值

已知差分方程和三个边界条件之后,目的是求出格点图左边界 $f_{0,j}$ 的价值,其中的一个格点就是要求的期权价值。利用差分方程和边界条件,可以写出$(N-1)\Delta t$ 时刻的 $M-$

1 个联立方程：

$$a_j f_{N-1,j-1} + b_j f_{N-1,j} + c_j f_{N-1,j+1} = f_{N,j}, j = 1, \cdots, M-1$$

$j = 0$ 时，$f_{N-1,0} = X$；$j = M$ 时，$f_{N-1,M} = 0$。

由此，可以解出每个 $f_{N-1,j}$ 的期权价值，然后再与每个格点的期权内在价值 $X - j\Delta S$ 进行比较，判断是否要提前执行，从而得到 $(N-1)\Delta t$ 时刻每个格点的期权价值。依此类推，最后可以计算出 $f_{0,j}$。当 $j\Delta S$ 等于初始资产价格时，该格点对应的 f 就是要求的期权价值。

【例题 11.6】 隐式差分法求解期权价值

用隐式有限差分方法解例题 11.1 中的期权价值。其中 $M = 20, N = 10, \Delta S = 5$ 元。可以从表 11.3 中看到，无红利股票美式看跌期权的价格为 4.07 元。而用 Black-Scholes 公式算出该期权价格为 4.08 元，两种方法的运算结果非常接近。

表 11.3 用隐式差分法计算的期权价值

股票价格／元	到期时间／月										
	5	4.5	4	3.5	3	2.5	2	1.5	1	0.5	0
100	0.00	0.00	0.00	0.00	0.00	0.00	0.00	0.00	0.00	0.00	0.00
95	0.02	0.02	0.01	0.01	0.00	0.00	0.00	0.00	0.00	0.00	0.00
90	0.05	0.04	0.03	0.02	0.01	0.01	0.00	0.00	0.00	0.00	0.00
85	0.09	0.07	0.05	0.03	0.02	0.01	0.01	0.00	0.00	0.00	0.00
80	0.16	0.12	0.09	0.07	0.04	0.03	0.02	0.01	0.00	0.00	0.00
75	0.27	0.22	0.17	0.13	0.09	0.06	0.03	0.02	0.01	0.00	0.00
70	0.47	0.39	0.32	0.25	0.18	0.13	0.08	0.04	0.02	0.00	0.00
65	0.82	0.71	0.60	0.49	0.38	0.28	0.19	0.11	0.05	0.02	0.00
60	1.42	1.27	1.11	0.95	0.78	0.62	0.45	0.30	0.16	0.05	0.00
55	2.43	2.24	2.05	1.83	1.61	1.36	1.09	0.81	0.51	0.22	0.00
50	4.07	3.88	3.67	3.45	3.19	2.91	2.57	2.17	1.66	0.99	0.00
45	6.58	6.44	6.29	6.13	5.96	5.77	5.57	5.36	5.17	5.02	5.00
40	10.15	10.10	10.05	10.01	10.00	10.00	10.00	10.00	10.00	10.00	10.00
35	15.00	15.00	15.00	15.00	15.00	15.00	15.00	15.00	15.00	15.00	15.00
30	20.00	20.00	20.00	20.00	20.00	20.00	20.00	20.00	20.00	20.00	20.00
25	25.00	25.00	25.00	25.00	25.00	25.00	25.00	25.00	25.00	25.00	25.00
20	30.00	30.00	30.00	30.00	30.00	30.00	30.00	30.00	30.00	30.00	30.00
15	35.00	35.00	35.00	35.00	35.00	35.00	35.00	35.00	35.00	35.00	35.00
10	40.00	40.00	40.00	40.00	40.00	40.00	40.00	40.00	40.00	40.00	40.00
5	45.00	45.00	45.00	45.00	45.00	45.00	45.00	45.00	45.00	45.00	45.00
0	50.00	50.00	50.00	50.00	50.00	50.00	50.00	50.00	50.00	50.00	50.00

2. 显性有限差分法

对隐式有限差分法略加修改，假设 (i,j) 点的 $\frac{\partial f}{\partial S}$ 和 $\frac{\partial^2 f}{\partial S^2}$ 与 $(i+1,j)$ 的对应值相等，差分方程修改为：

$$f_{i,j} = a_j^* f_{i+1,j-1} + b_j^* f_{i+1,j} + c_j^* f_{i+1,j+1} \tag{11.3.3}$$

其中：$a_j^* = \frac{1}{1+r\Delta t}\left(-\frac{1}{2}rj\Delta t + \frac{1}{2}\sigma^2 j^2 \Delta t\right)$，$b_j^* = \frac{1}{1+r\Delta t}(1-\sigma^2 j^2 \Delta t)$，

$c_j^* = \frac{1}{1+r\Delta t}\left(\frac{1}{2}rj\Delta t + \frac{1}{2}\sigma^2 j^2 \Delta t\right)$，且 $a_j^* + b_j^* + c_j^* = \frac{1}{1+r\Delta t}$。

这就是显式有限差分法。可以发现，显式有限差分法和隐式有限差分法正好相反，是直接从 $(i+1)\Delta t$ 时刻的三个相邻格点的期权价值（其对应的资产价格分别为 $(j+1)\Delta S$、$j\Delta S$ 和 $(j-1)\Delta S$）求出 $i\Delta t$ 时刻资产价格为 $j\Delta S$ 时的期权价值。因此，显式有限差分法可以理解为从格点图外部推知内部格点期权价值的方法。

【例题 11.7】　显式差分法求解期权价值

用显式有限差分方法解上例中的期权价值。其中 $M=20$，$N=10$，$\Delta S=5$ 元。可以从表 11.4 中看到，无红利股票美式看跌期权的价格为 4.26 元。

表 11.4　用显式差分法计算的期权价值

股票价格/元	到期时间/月										
	5	4.5	4	3.5	3	2.5	2	1.5	1	0.5	0
100	0.00	0.00	0.00	0.00	0.00	0.00	0.00	0.00	0.00	0.00	0.00
95	0.06	0.00	0.00	0.00	0.00	0.00	0.00	0.00	0.00	0.00	0.00
90	-0.11	0.05	0.00	0.00	0.00	0.00	0.00	0.00	0.00	0.00	0.00
85	0.28	-0.05	0.05	0.00	0.00	0.00	0.00	0.00	0.00	0.00	0.00
80	-0.13	0.20	0.00	0.05	0.00	0.00	0.00	0.00	0.00	0.00	0.00
75	0.46	0.06	0.20	0.04	0.06	0.00	0.00	0.00	0.00	0.00	0.00
70	0.32	0.46	0.23	0.25	0.10	0.09	0.00	0.00	0.00	0.00	0.00
65	0.91	0.68	0.63	0.44	0.37	0.21	0.14	0.00	0.00	0.00	0.00
60	1.48	1.37	1.17	1.02	0.81	0.65	0.42	0.27	0.00	0.00	0.00
55	2.59	2.39	2.21	1.99	1.77	1.50	1.24	0.90	0.59	0.00	0.00
50	4.26	4.08	3.89	3.68	3.44	3.18	2.87	2.53	2.07	1.56	0.00
45	6.76	6.61	6.47	6.13	6.15	5.96	5.57	5.50	5.24	5.00	5.00
40	10.28	10.30	10.13	10.06	10.00	10.00	10.00	10.00	10.00	10.00	10.00
35	15.00	15.00	15.00	15.00	15.00	15.00	15.00	15.00	15.00	15.00	15.00
30	20.00	20.00	20.00	20.00	20.00	20.00	20.00	20.00	20.00	20.00	20.00

续表

股票价格/元	到期时间/月										
	5	4.5	4	3.5	3	2.5	2	1.5	1	0.5	0
25	25.00	25.00	25.00	25.00	25.00	25.00	25.00	25.00	25.00	25.00	25.00
20	30.00	30.00	30.00	30.00	30.00	30.00	30.00	30.00	30.00	30.00	30.00
15	35.00	35.00	35.00	35.00	35.00	35.00	35.00	35.00	35.00	35.00	35.00
10	40.00	40.00	40.00	40.00	40.00	40.00	40.00	40.00	40.00	40.00	40.00
5	45.00	45.00	45.00	45.00	45.00	45.00	45.00	45.00	45.00	45.00	45.00
0	50.00	50.00	50.00	50.00	50.00	50.00	50.00	50.00	50.00	50.00	50.00

3. 有限差分方法的应用

已经看到,有限差分方法和树图方法是近似的,可以解决相同类型的衍生产品定价问题,尤其是那些具有提前执行特征的期权。以上讨论的是单变量的情况,实际上有限差分方法还可以进一步推广到多个标的变量的情形,在标的变量小于三个的时候,这一方法是相当有效率的,但是超过三个变量时,蒙特卡罗模拟方法就更有效了。同时有限差分方法也不善于处理期权价值取决于标的变量历史路径的情况。实际上有限差分方法不仅适用于 Black-Scholes 公式,也适用于其他类似的问题,如随机利率的情形等。

值得注意的是,控制方差技术也适用于有限差分方法,以降低方差,加快收敛。例题 11.6 可将控制方差技术与有限差分方法联合使用。$f_A^* = 4.07$ 元,用同一个格点图估算出 $f_B^* = 3.91$ 元,用 Black-Scholes 公式得出真正的欧式期权价格 $f_B = 4.08$ 元,则此美式期权价格的控制方差技术估计值为 $4.07 + 4.08 - 3.91 = 4.24$ 元,这与真实值 4.29 很接近。

■ 本章小结

1. 当不存在解析解时,可以用不同的数值方法为期权定价,其中主要包括二叉树图方法、蒙特卡罗模拟和有限差分方法。

2. 二叉树图方法用离散的随机游走模型模拟资产价格的连续运动在风险中性世界中可能遵循的路径,每个小的时间间隔中的上升、下降概率和幅度均满足风险中性原理。从二叉树图的末端开始倒推可以计算出期权价格。

3. 蒙特卡罗模拟方法的实质是模拟标的资产价格在风险中性世界中的随机运动,预测期权的平均回报,并由此得到期权价格的一个概率解。

4. 有限差分方法将标的变量满足的偏微分方程转化成差分方程来求解,具体的方法包括隐式有限差分法和显式有限差分法等。

5. 树图方法和有限差分方法在概念上是类似的,它们都可以看成用离散化过程解出偏微分方程的数值方法，都适用于具有提前执行特征的期权，不太适合路径依赖型的期权。其中，二叉树模型由于简单直观和容易实现，是金融中应用最广泛的数值定价方法之一；有限差分方法也受到人们的重视。

6. 蒙特卡罗方法的优点在于应用起来相当直接，能处理许多盈亏状态很复杂的情况，尤其是路径依赖期权和标的变量超过三个的期权，但是其不擅长于处理美式期权，而且往往所需计算时间较长。

■ 关键术语

二叉树，合并二叉树，蒙特卡罗模拟，有限差分法，隐式有限差分，显式有限差分。

■ 本章习题

1. 如何理解二叉树数值定价方法?

2. 一个无红利股票的美式看跌期权，有效期为 3 个月，目前股票价格和执行价格均为 50 元，无风险利率为每年 3%，波动率为每年 20%。请按时间间隔为 1 个月来构造二叉树模型，为期权定价。

3. 一个 2 个月期基于某股票指数的美式看涨期权，执行价格为 5 000 点，目前指数为 4 950 点，无风险年利率 10%，指数红利率为每年 4%，波动率为每年 25%。构造一个四步(每步为半个月)的二叉树图，为期权定价。

4. 如何理解蒙特卡罗模拟方法? 简述其主要优缺点。

5. 假设无红利股票价格运动服从对数正态分布，股票当前价格为 100 元，执行价格为 105 元，波动率为 10%，无风险利率为 3%，1 年后到期。时间步长选择为 0.01，运用 MATLAB 软件计算出股票价格的一条模拟路径。

6. 简述有限差分方法的主要特点。

7. 一个无红利股票的美式看涨期权还有 4 个月到期，执行价为 20 元，股票现价为 19 元，无风险利率为 3%，波动率为 20%，股票价格区间为 4 元，时间区间为 1 个月。运用显式有限差分法为该期权定价。

8. 例题 11.1 中，如果条件取 $P=0.5$，请用二叉树法计算该期权的价值。

9. 例题 11.2 中，如果条件取 $u=1/d$，请用二叉树法计算该期权的价值。

10. 假设标的资产价格 40 元，执行价格 40 元，无风险利率为 3%（连续复利），期限 6 个月。

(1) 构造股票 2 期二叉树，其中上涨和下跌浮动 u 和 d 各是多少?

(2) 美式看涨期权价格为多少元?

(3) 美式看跌期权和欧式看跌期权的价格各是多少元?

第 12 章　期权价格的敏感性分析

本章对期权价格进行敏感性分析。

敏感性分析是指在保持其他条件不变的前提下，研究单个市场风险因子的变化对金融产品或资产组合的收益或经济价值产生的可能影响。

常见的敏感性指标包括衡量股票价格系统性风险的 β 系数、衡量利率风险的久期和凸性以及衡量衍生产品风险的敏感性指标等。久期、凸性分别是价格对利率的 1 阶敏感性和 2 阶敏感性。敏感性通常通过用衍生产品价格表达式对变量或参数求偏导而获得，当衍生产品价格无法求出显示表达式的时候，可以利用数值方法计算。

影响期权价值变化的参数称为期权敏感性因素，通常用希腊字母来表示。对期权价格的敏感性分析有助于对期权进行风险管理，如当股票指数发生变化时，以股票指数为标的物的期权价值会发生什么变化，利率、波动率的变化会如何影响期权盈亏。影响期权价格的因素主要有五个，分别是标的资产价格 S、执行价格 X、无风险利率 r、有效时间 $T-t$ 以及标的资产价格的波动率 δ。其中，执行价格是合约中规定的常数，因此只分析与 S、r、$T-t$、δ 有关的敏感性因素。

下面以股票期权为例，列举几个主要的敏感性参数。

Delta(Δ)：当股票价格增加 1 元时，期权价格发生多少变化。

Gamma(Γ)：当股票价格增加 1 元时，Δ 发生多少变化。

Rho(ρ)：当利率增加 1 个百分点(100 个基点)时，期权价格发生多少变化。

Vega(V)：当波动率增加 1 个百分点时，期权价格发生多少变化。

Theta(θ)：当有效期减少一天时，期权价格发生多少变化。

12.1　期权价格的敏感性指标

12.1.1　Delta

1. Delta 的定义与计算

Delta 是指期权价格对标的资产价格变动的敏感性，常用希腊字母 Δ 表示。数学公式上表示期权价格对标的资产价格的一阶偏导 $\Delta_t = \frac{\partial c}{\partial S}$。

经济意义上，Delta 表示在其他条件不变的情况下，标的资产价格的微小变动所导致的期权价格的变动，衡量了期权价格对标的资产价格变动的敏感度。Delta 值为正，表示当标的资产价格上升时，期权的价格也上升。几何意义上，Delta 表示期权价格与标的资产价格关系曲线的斜率。

(1) 有收益资产欧式看涨期权的 Delta

由 Black-Scholes 期权定价公式，可以算出有收益资产欧式看涨期权的 Δ_t^c 值为

$$\text{Delta} = \Delta_t^c = \frac{\partial c}{\partial S} = e^{-q(T-t)} N(d_1) > 0$$

(2) 有收益资产欧式看跌期权的 Delta

同理，对有收益资产欧式看跌期权公式（或直接由看涨、看跌期权平价公式），计算可得：$\frac{\partial p}{\partial S} = -e^{-q(T-t)} N(-d_1) < 0$。

因此，有收益资产欧式看跌期权的 Delta 值为 $\Delta_t^p = [N(d_1) - 1] e^{-q(T-t)}$

外汇期权属于有收益资产期权，支付已知红利率为外汇发行国无风险利率 r_f。例如，中国外汇交易中心按日计算和发布美元/人民币外汇期权 Delta 头寸计量参数算法为看涨期权 $\Delta_t^c = N(d_1) e^{-r_f t_2}$，看跌期权 $\Delta_t^p = [N(d_1) - 1] e^{-r_f t_2}$。其中：$d_1 = \ln(F/X)/\sigma\sqrt{t_1} + \sigma\sqrt{t_1}/2$，$S_t$ 为外汇即期汇率，取自中间价、即期询价均值；σ 为波动率，取自外汇期权隐含波动率曲线(ATM)；r 为人民币利率，如人民币利率 Shibor、回购定盘利率等；r_f 为美元利率（外汇发行国利率），如美元隐含利率；t_1 为成交日至到期日期限；t_2 为即期起息日至交割日期限；X 为执行价格，自行逐笔选取。当日外汇期权 Delta 头寸计量参数由中国外汇交易中心在每个工作日 17:00 发布。

(3) 无收益资产欧式期权的 Delta 值

无收益资产欧式看涨期权的 Delta 值为：$\text{Delta} = \Delta_t^c = \frac{\partial c}{\partial S} = N(d_1) > 0$。

无收益资产欧式看跌期权的 Delta 值为：$\Delta_t^p = -N(-d_1) = [N(d_1) - 1]$。

【例题 12.1】　股票期权的 Delta 计算

设一只无红利支付股票的看涨期权，股票价格现在为 49 元，执行价格是 50 元，无风险利率是 5%，有效时间为 20 周，设股票价格的波动率是 20%，则该看涨期权的 Delta 值等于多少？

解：首先计算相关参数，得到 $T - t = 20 \times 7/365 \approx 0.384\,6$，$d_1 = 0.054\,2$。

由无收益资产看涨期权的 Delta 计算公式，可得 $\Delta_t = N(d_1) = 0.522$。

即当股票价格变动 1 单位时，期权价格会相应增长 0.522 个单位。

标的资产的价格波动率 σ 对期权 Delta 值的影响较难确定，它取决于无风险利率水平、标的资产价格与执行价格的差距、期权有效期等因素。对较深度虚值的看涨期权和较深度实值的看跌期权来说，Delta 是价格波动率 σ 的递增函数。

在实际计算中，往往采用相对变化来求出 Delta 的近似值。假设在 t_0、t_1 时刻，看涨期权的价值分别为 c_0 和 c_1，标的资产的价格分别为 S_0 和 S_1，那么 Delta 可近似表示为：

$$\Delta_t \approx \frac{\Delta c_t}{\Delta S_t} = \frac{c_0 - c_1 e^{-r(t_1-t_0)}}{S_0 - S_1 e^{-r(t_1-t_0)}}$$

2. Delta 的特性

由 Delta 的计算公式可以看出，期权的 Δ 值取决于 S_t、r、σ 和 $T-t$。

根据累积标准正态分布函数的性质，$0 \leqslant N(d_1) \leqslant 1$，可知对于无收益资产看涨期权 Delta $\in [0,1]$，而对于无收益资产看跌期权的 Delta $\in [-1,0]$；反之，无收益资产看涨期权空头的 Delta 值总是大于 -1 小于 0，无收益资产看跌期权空头的 Delta 值的范围在 0 到 1 之间。

期权价格曲线的斜率（Δ 值）与标的资产价格的关系如图 12.1 所示。对于看涨期权，Delta 值趋近于 1；对于看跌期权，Delta 值趋近于 0。

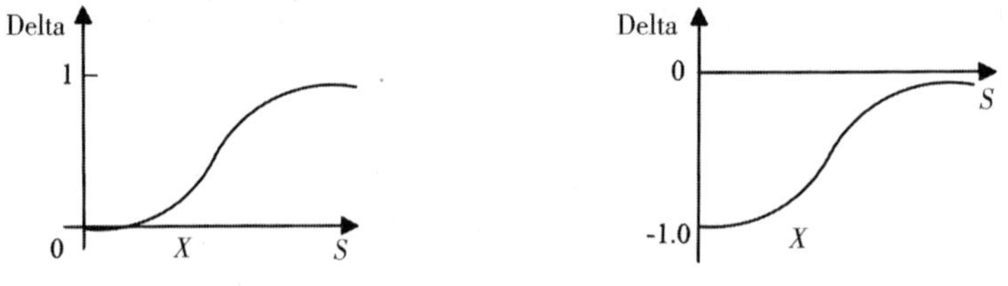

（a）看涨期权　　（b）看跌期权

图12.1　无收益资产欧式看涨／看跌期权的 Δ 值与标的资产价格的关系

3. 其他产品的 Delta 值

类似地，也可以计算远期、期货、标的资产的 Delta 值。易知，期权标的现货资产的 Delta 值为 1，因此无收益资产和支付已知现金收益资产的期货合约的 Delta 值为 $e^{r(T-t)}$，意味着 $e^{-r(T-t)}$ 个单位期货对标的资产价格变动的敏感性与一个标的资产对其自身价格变化的敏感性是相同的；同理，支付已知连续收益率 q 资产的期货合约的 Delta 值为 $e^{(r-q)(T-t)}$。上述 Delta 都是针对多头而言的，空头符号相反。

4. Delta 中性保值法

事实上，Δ 值可正、可负、可为零，为正表示处于多头状态，为负表示处于空头状态，如果组合内标的资产和衍生产品数量巧合匹配，那么整个组合的 Δ 值就等于 0。称 Δ 值为 0 时的组合处于 Delta 中性状态。除了标的资产本身 Delta 恒等于 1 之外，其他衍生产品的 Delta 值可能不断变化。因此，证券组合处于 Delta 中性状态只能维持一个很短的时间。

当组合处于Delta中性状态时($\Delta=0$),意味着组合的价值在短时间内受标的资产价格的影响为0,即组合的价值不受标的资产价格波动的影响,从而实现相对标的资产价格的瞬时套期保值。使得组合的Δ值为0的套期保值法称为Δ中性保值法。

【例题12.2】 期权的Delta中性保值法

美国某公司持有100万英镑的现货头寸,假设当时英镑兑美元汇率为1英镑 = 1.620 0美元,英国的无风险连续复利年利率为13%,美国为10%,英镑汇率的波动率为每年15%。为防止英镑贬值,该公司打算用6个月期、协议价格为1.600 0美元的英镑欧式看跌期权进行保值,请问该公司应买入多少该期权?

解:英镑欧式看跌期权的Δ_t^p值为

$$[N(d_1)-1]e^{-r_f(T-t)}=[N(0.0287)-1]e^{-0.13\times 0.5}=-0.458$$

而英镑现货的Δ值为+1,故100万英镑现货头寸的Δ值为+100万。为了抵消现货头寸的Δ值,该公司应买入100万/0.458 = 218.34万的欧式看跌期权。

注意,Delta中性保值法仅是实现了瞬时的套期保值,因为随着S、$T-t$、r和σ的变化,Δ值也在不断变化。因此,要不断调整保值头寸以使组合重新处于Delta中性状态,这种调整称为再均衡,而这些调整需要较高的手续费,因此套期保值者应在成本与可容忍的风险之间进行权衡。

动态对冲的实现依赖于市场的持续交易。在买入或卖出衍生产品后,市场参与者需要持续交易来对冲衍生产品头寸的风险。在此过程中,当市场交易停止时,无法实现动态对冲,就会让许多之前的衍生头寸转换为未平仓头寸,从而极大地增加了市场参与者的风险。因此,越是发生紧急情况,就越需要确保有足够的流动性来完成参与者的交易,这也是市场监管机构的重要责任。否则,很容易造成市场参与者大面积破产,引发系统性金融危机。

金融机构可以结合自身的资产状况、市场预期和风险目标来管理Delta指标,不同目标Delta值的设定可以实现不同的风险管理策略。

5.期权组合的Delta计算

与单个衍生产品的Delta类似,对于一个包含n种期权的组合来说,投资组合的Delta就是总价值Π对标的资产价格变动的敏感性,即Π对S的一阶偏导。因此,期权组合的Delta值为:$\Delta=\sum n_i\Delta_i$,其中,n_i为第i种期权(或基础证券)在期权组合中的比重,Δ_i为第i种期权(或基础证券)的Delta值。

例如,假设一个投资组合包含两种标的资产为某股票的期权。第一个期权是10万份3个月后到期,执行价格为50元的多头看涨期权,每张这种期权的Delta为0.56。第二个期权是20万份6月后到期,执行价格为49元的空头看跌期权,每张这种期权的Delta为-0.52。则期权组合的Delta = 10万 × 0.56 + (-20万) × (-0.52) = 16万。于是,在组合中增加16万股股票的空头,就可以使这个组合为Delta中性。

12.1.2 Gamma

1. Gamma 的定义与计算

Gamma 用于衡量该证券的 Delta 值对标的资产价格变化的敏感度，常用希腊字母 Γ 表示。即期权 Delta(Δ) 对于股票价格 S 的一阶偏导数，期权价格对 S 的二阶偏导数。从几何上看，Γ 反映了期权价格与标的资产价格关系曲线的凸度。

Γ 衡量了期权 Δ 值对标的资产价格变化的敏感度，是 Δ 的敏感性指标。计算证券组合的 Γ 值，对于套期保值的重要意义在于它衡量了 Δ 中性保值法的误差，误差大小取决于期权价格与标的资产价格关系曲线的曲度。

(1) 有收益资产欧式看涨期权的 Gamma

由 Black-Scholes 期权定价公式，可以算出有收益资产欧式看涨期权的 Gamma 为：

$$\Gamma_t^c = \frac{\partial^2 c}{\partial S^2} = \frac{\partial \Delta_c}{\partial S} = \frac{\partial \mathrm{e}^{-q(T-t)} N(d_1)}{\partial S} = \mathrm{e}^{-q(T-t)} N'(d_1) \frac{\partial d_1}{\partial S} = \frac{\mathrm{e}^{-q(T-t)} N'(d_1)}{S_t \sigma \sqrt{T-t}} > 0$$

(2) 有收益资产欧式看跌期权的 Gamma

由于看涨期权与看跌期权的 Δ 之间只相差一个常数，因此两者的 Γ 值总是相等的。即有收益资产欧式看跌期权的 Gamma 值为：

$$\Gamma_t^p = \frac{\partial^2 p}{\partial S^2} = \frac{\partial \Delta_p}{\partial S} = \frac{\partial [-\mathrm{e}^{-q(T-t)} N(-d_1)]}{\partial S} = \frac{\mathrm{e}^{-q(T-t)} N'(d_1)}{S_t \sigma \sqrt{T-t}} = \Gamma_t^c > 0$$

(3) 其他资产的 Gamma

无收益资产欧式看涨、看跌期权的 Gamma 值为 $\Gamma_t^c = \Gamma_t^p = \dfrac{\mathrm{e}^{-0.5 d_1^2}}{S_t \sigma \sqrt{2\pi(T-t)}}$。

因此，无收益资产欧式期权多头的 Gamma 值总为正值，期权空头的 Gamma 值则总为负值。特别地，对于标的资产及远期和期货合约来说，Gamma 值均为 0。

【例题 12.3】 股票期权的 Gamma 计算

设一只无红利支付股票的看涨期权，股票价格现在为 49 元，执行价格是 50 元，无风险利率是 5%，有效时间为 20 周，设股票价格的波动率是 20%，则该看涨期权的 Gamma 值等于多少？

解：因为 $T-t \approx 0.3846$，由 Gamma 公式可得 $\Gamma_t^c = 0.066$。

即当股票价格变动 1 单位时，期权的 Delta 会相应增长 0.066 个单位。

2. Gamma 的特性

无收益资产期权多头的 Γ_t 值总为正值，但它会随着资产价格 S_t、时间 $(T-t)$、无风险利率 r 和波动率 σ 的变化而变化。图 12.2 分别展示了 Gamma 与 S_t 及 $(T-t)$ 的关系。

从图 12.2(a) 中可以看出 Gamma 与 S_t 的关系。在其他因素不变的情况下，当期权处于平价状态时，Gamma 最大，当期权处于盈亏较大的状态时，Gamma 接近于 0。特别地，处于深度实值状态的期权的 Delta 值大约等于 1，因而 Gamma 值大约等于 0。如果 Delta 值等于 1，意味着当股票价格变化时，它不会有太大的变化。相似地，处于深度虚值状态的期权的 Delta 值大约等于 0，Gamma 值也大约等于 0。其次，Gamma 具有非负性，即在其他因素不变的情况下，不论是看涨期权或看跌期权，Delta 都随标的资产价格 S_t 的上升而上升，随标的资产价格 S_t 的下跌而下跌。同时 Gamma 曲线具有形状为凸的特性。

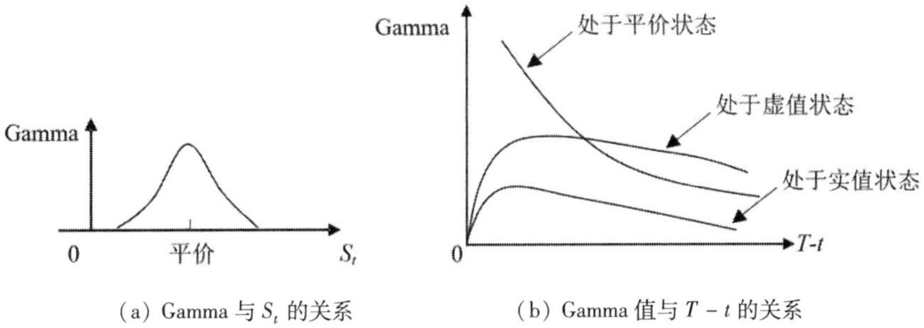

图 12.2　无收益资产欧式看涨／看跌期权 Gamma 值与参数的关系

图 12.2(b) 表示 Gamma 与时间的关系。可以看出，在其他因素不变的情况下，当期权处于平价状态时，期权有效日越短 Gamma 值越大，即 Delta 对标的资产价格 S_t 越敏感。

12.1.3　Theta

1. Theta 的定义与计算

Theta 用来衡量期权价格对到期时间变化的敏感程度，是在其他条件不变的情况下，期权价格变化与时间变化的比率，用希腊字母 θ 表示。即期权价格对于时间的一阶偏导数。

(1) 有收益资产欧式看涨期权的 Theta

由 Black-Scholes 期权定价公式，可算出有收益资产看涨期权的 Theta 为：

$$\theta_t = \frac{\partial c}{\partial(T-t)} = -\frac{S_t e^{-q(T-t)} N'(d_1)\sigma}{2\sqrt{T-t}} + qS_t e^{-q(T-t)} N(d_1) - rXe^{-r(T-t)} N(d_2)$$

(2) 有收益资产欧式看跌期权的 Theta

有收益资产看跌期权 Theta 为

$$\theta_t = \frac{\partial p}{\partial(T-t)} = -\frac{S_t e^{-q(T-t)} N'(d_1)\sigma}{2\sqrt{T-t}} - qS_t e^{-q(T-t)} N(-d_1) + rXe^{-r(T-t)} N(-d_2)$$

(3) 其他资产的 Theta

无收益资产欧式看涨期权 Theta 为 $\theta_t = -\frac{S_t N'(d_1)\sigma}{2\sqrt{T-t}} - rXe^{-r(T-t)} N(d_2)$

无收益资产欧式看跌期权 Theta 为 $\theta_t = -\frac{S_t N'(d_1)\sigma}{2\sqrt{T-t}} + rXe^{-r(T-t)}N(-d_2)$。

将 q 换作 r_f，就是欧式外汇看涨/看跌期权的 Theta 公式；将 q 换作 r，S_t 换作 F_t，就是欧式期货看涨/看跌期权的 Theta 公式。

【例题 12.4】 股票期权的 Theta 计算

设一只无红利支付股票的欧式看涨期权，股票价格现在为 49 元，执行价格是 50 元，无风险利率是 5%，有效时间为 20 周，设股票价格的波动率是 20%，则该看涨期权的 Theta 值等于多少？

解：利用无收益资产欧式看涨期权的 Theta 计算公式，可得

$$\theta_t = -\frac{S_t N'(d_1)\sigma}{2\sqrt{T-t}} - rXe^{-r(T-t)}N(d_2) = -4.31$$

在 Theta 的计算公式中，时间通常是以年为计量单位的。而此例计算 Theta 时，时间是以天为单位的，因此，每公历日的 Theta 为 $-4.31/365=-0.0118$，每交易日的 Theta 为 $-4.31/252=-0.171$。

2. Theta 的特性

由 Theta 的计算公式可以看出，Theta 值同时受到标的资产价格、时间、无风险利率和波动率的影响。

Theta 衡量期权的价值随着时间推移而逐渐衰减的程度。随着到期时间的接近，期权的时间价值会下降，导致期权价格下跌。相较于实值期权和虚值期权，平值期权到期日的时间衰减最快。

对于看涨期权来说，Theta 值总是小于零的。以看涨期权为例，Theta 值与标的资产价格间的关系如图 12.3 所示。当标的资产价格很小时，Theta 值近乎为零；当标的资产价格在 $Xe^{-(r+0.5\sigma^2)(T-t)}$ 附近时，Theta 值很小；当标的资产价格增大时，Theta 值趋近于 $-rXe^{-r(T-t)}$。

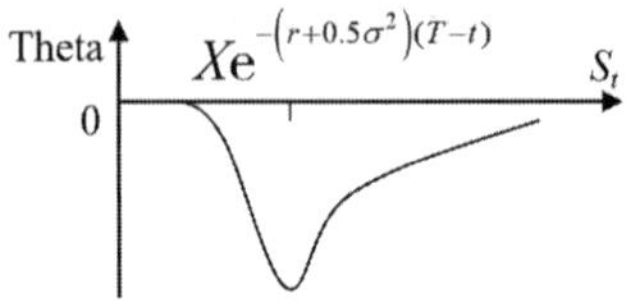

图 12.3　无收益资产看涨期权 Theta 值与 S_t 的关系

对于看跌期权来说，Theta 值有可能大于零，但只在看跌期权处于较大盈亏水平状态时，如高收益率的标的资产处于深度实值状态的看涨期权和处于深度实值状态的看跌期权。在这两种情况下，持有者都希望尽早对期权行权。因为随着期权到期日的临近，并不能获得增值，期权实际上变成了国库券。如果其他条件都相同，随着期权到期日的临近，实值的看跌期权变得更有价值。

由于时间的推移是确定的,没有风险可言,因此无需对时间进行套期保值。在期权交易中,尤其是在差期交易中,由于 Theta 值的大小反映了期权购买者随时间推移所损失的价值,因而无论对于避险者、套利者还是投资者而言,Theta 值都是一个重要的敏感性指标。

3. Delta、Gamma 和 Theta 之间的关系

Theta 值与 Delta 值及 Gamma 值有较大关系。由无收益资产的衍生产品价格满足的 Black-Scholes 微分方程(11.3.1)式,根据 Theta、Delta 及 Gamma 的定义,有公式 $\theta_t + rS_t\Delta_t + \sigma^2 S_t^2 \Gamma_t/2 = rf_t$ 成立。该公式对无收益资产的单个衍生产品和多个衍生产品组合都适用。

特别地,对于处于 Delta 中性状态的组合来说,满足等式 $\theta_t + \sigma^2 S_t^2 \Gamma_t/2 = rf_t$。这意味着,对于 Delta 中性组合来说,若 Theta 为负值并且绝对值很大,Gamma 将会为正值并且也会很大。

对于同时处于 Delta 中性和 Theta 中性状态的组合来说,满足等式 $\theta_t = rf_t$。这意味着,Delta 中性和 Theta 中性组合的价值将随时间以无风险连续复利率的速度增长。

对于各类期权,Delta、Gamma 和 Theta 的符号如表 12.1 所示。

表 12.1　各类期权的 Delta、Gamma 和 Theta 符号

	多头看涨期权	多头看跌期权	空头看涨期权	空头看跌期权
Delta	+	−	−	+
Theta	−	−	+	+
Gamma	+	+	−	−

12.1.4　Rho

1. Rho 的定义与计算

Rho 用于衡量期权价格对利率变化的敏感程度,即期权价格对于无风险利率 r 的一阶偏导数,用希腊字母 ρ 表示。

有收益资产欧式看涨期权的 Rho 为 $\text{Rho}_t^{qc} = \dfrac{\partial c}{\partial q} = -(T-t)S_t e^{-q(T-t)}N(d_1) < 0$。

有收益资产欧式看跌期权的 Rho 为 $\text{Rho}_t^{qp} = \dfrac{\partial p}{\partial q} = (T-t)S_t e^{-q(T-t)}N(-d_1) > 0$。

无收益资产欧式看涨期权的 Rho 为 $\text{Rho}_t^{rc} = \dfrac{\partial c}{\partial r} = (T-t)Xe^{-r(T-t)}N(d_2) > 0$。

无收益资产欧式看跌期权的 Rho 为 $\text{Rho}_t^{rp} = \dfrac{\partial p}{\partial r} = -(T-t)Xe^{-r(T-t)}N(-d_2) < 0$。

由于外汇期权存在两种利率 r 和 r_f,因此有两种 Rho 值:对应国内利率的 Rho 值和对应国外利率的 Rho 值。国外利率的欧式外汇看涨期权 $\text{Rho} = -S_t(T-t)e^{-r_f(T-t)}N(d_1)$;国外

利率的欧式外汇看跌期权 $\text{Rho}=S_t(T-t)e^{-r_f(T-t)}[1-N(d_1)]$；远期（期货）价格的 Rho 值为 $\text{Rho}=(T-t)F_t$；标的资产的 Rho 值为 0。

类似地，当组合的 Rho 值为 0 时，称组合处于 Rho 中性状态。可以通过改变期权或期货头寸来使组合处于 Rho 中性状态。

【例题 12.5】 股票期权的 Rho 计算

设一只无红利支付股票的看涨期权，股票价格现在为 49 元，执行价格是 50 元，无风险利率是 5%，有效时间 20 周，股票价格波动率是 20%，则该看涨期权的 Rho 值等于多少？

解：计算参数 $T-t\approx 0.3846$，则 $\text{Rho}_t^{rc}=(T-t)Xe^{-r(T-t)}N(d_2)=8.91>0$。

即当无风险利率变动 1%（如由 5% 变化到 6%）时，期权的价格会相应增长 0.089 1（8.91%）。

2. Rho 的特性

Rho 值的大小取决于标的资产价格 S_t、期限 $(T-t)$、无风险利率 r 和波动率 σ。看涨期权的实值状态越深，Rho 值越大。

因为 Rho 的绝对值与期限 $T-t$ 成正比，对于距到期日时间较长的期权来说，r 对期权价格的影响不容忽视。

无收益资产欧式看涨期权的 Rho 一般大于零，因为看涨期权行权时必须支付固定的执行价格以换取标的股票，而较高的利率会降低执行价格的现值。看跌期权的 Rho 一般小于零，只有在到期日 $(T=t)$ 时，看涨/看跌期权的 Rho 才会等于零。因为看跌期权赋予持有者收取现金的权利，而较高的利率会降低这笔资金的现值。

12.1.5 Vega

1. Vega 的定义与计算

波动率 σ 是 Black-Scholes 模型中的重要因素，它是股票连续收益率的标准差，因此研究波动率变动对期权价格的影响十分必要。

Vega 用来衡量期权的价格对标的资产价格波动率的敏感程度，即期权价格对于波动率 σ 的一阶偏导数，用希腊字母 V 表示。

通常把 Vega 描述为波动率 1 个百分点（0.01）的变化所引起的期权价格变化。即 Vega 表示对波动率 1 个百分点变化求偏导再除以 100 得到的结果。

（1）有收益资产欧式看涨期权的 Vega

$$\text{Vega}_t^c=\frac{\partial c}{\partial\sigma}=S_t\sqrt{T-t}N'(d_1)e^{-q(T-t)}=\frac{S_t\sqrt{T-t}e^{-0.5d_1^2-q(T-t)}}{\sqrt{2\pi}}>0$$

（2）有收益资产欧式看跌期权的 Vega

$$\text{Vega}_t^p=\frac{\partial p}{\partial\sigma}=-Xe^{-r(T-t)}N(-d_2)\frac{\partial d_2}{\partial\sigma}+S_te^{-q(T-t)}N(-d_1)\frac{\partial d_1}{\partial\sigma}$$

$$=\frac{S_t\sqrt{T-t}\mathrm{e}^{-0.5d_1^2-q(T-t)}}{\sqrt{2\pi}}=\mathrm{Vega}_t^c>0$$

如果用 r_f 替换上式的 q，就是欧式外汇期权的 Vega 值计算公式；如果用 r 替换 q，用 F_t 替换 S_t，就是欧式期货期权的 Vega 值计算公式。

（3）其他资产的 Vega

无收益资产欧式看涨/看跌期权的 Vega 为

$$\mathrm{Vega}=S_t\sqrt{T-t}N'(d_1)=\frac{S_t\sqrt{T-t}\cdot\mathrm{e}^{-0.5d_1^2}}{\sqrt{2\pi}}>0$$

因此，只有期权有 Vega 值，且期权多头的 Vega 值总是正的。

注意：上述 Vega 值是根据 Black-Scholes 期权定价公式计算的，该公式假设波动率 σ 是常数。因此，上述 Vega 值的计算公式隐含着这样的前提：波动率为常数的期权价格和波动率是变量的期权价格下 Vega 值都是相等的。显然，这只是一个近似的假设。

特别地，标的资产的 Vega 值等于零。标的资产的 Vega 为 0 是因为标的资产的当前价格已确定，与波动率无关。例如，假设有两只当前价格都是 100 元的股票，一只股票过去的波动率很高，另一只股票波动率很低。显然，无论波动率有多高，这两只股票的当前价格都是 100 元。然而，对于以这两只股票作为标的资产的看涨期权而言，波动率大的股票对应的期权价格更高。因此，股票价格本身的 Vega 是 0，而股票期权的 Vega 不是 0。

【例题 12.6】　股票期权的 Vega 计算

设一只无红利支付股票的看涨期权，股票价格现在为 49 元，执行价格是 50 元，无风险利率是 5%，有效时间 20 周，设股票价格波动率是 20%，则该看涨期权的 Vega 值等于多少？

解：由无收益资产看涨期权 Vega 计算公式可得 $\mathrm{Vega}=S_t\sqrt{T-t}N'(d_1)=12.1$。

当股票价格波动 1%（如波动率由 20% 变为 21%）时，期权价格会相应增长 0.121（12.1%）。

2. Vega 的特性

Vega 值总是正的，其大小取决于标的资产价格 S_t、期限 $(T-t)$、无风险利率 r 和波动率 σ。Vega 值与标的资产价格的关系如图 12.4 所示（与 Γ_t 的关系很相似）。

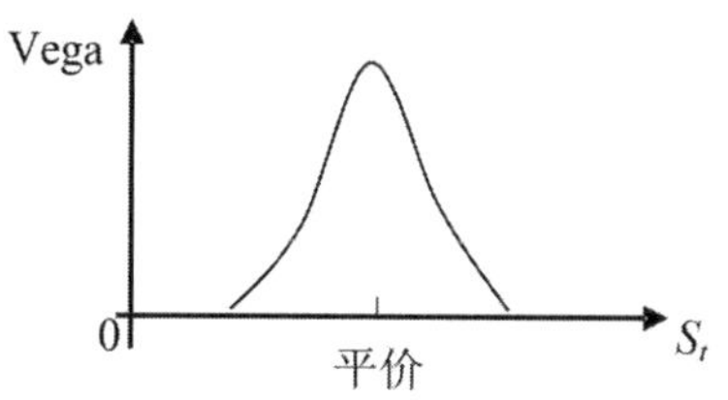

图 12.4　无收益资产欧式看涨/看跌期权 Vega 与 S_t 的关系

Vega 具有如下性质：

性质 1 Vega 具有非负性。

性质 2 Vega 与 S_t 的关系：在其他因素不变的情况下，当期权处于平价状态时，Vega 最大，当期权处于盈亏较大状态时，Vega 接近于 0。

性质 3 Vega 越大说明期权价格对资产价格波动率的变化越敏感。

性质 4 实值期权的 Vega 值更大；中等期限期权的 Vega 值比短期限期权的 Vega 值更大。要注意，对于超长期限的期权来说，上述两种结果都不正确。

性质 5 虚值期权的 Vega 值低是因为此时这些期权非常廉价。虽然波动率的增加可能会使价格以很大百分比增大，但绝对增加值是很小的。处于深度实值状态的期权几乎没有期权价值（它的价值大部分来自内在价值）。对于该期权来说，无论是以绝对值表示还是以百分比表示，Vega 值都非常小。

12.2 期权的弹性

1. 弹性

Delta 反映了当股票价格变动 1 元，期权的价格变动多少。那么当股票价格变动 1% 时，期权的价格变动百分之几呢？这就需要引入期权的弹性。

类似微观经济学中的弹性定义一样，期权的弹性指相对于股票价格变动的百分比，期权的价格百分比变化，用符号 e_t 表示弹性。

$$e_t = \frac{\Delta c_t / c_t}{\Delta S_t / S_t} = \frac{S_t}{c_t}\Delta_t \tag{12.2.1}$$

因为看涨期权的 Δ_t 总是大于 0 小于 1，所以看涨期权的弹性 $e_t \geqslant 1$，即期权的杠杆性头寸比标的物头寸的风险更大。而欧式看跌期权的 Δ_t 总是大于 -1 小于 0，则看跌期权的弹性 $e_t \leqslant 0$，意味着要复制一个看跌期权需要持有股票空头头寸。

期权弹性是对期权的隐含杠杆率的一种有效度量方式，期权的隐含杠杆率随着期权处于虚值状态的深入而提高，期权弹性随着执行价格的下降而下降，即期权的弹性可以衡量期权的杠杆性。例如，对于期权多头而言，如果市场价格走势与其预期方向相同，一个小比例的价格变化会带来放大的收益；如果市场价格走势与其预期方向相反，一个小比例的价格变化会带来放大的亏损。

【例题 12.7】 股票弹性的计算

设一只无红利支付股票的看涨期权，股票价格现在为 49 元，执行价格是 50 元，无风险利率是 5%，有效时间为 20 周，设股票价格的波动率是 20%，则该看涨期权的弹性等于多少？

解：由例题12.1知 $\Delta_t = N(d_1) = 0.522$，$c_t = 2.428\ 65$，因此该看涨期权的弹性是：$e_t = S_t\Delta_t/c_t = 49 \times 0.522/2.428\ 65 = 10.532$。

这意味着，当股票价格变动1%时，期权的价格变动10.532%。

练一练　假设一只无红利支付标的资产价格为41元，执行价格为40元，波动率是30%，无风险利率为0.08，有效期限为1年，期权的价格为6.96元，而Delta为0.691 1。试求该看涨期权的弹性为多少？若此标的物的看跌期权价格为2.8元，Delta为-0.3，试求该看跌期权的弹性为多少？

2. 期权的波动率

期权的波动率等于期权的弹性乘以股票的波动率的绝对值：$\sigma_{期权} = \sigma_{股票}|e_t|$。

由于弹性度量的是杠杆率，因此上述公式类似于通过非杠杆化的 β 值乘以企业价值与权益的比率来计算杠杆化权益的标准差。

3. 期权的风险溢价

期权可以由 Δ_t 单位股票和无风险债券组合来构造，因此期权的收益率就是股票收益率与无风险利率的加权平均。若 α 表示股票的预期收益率，r 表示无风险利率，γ 表示期权的预期收益率，那么 $\gamma = \dfrac{\Delta_t S_t}{c_t}\alpha + \left(1 - \dfrac{\Delta_t S_t}{c_t}\right)r$。

$\Delta_t S_t/c_t$ 表示弹性，则 $\gamma = e_t\alpha + (1 - e_t)r$，或者 $\gamma - r = (\alpha - r)e_t$，即期权的风险溢价等于股票的风险溢价与弹性的乘积。由于看涨期权弹性 $e_t \geqslant 1$，意味着当标的股票有一个正的风险溢酬，看涨期权总有一个至少与标的股票同样大的收益。如果其他条件相同，期权的预期收益率随着股票价格的上涨而下降。看跌期权的预期回报总是低于股票的预期回报。

12.3　波动率的估计

Black-Scholes公式表明，期权定价需要的参数有 r、S_t、X、$T-t$、σ 等，前4个参数可以从市场数据中直接获得，因此最核心的就是波动率 σ。波动率在很大程度上影响期权价格，然而波动率是可观测的。本节介绍如何使用期权价格确定隐含波动率，以及如何使用时间序列模型（历史波动率、移动平均波动率、一般自回归条件异方差模型等）估计。

12.3.1　隐含波动率的估计

资本市场上的股票价格、债券价格、期权价格等都包含了重要的信息。在现实中，我们常常知道期权价格，这时我们就可以利用期权价格来倒推出其中隐含的波动率信息。

隐含波动率，即根据期权定价公式，将公式中除了波动率以外的参数和市场上的期权报价代入，计算得到的波动率数据，然后用于其他条件类似的期权定价、风险管理等。显然，这里计算得到的波动率可以看作是市场对未来波动率的预期。估计隐含波动率的前提条件是期权的市场价格可以观测以及有能推测波动率的期权定价模型。事实上,可以使用任意的期权定价模型来计算隐含波动率,Black-Scholes 期权定价模型是求解隐含波动率最常用的基准模型。

1. 隐含波动率的计算

假设股票价格是 S_t,执行价格是 X,利率是 r,股票红利率是 q,有效时间是 $T-t$,隐含波动率是 $\hat{\sigma}$,看涨期权价格为 c_t。由定价公式 $c_t=f(S_t,X,r,q,T-t,\sigma)$ 可倒推出隐含波动率 $\hat{\sigma}$。

【例题 12.8】 隐含波动率的计算

设一只无红利支付股票的欧式看涨期权价格是 8.07 元,股票价格现在为 50 元,执行价格是 45 元,无风险利率是 8%,有效时间为 6 个月,则隐含波动率是多少?

解:计算 $8.07=f(50,45,\sigma,0.08,0.5,0)$。利用 MATLAB 编程可以求解出隐念波动率 $\hat{\sigma}=28.7\%$。

表 12.2 列出了以某股票指数作为标的物的欧式看涨/看跌期权报价,以及由 Black-Scholes 公式算出的隐含波动率。

表 12.2 以某股票指数为标的物的欧式看涨/看跌期权隐含波动率

执行价格/点	到期时间	看涨期权价格/元	隐含波动率	看跌期权价格/元	隐含波动率
1 100	2022-11-20	34.8	0.163 0	6.8	0.157 5
1 125	2022-11-20	17.1	0.143 4	14.7	0.144 7
1 150	2022-11-20	5.8	0.128 4	29.2	0.138 9
1 100	2022-12-18	41.7	0.155 9	13.8	0.153 9
1 125	2022-12-18	24.5	0.139 6	22.5	0.143 6
1 150	2022-12-18	13.0	0.133 6	35.5	0.135 1
1 100	2023-1-22	49.1	0.156 7	20.4	0.151 8
1 125	2023-1-22	33.0	0.146 3	29.4	0.142 7
1 150	2023-1-22	20.0	0.136 3	41.5	0.133 7

隐含波动率除会随期权到期时间不同而不同外,还有一个规律,不论是看涨期权还是看跌期权,当给定一个到期月份,随着执行价格的上升,波动率会下降。隐含波动率这种随着执行价格变动有规律的变化,称为波动率偏斜。根据隐含波动率与执行价格的函数关系作图时,会得到不同的曲线图形,如被描述为“波动率微笑”“波动率皱眉”和“波动率傻笑”的曲线图形等。对这些曲线的解释以及对这些曲线价格模型的修改是期权价格理论研究中的一个非常活跃的领域。

波动率微笑指波动率曲线呈现两端高中间低的形状。图 12.5(a)展示了外汇期权波动率微笑的形状,平价期权的波动率最低,而实值和虚值期权的波动率随着实值或虚值程度的增大而增大,两边比较对称。造成波动率微笑的原因主要有以下几点:一是深度虚值期权存在投机价值,因为当市场发生巨幅波动时,期权价值可能发生根本性的改变,从而存在获利空间;二是深度实值期权的 Delta 值接近于 1,杠杆也最大,套期保值的需求量较大,因此溢价较高,导致隐含波动率增大。

图 12.5(a)的波动率微笑对应于图 12.5(b)中实线表示的概率分布,称这一分布为隐含概率分布,虚线表示与隐含概率分布有同样的期望值及标准差的对数正态分布。由图可知,相比对数正态分布隐含概率分布具有“尖峰肥尾”的特征。

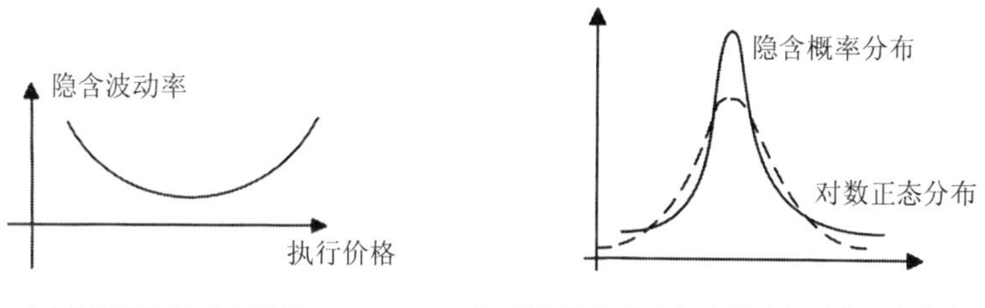

(a)外汇期权波动率微笑　　(b)外汇期权隐含概率分布与对数正态分布

图 12.5　外汇期权隐含波动率

2. 隐含波动率的应用

(1) 隐含波动率可以为期权定价

可以根据市场上类似的期权算出隐含波动率,进一步为未知期权定价。另外,也可以用隐含波动率为非交易的期权定价,定价方法与可交易期权的定价方法相同。

(2) 期权价格通常是以波动率的形式报出

波动率信息是从期权价格中获得的最重要的信息之一。它会影响投资者持有股票的意愿,影响衍生产品头寸的保证金需求,并经常反映经济形式的不确定性。

隐含波动率是描述特定标的资产的期权价格的一种便捷方法。比如,一份期权可以这样描述价格:“标的资产股票价格为 40 元,执行价格是 40 元,期权费 2 元”,而直接描述这份期权具有 30% 的隐含波动率要简单得多。因此,期权价格以隐含波动率的形式报价非常常见。正如股票市场提供股票价格信息并允许股票交易一样,期权市场提供波动率信息并允许交易波动率。

(3) 波动率偏斜可以用来检验期权定价模型的效果

隐含波动率也可用于评估 Black-Scholes 模型的性能,波动率偏斜是指波动率曲线具有不对称性,它是评估期权定价模型性能的一种方法。例如,对于欧式看涨期权,偏斜效应表明深度实值期权的隐含波动率增大程度比深度虚值期权的隐含波动率明显。如果 Black-Scholes 模型绝对正确,那么对于给定标的资产的所有期权都应该具有相同的隐含波动率。

因此,对于一项给定的标的资产,检验 Black-Scholes 模型有效性的标准方法是看其在所有执行价格上的隐含波动率偏斜是否相同。

这是一个很强的经验化判断,显然与现实观察到的价格表现相悖。因为隐含波动率在任何时点上都是不相同的,即使在同一时点上,相同标的资产期权的隐含波动率也会随执行价格不同而不同。因此,用波动率偏斜评估 Black-Scholes 模型的表现和假设并不能完全反映现实情况。在国外较为成熟的市场上,一般表现为执行价格低的期权的隐含波动率高于执行价格高的期权的隐含波动率,即波动率曲线呈现左边比右边高的形态,称为负向偏斜。负向偏斜的出现主要是因为股指下跌时的市场情绪恐慌。

具有相同执行价格和期限的欧式看跌期权和看涨期权必定具有相同的隐含波动率。这是因为欧式看跌期权和看涨期权的价格必须满足平价公式,否则就会存在套利机会。

(4) *交易波动率*

市场上存在各种各样的交易波动率方式,包括期权价差、Delta 中性头寸,以及波动率期货合约。期权提供了波动率的信息,投资者可以利用波动率变化交易波动率而进行投机,也可以为了套期保值而交易波动率。使用期权差价进行波动率交易是很常见的。例如,在期权交易组合策略中,当预计会出现高波动率时,即预期隐含波动率上升时,投资者可以购买跨式差价期权;反之,当预计波动率正在下降时,可以卖出跨式差价期权或购买蝶式差价期权。

一些交易所提供基于不同波动率测度方式的期货合约,投资者可以基于未来某个日期隐含波动率或者历史波动率来选择合约类型进行套期保值或者投机。例如,芝加哥期货交易所的 VIX 指数期货合约就是第一种类型的合约,该合约的标的是波动率指数 VIX。波动率指数最初是 1993 年由芝加哥期权交易所(CBOE)编制的,用于度量市场未来 30 日的预期波动率,指标的构建采用标的为 S&P100 指数的平值期权的隐含波动率。2003 年,对 VIX 指数的计算进行了修正,新的 VIX 指数以 S&P500 指数期权为基础,由一系列 S&P500 指数看涨期权和看跌期权的隐含波动率加权平均值计算得到。

12.3.2 时间序列模型估计波动率

1. 历史波动率

历史波动率是指用历史收益率来估计历史波动率,可以用样本对数收益率标准差估计。这种方法的缺点在于样本给定后,算出的波动率是固定的,而真实波动率是变化的。

可以通过观察股票在一个时间区间内(如一天、一周或一月)的价格,以此算出股票价格的波动率。设 S_i 为第 i 个子区间末的股票价格,样本观测值有 $n+1$ 个。

第一步:求股票价格对数增量 $U_i = \ln S_{i+1} - \ln S_i$。

第二步:求股票价格对数的均值 $\overline{U} = \sum_{i=1}^{n} U_i \big/ n$ 和方差 $s = \sum_{i=1}^{n}(U_i - \overline{U})^2 \big/ (n-1)$。

第三步:计算股票价格的波动率,可求出$\mu = \dfrac{\overline{U} + s^2/2}{\Delta t}$,$\sigma = \dfrac{s}{\sqrt{\Delta t}}$。

练一练　选择一只股票一个月的收盘价为样本,运用 Excel 软件,用如下方法计算该只股票的价格波动率。

第一步:将股票价格输入 A2 至 AT,B2 中输入"=ln(A2)",C2 中输入"=B3－B2",……

第二步:D2 中输入"=AVERAGE(C2:CT)",求出$\overline{U}$。

D3 中输入"=STDEV(C2:CT)",求出s。

第三步:如果以年为时间单位,则取一个交易日为$\Delta t = 1/365$。D4 中输入"=1/365",求出Δt。D5 中输入"=(D2+(D3^2)/2)/D4",求出股票价格的均值μ。D6 中输入"=D3/SQRT(D4)",求出股票价格的波动率σ。

需要注意的是,选择恰当的用于估计波动率的采样数$n+1$并不容易。通常,数据越多获得的精度越高。数据间隔越长,数据之间的相关性越弱。波动率σ是时变的,过于长期的历史数据对于预测未来可能作用不大。一个较为有效的解决方案是使用最近 30 天到 180 天的每日收盘价数据。

2. 移动平均波动率

移动平均波动率估计方法的思想前提是波动率与过去的波动率相关,并且与前一天的波动率相关性最大。当天的波动率根据前一天的波动率和之前的平均历史波动率按照如下关系式进行估计:$\sigma_n^2 = \lambda\sigma_{n-1}^2 + (1-\lambda)U_{n-1}^2$。

假设这里的每日实际波动率为隐含波动率。该方法需要对充足的历史数据进行回归,以获得相应的相关系数λ,并且要求模型的拟合度足够高,这样才能根据以往的经验数据预测未来的波动率。

3. 广义自回归条件异方差模型

历史波动率还可以用广义自回归条件异方差模型(GARCH)和随机波动率模型估计。GARCH 模型是在 ARCH 模型(最早由 Engel 于 1982 年提出)的基础上发展起来的。GARCH 模型能很好地捕捉金融时间序列的如下特征:

特征一:资产价格通常是非平稳、有单位根的,而收益率通常是平稳的。许多研究结果表明,一些金融序列是分数单整的。

特征二:波动率聚集性。收益率序列通常显示非自相关或很小的自相关。平方值序列的相互独立性经常被拒绝,表明子序列的观测值之间存在非线性关系。收益率序列呈现明显的聚集性。波动率聚集性是指一个高的收益率后紧连着更高的收益率,一个低的收益率后紧连着更低的收益率。高波动性发生在更长的时期内,低收益往往跟着小波动值。这种现象与依时间变化的条件变量有关。

特征三:尖峰后尾态。由于金融时间序列的实际分布的尾部更厚,峰度更高,因此正态性经常被拒绝。序列中无条件的超峰度可能与条件方差中的时间变差有关。

特征四:杠杆效应。金融资产价格与其波动性之间存在着负相关关系,利空消息要比利好消息导致更大的条件方差。一些序列具有偏斜的无条件经验分布,这表明正态分布是不适当的。

特征五:不同证券的波动率经常一起变动。这表明市场和某些共同因子之间的联系可以解释条件二阶矩中的时频方差。

对于一个对数收益率序列 U_t,令 $u_t = U_t - \mu_t = U_t - E(U_t | F_{t-1})$ 为其新息序列,则称序列 $\{u_t\}$ 服从如下 GARCH (1,1) 模型:$u_t = \sigma_t \varepsilon_t, \sigma_t^2 = a_0 + a_1 u_{t-1}^2 + \lambda_1 \sigma_{t-1}^2$,其中,$\{\varepsilon_t\}$ 为零均值单位方差的独立同分布白噪声列。u_{t-1} 称为 ARCH 项,σ_{t-1} 称为 GARCH 项。上式应满足的条件是 $a_0 > 0, a_1 \geqslant 0, \lambda_1 \geqslant 0$。

在 GARCH (1,1) 模型的基础上加入滞后 p 期的残差方差的滞后项和滞后 q 期的残差平方的滞后项,得到如下 GARCH(p,q) 模型:

$$\sigma_t^2 = a_0 + \lambda_1 \sigma_{t-1}^2 + \cdots + \lambda_p \sigma_{t-p}^2 + a_1 u_{t-1}^2 + \cdots + a_q u_{t-q}^2 \tag{12.3.1}$$

为了保证方差的非负性,上式应满足条件:常数项非负,系数都大于等于 0 并且系数之和大于等于 0 小于 1。

现今,在 GARCH 模型的基础上,发展形成了庞大的 GARCH 类模型,它们已成为度量波动性和收益性的实证研究中最常用的工具。为了捕捉金融时间序列的杠杆效应,1991 年,Nelson 提出了指数 GARCH,记为 EGARCH。1990 年,Zakaran 等提出了 TGARCH 模型,又称门限 ARCH 模型。除此之外,还有 ARCH-M、GARCH-M 和 EGARCH-M 模型,分别称为波动项进入均值方程的 ARCH、GARCH 和 EGARCH 模型。这些模型不仅用来描述自回归条件异方差过程,而且把波动项引入相对应的回归或均值方程。这种模型既可以描述金融资产的回报受其他一些因素影响,也可以描述受回报波动大小的影响,这正是建立自回归条件异方差模型的真正意义。

■ 本章小结

1. 实践中,通常使用 Delta、Gamma、Vega、Theta 和 Rho 来评估期权头寸的风险。

2. 期权的弹性是由股票价格的 1% 变化引起的期权价格的百分比变化。

3. 期权的波动率是股票的波动率乘以期权的弹性。

4. 在 Black-Scholes 期权定价公式中,参数波动率是最难估计的。在实践中,常用时间序列模型和隐含波动率方法对波动率进行估计。

5. 对波动率的估计通常是从期权价格公式倒推得出的。隐含波动率是通过找到与可观测的期权市场价格相对应的波动率来确定的。理论上,具有特定期限的所有期权都应具有相同的隐含波动率,实际上并非如此,这种现象被称为波动率偏斜。

■ 关键术语

Delta,Gamma,Theta,Rho,Vega,期权的弹性,期权的波动率,风险溢价,隐含波动率,历史波动率,移动平均波动率,GARCH 模型。

■ 本章习题

1. 请问无收益资产远期(期货)、支付已知现金收益资产远期(期货)、支付已知现金收益率资产远期(期货)、标的资产的 Delta 值分别是多少?

2. 某看涨期权的 Delta 值为 0.7 意味着什么? 若每个期权的 Delta 值均为 0.7,如何使一个 1 000 个看涨期权的空头变成 Delta 中性?

3. 假设无风险年利率为 3%,股票价格的年波动率为 25%,则标的资产为不支付红利的股票、6 个月期的平价欧式看涨期权的 Delta 值是多少?

4. 如果以年计,一个期权头寸的 Theta 值为 -0.1 意味着什么? 若一个交易者认为股票价格的隐含波动率都不会变,那么期权头寸是什么类型?

5. 为什么说对于处于实值状态的无收益资产欧式看跌期权和处于实值状态的附有很高利率的外汇的欧式看涨期权来说,Theta 值可能为正?

6. 某金融机构刚出售一些 7 个月期的欧式看涨期权,假设现在的汇率为 1 元 =0.14 美元,期权的协议价格为 0.81 元,中国和美国的无风险利率分别是 2.5% 和 5.5%,美元的年波动率为 8%,请计算该期权的 Delta、Gamma、Vega、Theta、Rho 值,并解释其含义。

7. 假设有三个看涨期权甲、乙和丙,标的资产相同,价格均为 80 元,无风险年利率为 3%,年波动率为 20%。甲的执行价格为 70 元,还有 90 天到期;乙的执行价格为 75 元,还有 90 天到期;丙的执行价格为 80 元,还有 120 天到期。计算上述期权的价格、Delta 值和 Gamma 值。

8. 同第 7 题,如果已有一份看涨期权甲,如何用甲和乙构造一个 Delta 中性组合? 如何用甲、乙和丙构造一个同时达到 Delta 中性和 Gamma 中性的组合?

参考文献

[1] 郑振龙,陈蓉. 金融工程(第五版)[M]. 北京:高等教育出版社,2020.
[2] 约翰·C. 赫尔. 期权,期货和衍生证券[M]. 张陶伟,译. 北京: 华夏出版社,1997.
[3] 黄辉. 金融工程学[M]. 北京:清华大学出版社,2007.
[4] 约翰·C. 赫尔. 期权与期货市场基本原理[M]. 王勇,译. 北京:机械工业出版社,2008.
[5] 罗伯特·L. 麦克唐纳. 衍生品市场[M]. 杨丰,译. 北京:中国人民大学出版社,2004.
[6] 罗伯特·E. 惠利. 衍生工具[M]. 胡金焱,译. 北京:机械工业出版社,2009.
[7] 郑振龙,陈蓉. 金融工程 (第一版)[M]. 北京: 高等教育出版社,2003.
[8] 盖伊·科恩. 期权策略[M]. 张莹,译. 北京:机械工业出版社,2007.
[9] 周爱民. 金融工程[M]. 北京:科学出版社,2007.
[10] 林清泉. 金融工程(第五版)[M]. 北京:中国人民大学出版社,2018.
[11] 杨军战. 金融工程应用与案例[M]. 上海:复旦大学出版社,2013.
[12] 叶永刚. 衍生金融工具[M]. 北京:中国金融出版社,2004.
[13] 朱顺泉. 金融工程理论与应用[M]. 北京:清华大学出版社,2012.
[14] 刘超. 中外期货期权交易理论与实务[M]. 天津:天津大学出版社,2009.
[15] 罗孝玲. 期货与期权(第三版)[M]. 北京:高等教育出版社,2016.
[16] 期货从业人员资格考试辅导丛书编委会. 期货基础知识[M]. 上海:立信会计出版社,2011.
[17] 王江. 金融经济学[M]. 北京:中国人民大学出版社,2006.
[18] 徐高. 金融经济学二十五讲[M]. 北京:中国人民大学出版社,2018.
[19] 徐永森. 拿破仑与玫瑰花悬案[J]. 公关世界,1998 (1): 33.
[20] 刘燕,楼建波. 企业重大金融衍生交易损失事件研究——以合约结构为基础[J]. 清华法学,2010,4 (1): 42-56.
[21] 中国期货业协会. 期货及衍生品基础(第三版)[M]. 北京:中国财政经济出版社,2021.
[22] 证券业从业人员一般从业资格考试辅导教材编委会. 金融市场基础知识[M]. 北京:

中国财政经济出版社,2015.

[23] 彭红枫. 衍生金融工具实验教程[M]. 武汉:武汉大学出版社,2008.

[24] 邓华. 金融工程课程教学模式探讨[J]. 当代教育理论与实践,2014,6(08):42-43.

[25] 王庚,李子文. 期权合约在订单农业中的应用[J]. 运筹与管理,2016,25(01):238-245.

[26] 但斌,杨宇春. 基于嵌入式期权的生鲜农产品交易模式创新[J]. 软科学,2011,25(05):108-110+115.

[27] 黄运城. 历史资料:亨特兄弟"白银梦"破灭始末[J]. 股市动态分析,2011(18):15+28.

[28] 缪因知. 光大证券事件行政处罚与民事索赔之合法性质疑[J]. 法学,2014(01):10-19.

[29] 刘东辉. 论"光大证券事件"中的期货内幕交易[J]. 西南政法大学学报,2014,16(05):97-108.

[30] 李小波. 不同波动率估计方法下的期权定价[D]. 杭州:浙江大学,2009.

[31] 约翰·马歇尔,维普尔·班赛尔. 金融工程[M]. 宋逢明,等译. 北京:清华大学出版社,1998.

[32] Black F,Scholes M. The pricing of options and corporate liabilities[J]. Journal of Political Economy,1973,81(3):637-654.

[33] Cvitanic J,Zapatero F. Introduction to the economics and mathematics of financial markets[M]. MIT Press,2004.

[34] Whaley R E. Derivatives: markets,valuation,and risk management[M]. John Wiley & Sons,2006.

[35] 罗伯特·L. 麦克唐纳. 衍生品市场基础[M]. 任婕茹,戴晓彬,译. 北京:机械工业出版社,2009.

图书在版编目（CIP）数据

金融工程 / 邓华主编. -- 湘潭 : 湘潭大学出版社,
2023.8
ISBN 978-7-5687-1140-1

Ⅰ. ①金… Ⅱ. ①邓… Ⅲ. ①金融工程 Ⅳ.
①F830.49

中国国家版本馆CIP数据核字（2023）第220382号

金融工程
JINRONG GONGCHENG
邓华 主编

责任编辑：罗 联
封面设计：李 平
出版发行：湘潭大学出版社
社 址：湖南省湘潭大学工程训练大楼
电 话：0731-58298960 0731-58298966（传真）
邮 编：411105
网 址：http://press.xtu.edu.cn/
印 刷：长沙印通印刷有限公司
经 销：湖南省新华书店
开 本：787 mm×1092 mm 1/16
印 张：15
字 数：319千字
版 次：2023年8月第1版
印 次：2023年8月第1次印刷
书 号：ISBN 978-7-5687-1140-1
定 价：52.00元

金融工程

JINRONG GONGCHENG

ISBN 978-7-5687-1140-1

9 787568 711401 >

湘潭大学出版社

定价：52.00 元